개 정 판

집단 미술치료 방법론 I

이론과 기법

옥 금 자 지음

圖書出版 하나醫學社

개정판을 내면서

이 책을 첫 출간한지도 어느새 10년이란 세월이 흘렀다. 2006년 3월에 첫 발행이 된 후 2007년에 부분적인 수정과 표지변경이 되었다가 그 상태에서 몇 차례 재발행이 되었고, 이번에 다시 개정판을 내기로 하면서 마음에 갈등이 많았다. 정작 개정판을 발행하기로 약속은 했지만 추가하고 싶은 내용이 많았고 기법에 제시한 그림들이 훼손되거나 분실된 것 또한 마음에 걸렸다. 이러한 이유들로 인해 수정을 포기하고 새로운 책을 다시 출간해야 할지 망설임이 있었지만 부분적인 수정과 제9장의 "집단미술치료기법의 중요성"과 "기법사용을 위한 치료사의 자세와 역할" 그리고 "집단미술치료의 실천모형(정신분석적 접근의 집단미술치료, 인간중심접근의 집단미술치료, 행동주의적 접근의 집단미술치료)"이란 주제로 10장을 추가하여 내용을 보완하는 것으로 마음을 결정하였다.

그동안 이 책의 첫 발행에서 표지를 맡아준 안윤경선생님이 세상을 떠나고 많은 인연들에 변화도 있었다. 이 지면을 통해 소중한 사람들의 기억을 다시 떠올리고 그리움을 전한다. 여전히 이 책이 집단치료에 관심있는 독자들과 치료사들의 기본지침서로서 의미 있게 사용되기를 기대하며, 훼손된 그림을 보완하기 위해 도움준 혜진과 설이 그리고 작품을 제공해준 집단참여자분들에게 감사한다. 무엇보다 개정판을 낼 수 있도록 흔쾌히 허락해주신 오무근사장님께 진심으로 감사드리며, 도움을 요청할 때마다 언제라도 달려와주신 소정영전무님께도 감사의 마음 전하며 마친다.

2016년 여름초입에 양평 스튜디오에서

머리말

이 책은 2000년도부터 집단미술치료 교육과정 〈Keapa 광주지부〉에 사용되었던 나의 강의안을 재편집하고 수정한 내용들이다. 미술치료 임상에서 집단치료는 집단이 갖는 정신 역동적 소통과 자기표현의 대안형태에 기회를 제공한다는 특성 때문에 선호하는 중요한 접근법이다. 그러나 임상현장에서는 이러한 정신 역동적 미술치료에 예기치 않은 문제의 이슈들이 제기되고 있고 그러한 문제들에 대안을 제시해 줄 수 있는 안내서를 찾을 수가 없다는 것이 현실이다. 이 책의 첫 출판이 있기까지 나는 수년간의 집단치료 경험과 집단 역동 심리에 대한 선행연구자들의 이론을 근거로 집단치료 강의안을 만들어 사용해왔다. 우리 사회의 미술치료 운영의 50% 이상이 집단형태로 이뤄지고 있지만 집단운영을 위한 전문교육이 부족한 상태에서 임상에 들어가는 경우가 우리의 미술치료 현상이다. 그로 인해 파생되는 문제점 때문에 좌절하는 치료사들의 목소리를 들으면서 이 책을 출판해야 할 책임감을 느끼게 되었다.

이 책은 그동안의 임상과 교육경험에서 반드시 필요하다고 생각되어 수집한 자료들과 체험을 근거로 엮어졌다. 처음에는 이론과 실제를 한권의 책으로 출간할 계획이었으나 내용을 정리하면서 이론과 실제를 분리해도 적절하겠다는 판단에 일차적으로 「집단미술치료 방법론 I」을 출간하기로 하였다. 다음 학기에 출간될 집단미술치료 방법론 II에서는 I에서 다뤄진 이론과 기술적 접근으로 실제 다양한 집단의 구체적인 사례와 방법이 소개될 것이다.

이 책의 구성은 3부로 나뉘어 있다. 제 I부에서는 집단치료의 기초가 되는 집단역동 이론을 근거로 인간의 발달과 집단 경험의 관련성과 이해를 통해 집단치료사들이 보다 체계적이고 전문적인 집단을 준비하는데 도움이 되고자 했다. 제 II부에서는 집단치료적 요인과 집단에서 경험할 수 있는 문제 상황들에 대한 윤리규준을 다룸으로써 집단미술치료사의 전문적인 자질을 갖출 수 있도록 하였다. 특히 제 II부의 제 8장에서는 집단미술치료를 준비하는 것에서 종결까지 집단치료사가 다뤄야 하는 구체적인 방법론을 제시하고 있어서 이 책을 사용하는 독자들이 집단미술치료 운영에서 무엇을 준비하고 다루어야 할지 답답했던 부분들을 안내받는 데 지침이 될 수 있으리라 본다. 제 III부에서는 치료사가 다양한 집단들과 어떻게 함께 갈 것인지 구성원들의 기능별 접근방법을 제시하여 집단 경험이 많지 않은 치료사들의 자신감을 강화시키는 데 초점을 두었다. 이외에도 부록에서는 집단치료 효과성에 직접적으로 또는 간접적으로 영향을 미칠 수 있는 기관에 대한 이해를 돕기위한 진단기준과 집단치료사가 기관에 제출해야 하는 보고서 작성방법을 실었다. 또한 집단구성원을 이해하고 개인 목표를 위해 필요한 개인별 진단은 어떠한 것들이 포함되며, 집단과정과 개인별 과정은 어떻게 기록할 것인지, 종결보고서는 어떻게 작성하는지 등의 궁금증을 해결하기 위해 나의 임상에서 사용하는 자료를 첨부함으로써, 이 책의 출간 목적인 전문분야로서의 집단미술치료 입문서의 특성을 잃지 않으려 노력하였다. 뿐만 아니라 모든 인간은 집단을 떠나 살 수 없으며 한 개인을 돕고자 할 때 집단과 개인을 분리하여 이해할 수 없다는 관점에서 집단미술치료사 뿐만 아니라 치료사의 상황적 조건에 따라 다양한 영역의 치료사들에게 도움서가 될 수 있으리라 기대 해본다.

이 글을 마치면서 지난 가을 내내 가슴을 아리게 했던 그림들이 하나하나 울컥 마음속 깊은 곳에서 올라오는 소리를 듣는다. 그 속에 함께 하는 소중한 얼굴들이 내 삶의 창조과정을 멈추게도 하고 쉴새없이 퍼붓는 매서운 빗줄기로 가슴을 적시게도 하고 쓰다듬기도 한다. 이 과정속에 함께 해주신 분들께 감사의 말을 전하고 싶다.

먼저 나에게 대상관계 정신분석학을 접하게 하고 온전한 성숙의 길을 안내해주고 위안을 주시는 스승이신 서울 대상관계 정신분석연구소의 이재훈 소장님께 진심으로 감사드리고 싶다. 아프지만 그래서 더욱 나를 끝없이 성숙하게 하는 스승이신 명지대학원의 김진숙 교수님께 진정으로 함께 갈 수 있음을 감사드린다. 있는 그대로의 인정과 믿음으로 손을 잡아주시는 한양대학원의 김경자 교수님께 감사드린다. 넉넉하신 눈길로 지켜봐 주시는 최기복 신부님께도 감사드린다. 문단 생활 50년을 맞아 고희기념문집을 준비하고 계시는 김해성 교수님께도 늘 감사하고 축하의 말씀을 전하고 싶다. 천주의 성요한정신병원 김경자 선생님께도 감사드리고 내 삶에 아름답고 감사한 인연으로 많은 도움을 주신 교수님들과 친구들, 제자들과 선후배들에게도 감사와 사랑의 마음을 전한다. 특별히 부산 〈크는 나무 아동 상담소〉의 예쁜 이야기들도 기대하고, keapa 회원들과 올해 치료사가 되신 후배들에게도 축하의 말을 전하고 싶다. 항상 지지자로서 좋은 언니가 되어주신 이정호 선생님이 전문치료사가 되신 것도 축하드린다. 〈keapa 광주지부〉 회원들과 치료사들에게도 감사드리고, 목포의 이미경 선생님의 연구소에, 순천의 박행자 선생님의 센타에도 소중한 인연들로 꽃피우시길 또한 기대해 본다.

이 책을 정리하는 과정에 가장 도움을 준 큰아들 현성에게 고마움과 미안함과 함께 사랑한다는 말도 전하고 싶다. 설연휴 내내 책 마무리를 위해 시간과 공간을 함께한 소중한 내 가족 혜천, 현준, 혜원, 혜진이, 김춘남님에게 마음을 다하여 고마움을 전하고 혜수에게도 감사의 마음을 전한다.

교정을 도와주신 김해자 선생님과 박재욱 선생님, 이 책의 표지를 맡아주신 안윤경 선생님께 감사드린다. 특히 하나의학사 오무근 사장님의 건강을 위해 기도하며, 나의 글을 아껴주시고 이 책이 나오도록 도움주신 하나의학사의 모든 선생님들께 감사드린다. 또한 항상 내 마음안에 스승으로 자리하고 있는 임상공간에서 만나는 분들의 회복을 위해 기도하고 믿고 요청하시는 모든 분들에게 감사드린다.

2006년 3월에

지은이 옥금자

차 례

개정판을 내면서 3
머리말 5

제1부 • 집단역동과 집단치료

제1장_ 집단의 본질 15
1. 집단의 정의 15
2. 집단의 유형과 차이 16
3. 집단의 가치와 장점 19
4. 집단의 제한성 20

제2장_ 집단의 개인역동과 인간환경 23
1. 인간과 환경 23
2. 유・아동기와 집단 경험 25
3. 청소년기와 집단 경험 27
4. 성인기와 집단 경험 28

제3장_ 집단역동과 미술치료 29
1. 개인심리학과 집단심리학 29
2. 분석적 집단역동과 미술치료 31
3. 상호작용적 집단역동과 미술치료 36

제4장_ 집단의 역동적 과정 39
1. 집단역동 요인 39
2. 집단의 발달 45

제5장_ 집단치료자의 지도성과 역할 57

1. 집단 지도성의 형태와 관계 요인 57
2. 집단치료자의 역할 60
3. 집단치료자의 기술 62
4. 집단치료자의 자질 64

제2부 • 집단과 미술치료

제6장_ 미술치료의 집단적 치료요인 71

1. 희망의 고취 71
2. 보편성 73
3. 정보전달 74
4. 이타주의 76
5. 사회화 기술의 발달 78
6. 초기 가족집단의 교정적 재현 78
7. 모방행동 79
8. 감정의 정화 80
9. 집단 응집력 81
10. 대인 관계적 학습 82
11. 실존적 요인 85

제7장_ 집단미술치료의 일반적인 문제와 관련된 윤리규준 87

1. 집단미술치료 윤리규준의 필요성 87
2. 집단미술치료사의 윤리규준 88
3. 집단 진행과정에서 드러나는 문제와 관련된 윤리규준 90
4. 집단 과정에서 구성원이 드러내는 문제와 관련된 윤리규준 94
5. 집단미술치료 윤리규준의 원리 99

제8장_ 집단미술치료의 운영 101

1. 집단구성 전에 고려되어야 할 몇 가지 사항 101
2. 집단구성원의 선정과 사전준비 116
3. 집단미술치료 회기 과정 121

제3부 • 집단미술치료 어떻게 함께 할 것인가

제9장_ 집단미술치료 기법 139

1. 집단미술치료에서 매체 선정과 관련된 이슈 139
2. 집단미술치료 기법의 중요성 142
3. 기법사용을 위한 미술치료사의 자세와 역할 144
4. 워밍업 기법의 기본적인 유형 149
5. 그림물감을 사용한 기법 154
6. 점토를 사용한 기법 170
7. 직물을 사용한 기법 179
8. 콜라주를 사용한 기법 193
9. 다양한 기법 208

제10장_ 집단미술치료의 실천모형 215

1. 정신분석접근의 집단미술치료 215
2. 인간중심접근의 집단미술치료 222
3. 행동주의 접근의 집단미술치료 229

부록 1_ 집단치료 효과성에 영향을 주는 기관의 특성진단 239

부록 2_ 기관 제출용 집단미술치료 프로토콜 242

부록 3_ 집단구성원의 개인력 진단 244

부록 4_ 집단미술치료 과정 기록지 248
부록 5_ 집단미술치료 개인별 과정 기록지 249
부록 6_ 집단미술치료 종결 보고서 253
부록 7_ 집단미술치료 사례보고서 256

참 고 문 헌 259
찾 아 보 기 267

제1부 집단역동과 집단치료

제1장

집단의 본질

간혹 집단치료를 개인치료의 보완적 수단으로 생각하는 경향이 있다. 그러한 잘못된 이해로 인해 기초적인 상담 이론만 학습하면 누구든지 집단을 운영할 수 있다고 생각하기도 하고, 개인치료에 대한 만족스러운 경험으로 자신감을 느낀 치료자들은 집단치료에서도 당연히 만족한 결과를 기대하기도 한다. 그러나 집단치료는 개인치료와는 다르다. 집단치료에서의 집단관계란 1대 1의 관계보다 훨씬 더 복잡하여 집단의 역동과 과정에 대한 구체적인 이해와 기술이 없이는 집단 참여자들에게 혼란과 부정적인 경험을 하게 하거나 단순활동으로 끝나게 할 뿐이다.

따라서 집단미술치료를 논하기 전에 이러한 오류를 최소화하기 위해 이 장에서는 먼저 집단의 본질에 대한 정의와 집단의 가치와 제한성을 살펴봄으로써 집단미술치료를 위한 기초적인 토대를 마련하고자 한다.

1. 집단의 정의

집단이란 단어는 우리에게 매우 친숙하여 특별히 제한하지 않고 쓰여져 왔기에 개념을 정의하는 데 다소 어려움이 느껴진다. 집단이란 횡적인 요소를 가진 단순한 모임과는 다르기 때문이다. 집단의 본질은 참여자들이 어떠한 공통성을 가지고 있고 그들이 가진 공통성이 무엇인가에 따라 달라진다고 믿는다. 이러한 차이는 집단에 의해 영향을 받고, 변화를 가져오며, 공유하는 집단의 문화로 발전하게 된다.

다시 말해서 일반적으로 집단이란 공통의 목적이나 관심사를 갖고 구성원들의 기능과 역할에 대한 규범 안에서 상호 의존하며 역동적으로 상호작용하고, 정서적 결속과 함께 소속감을 지니는 속성을 가진 두 사람 이상의 집합체이다. 이렇듯 집단은 하나의 작은 사회로서 일정한 목표를 가지고 의도적으로 또는 자발적으로 구성된다.

Lewin(1948)은 집단들이 크기나 구조 혹은 활동들에서 서로 다르지만, 거의 모든 집단들은 구성원들 간의 상호의존에 근거한다고 했다. 또한 Loeser(1957)는 집단구성원들 간의 역동적 상호작용, 공동목표, 기능 수행간의 밀접한 상관성, 의욕과 협력, 그리고 자기성장을 위한 능력의 발달을 집단의 본질적 속성으로 제시하고 있다. 반면에 Goffman(1961)은 구성원들이 어떠한 목적을 가지고 모였다 해도 지속적인 활동을 기대하지 않고 모인 형태라면 집단의 범주에 포함할 수 없다고 주장했다. Cartwright & Zander(1968)는 집단이란 매우 의미있는 정도로 상호 의존되어 서로 관계를 맺고 있는 개인들의 집합이라고 정의했다. 이들은 여러 학자들의 정의를 종합하여 집단이란 구성원간에 빈번한 상호작용을 통해 구성원으로서의 자기 스스로를 인정할 뿐 아니라 타인들에 의해 구성원으로서 인정되어야 하고 공동의 관심사에 관한 집단규준을 가지며 상관성 있는 역할에 참여한다. 또한 상호간에 동일시하면서 집단을 통해 욕구를 충족하고 공동의 목표를 추구하며 일체성에 대한 집단적 자각을 갖는다. 그리고 환경에 대한 공동의 행동 경향성 등의 속성을 제시하면서 구성원이 많으면 많을수록 집단의 기능을 더욱 효율적으로 발휘할 수 있다고 하였다.

이외에도 여러 학자들이 집단의 본질적 속성에 관하여 유사한 정의를 하고 있다. 이러한 집단의 정의를 치료집단과 연관지어보면, 집단이 되기 위해서는 최소한 구성원들이 공동의 목표를 가지고 있어야 하며 지속적이고 적극적인 참여와 역동적인 상호작용이 있어야 한다. 그럼으로써 구성원들이 집단의 규칙에 따르고 시간의 흐름에 따라 구성원 각자가 스스로 성장할 수 있는 능력을 가질 수 있도록 안내될 때 집단으로서의 속성을 갖추었다고 볼 수 있다.

2. 집단의 유형과 차이

치료적 목표를 기반으로 하는 집단에 대해 많은 이들은 집단에 참여하는 구성원들을 병리적인 또는 문제가 있는 사람들이 모인 집단이라고 생각하기 쉽다. 그러나 실제로 집단에 참여하는 많은 사람들은 비교적 자신의 삶에서 적응적인 사람들이 많으며 집단의 목표에 따라 참여하는 사람들의 유형 또한 다르다. 즉 치료를 목적으로 하는 집단, 발달적 상황적 과업을 성취하기 위한 집단, 성장을 위한 집단, 암이나 신체질환으로 치료받는 사람들의 집단 등 매우 다양한 목적을 가진 집단이 있다. 그러므로 집단은 참여자의 목표와 관심사, 안내자의 역할과 기법 및 주제 등에 따라 다양하다. 따라서 집단구성은 집단의 목적과 목표에 따라 참여하는 대상이 다르며, 그 집단은 참여자의 특정욕구에 적절한 집단목적을 가짐으로써 성공적인 결과를 기대할 수 있다. 그러한 관점에서 학자들은 집단의 특성에 따라 다양한 분류를 하고 있다.

예를 들면 Jacobs, Masson & Harvey(1998)는 지지집단, 교육집단, 토의집단, 과업집단, 성장 및 경험집단, 치료집단, 자조집단 등으로 집단의 유형을 분류하였다. 반면에 Trotzer(1999)는 생활지도와 생활기술집단, 상담집단, 심리치료집단, 지지집단, 자조집단, 자문집단, 성장집단 등의 집단유형을 제시하였다. Gladding(1999)은 집단지도, 집단상담, 집단심리치료 등으로 집단유형을 제시하였고, Toseland & Rivas(2001)는 처치집단과 과업집단의 유형을 제시하였으며 처치집단에는 지지집단, 교육집단, 성장집단, 치료집단, 사회화집단 등이 포함된다고 하였다.

다양한 집단들 가운데 개인의 정신건강과 성장을 위한 집단유형인 상담집단은 개인적인 고충과 심리적인 문제 뿐 아니라 교육적 목표와 사회적 또는 직업적 문제에 초점을 두어 치료적인 목표 외에도 예방과 교육적인 목표를 설정하여 실천하는 집단유형이다. 상담집단의 크기는 대개 4~12명 정도로 구성되며 대인관계와 문제해결에 중점을 두거나 개인의 잠재능력을 발견하고 성장시키는데 초점을 맞춘다. 집단의 과정은 "지금-여기"에 초점을 맞추고 개인적인 목표를 설정할 수 있도록 안내된다. 이러한 집단의 가장 큰 장점 중 하나는 구성원 개인의 개별성이 수용되고 공감과 지지적 환경에서 서로가 인정되는 경험을 할 수 있다는 점이다.

치료집단은 심각한 정신장애 및 정서적 행동적 문제를 치료하기 위한 목적으로 구성되며 대개는 병원환경에 있는 사람들의 입원이나 통원형태로 이루어진다. 상담집단과 치료집단의 차이를 설명하는 데는 지금까지 많은 논란이 있으나 보편적으로는 집단의 길이와 다루는 내용 그리고 참여하는 구성원들의 정신건강 수준에 따라 구분된다. 즉 집단에서 다루는 주제가 비슷하다 해도 정신치료집단의 구성원들이 가지고 오는 문제의 정도는 더 심하고 기간이 장기적이다. 따라서 치료집단에서는 무의식의 요소와 현재의 문제를 나타나게 한 과거경험을 다루며 성격의 재구성에 초점을 두므로 다른 상담집단에 비해 치료기간이 더 길어질 수 밖에 없다.

교육집단은 교육의 기회와 다양한 주제에 관한 정보를 제공받기위한 목적으로 이루어지는 집단이다. 이 집단은 정서적으로나 인지적 측면에서 보편적으로 어려움이 없는 건강한 사람들로 구성되므로, 교육적 목표이외에 집단과정에서 자극될 수 있는 잠재적 어려움과 예방차원의 주제들이 다루어질 수 있다. 교육집단의 안내자는 집단운영에서 교육자(educator) 또는 촉진자(facilitator)의 역할을 수행하며 구성원들에게 필요한 정보를 안내하고 그들 사이의 상호작용을 촉진하게 된다. 교육집단은 특히 학교장면에서 흔히 사용되며 아동청소년들이 겪을 수 있는 발달적 특성적문제와 관심사에 초점을 둘 수 있다.

성장집단은 자기 자신에 대해 보다 깊이 탐구하기 원하는 사람들로 이루어지며 집단의 인정과 지지를 받으며 어떠한 이야기에도 비판받지 않고 안전한 공간에서 자신의 참모습을 탐구함으로써 자신의 사고, 감정, 행동을 변화시켜 성장하고자 한다. 이 집단에서 다루어지는 주제는 주로 일상에서 경험하는 문제와 갈등 그리고 개인의 내적 · 외적 관심사이다. 안내자는 구성원들의 직접적인 경험을 위해 욕구에 적절한 프로그램을 제공하며 경험을 통해 개인이 자신을 돌아보고 통찰할 수 있도록 지지하고 구성원들 간에 상호작용을 촉진하는 역할을 하게 된다. 성장집단의 유형은 이 외에도 어떤 조직이나 사회에서 성공적인 적응을 위해 필요한 인간관계를 강조하는 훈련집단, 개인의 경험에 초점을 둠으로써 "지금-여기"에서 진실과 자기개방에 가치를 두는 참 만남집단, 정기적인 만남이 아니라 단기간에 집중적으로 깊은 상호경험을 통해 개인의 성장을 돕는 마라톤 집단 등이 포함된다.

자조집단은 참여자들이 이미 집단참여에 대한 준비가 되어 있어서 전문가의 도움이 없이도 집단경험이 가능하므로 도움이 필요 없거나 도울 수도 없는 사람들이 모여 스스로를 돕고 해결해가는 집단이다. 이러한 집단은 중독관련 집단에서 흔히 이루어지며 안내자가 정해져있지 않거나 구성원이 역할을 바꿔가면서 집단을 이끄는 경우이다. 구성원들은 공통의 이슈를 가지고 자발적으로 참여하므로 응집력이 높고 구성원간에 서로의 지지를 받으며 구체적인 자기 학습과 실천을 통해 변화를 추구한다.

3. 집단의 가치와 장점

어떠한 유형의 집단이든 집단의 가치는 인간 존재의 성질과 그들의 사회적 관계에 깊게 연결되어 있는 것 같다. 인간의 삶은 서로가 밀접한 관계를 맺고자 하는 생리적인 욕구와 같이 기본적인 것이기 때문에 집단과 인간생활은 서로 필요불가분의 관계에 놓여있게 마련이다. 인간의 성격은 의미 있는 사람들과의 끊임없는 상호작용의 산물로서 집단을 통해 생존에 필요한 여러 가지 사회적인 목적을 가지게 된다. 또한 타인에게서 친근감, 소속감, 일체감 등의 감정을 갖게 되며 이러한 심리 · 사회적 · 정서적 감정은 개인의 심리와 사회적 건강에 매우 중요한 역할을 하게 된다.

일반적으로 집단의 가치를 치료적 관점에서 보았을 때, 집단치료는 개인치료에 비하여 시간과 비용 면에서 경제적이고 부족한 전문인력난을 해소할 수 있는 장점이 있을 뿐만아니라 질적인 측면(이 책 제 6장 참조)에서 집단가치의 그 진가를 찾을 수 있다.

Knowles(1959)외 몇몇 집단이론가들이 주장하는 집단의 장점을 살펴보면 집단은 구성원 상호간에 동등한 느낌을 갖게 하므로 쉽게 마음을 열고 수용하는 자세로 스스로의 문제를 다룰 수 있게 된다. 구성원으로 하여금 외적인 비난이나 질책에 대한 두려움 없이 자신의 행동에 대하여 현실검증을 해볼 수 있는 기회를 갖게 하며, 서로의 관심사와 감정들을 나눔으로써 쉽게 소속감과 동료의식을 발전시킨다. 또한 집단에서는 자신과는 다른 다양한 성격을 가진 구성원들을 만나게 되므로 그 안에서 여러 가지 풍부한 학습 경험을 할 수 있으며, 구성원 각자의 경험을 토대로 상호간에 상담자 역할을 감당할 수 있게 한다. 더불어 개인의 욕구에 따라 참여하면서 관망할 수 있는 참여의 자유가 가능하며 상호간에 지지체계를 형성하게 하므로 "우리"라는 공동체 의식을 갖게 한다. 마지막으로 집단의 기본적인 특성은 집단에서의 개별화로서 이 개별화의 가치는 집단치료에서 더욱 그 가치가 인정된다.

이러한 집단의 특성적 맥락에서 Corey & Corey(1977, 1992)가 강조하는 집단에서 성취가능한 요소이자 구체적인 목표는 다음과 같다.

집단에 참여하는 구성원들은 개방적인 사람이 되고 타인과 신뢰관계를 맺는 방법을 배우는 기회가 되고, 진실해지고, 외부로부터의 지배에 좌지우지되지 않고, 타인을 수용할 수 있는 능력을 가지며, 자기의 양극성을 인정할 수 있는 힘을 갖게되고, 타인과의 차이점을 이해하고, 자신의 욕구에 따른 기준을 세우면서 주장할 수 있게 되며, 관계능력을 활성화하고, 특정 문제에 대해 자기만 갈등하는 것이 아니라 다른 사람도 유사하다는 보편성을 인식할 수 있게 되고, 자신의 가치관을 명료화하고 변화를 결정하고 선택하는 것을 배우고, 문제해결방법을 학습하고, 자신의 잠재능력을 탐색하고 활성화하며, 타인을 이해하고 배려할 수 있는 능력을 갖는 것 등의 목표를 성취할 수 있게 된다. 따라서 이러한 집단의 가치와 장점 및 목표는 집단에 참여하고자하는 구성원이 이 집단에 적합한지를 결정하는데 기초적인 기준이 될 수 있을 것이다.

4. 집단의 제한성

앞에서 소개했듯이 집단은 다양한 장점을 가지고 있는 반면에 제한성도 가지고 있다. Corey & Corey(1977)는 치료적 관점에서 고려해 보았을 때 집단이 가질 수 있는 몇 가지 제한성을 제시하고 있다.

첫째, 집단은 만병통치약이 아니라는 점이다. 어떤 이들은 집단경험이 인간행동을 짧은 기간에 변화시킬 수 있는 절대적인 수단으로 보기도하나, 집단이 가진 장점에도 불구하고 한 인간을 변화시키는 지름길이란 있을 수 없다는 것이다.

둘째, 집단경험을 현실도피의 기회로 삼을 우려가 있다. 개인적인 밀접한 관계를 두려워하는 사람들은 집단경험에 빠져서 집단경험 그 자체를 목적으로 삼는 경우가 있다. 이러한 사람들은 집단치료실을 바람직한 행동을 학습하는 장소로 활용하는 대신 집단행위에 도취되어 이 집단에서 저 집단으로 반복적으로 옮겨 다니게 된다. 이 경우 집단은 그 사람에게 현실의 도피처가 될 뿐이다.

셋째, 모든 사람에게 집단이 적합하지는 않다. 집단에 부적합한 성향의 사람이 참여하게 되었을 때 그 개인뿐만이 아니라 참여한 다른 구성원에게도 여러 가지 문제를 야기시키는 경우가 흔히 있다. 예를 들면 편집적인 성향이 있거나 정서장애 등의 어려움을 가지고 있는 사람은 집단에 참여하는 것이 도움이 되지 못한다. 그러므로 집단구성원을 선정할 때는 그 사람이 집단을 통해 어떠한 도움을 받을 수 있는지 충분히 고려해야 한다. 집단치료자 역시 자신이 그 집단을 리더할 수 있을 만큼 충분히 준비되었는지 고려하지 않는다면, 자신의 경험을 집단에 투사하여 자신과 구성원에게 어려움을 초래할 수 있다는 점을 염두에 두어야 할 것이다.

넷째, 개인에 따라서는 집단경험이 일상생활의 균열을 경험케 할 가능성이 있다. 집단에 참여하기 전에는 나름대로 현실에 적응하여 생활해 왔으나 집단을 경험하면서 현재 삶의 양식이나 가치관에 변화를 초래하게 되므로 이전의 안정감을 상실할 가능성이 있다.

Shertzer & Sttone(1974)역시 Corey & Corey가 강조한 집단의 제한성과 유사하게 집단경험이 모든 사람에게 의미있는 것은 아니라는 몇 가지 제한성을 제시하였다. 어떤 사람은 집단에서 안정감을 느끼지 못하거나 기본적인 이자관계의 경험을 한 후에야 집단에 참여할 수 있는 사람이 있으며, 집단에서는 치료자의 역할이 분산되므로 개인치료에서보다 더 복잡하고 따라서 치료자가 구성원의 상호작용에 반응하고 역동을 잘 살펴야하는 역할의 어려움을 제시하였다. 따라서 집단에서는 구성원 개인의 구체적인 내면문제가 다뤄지기 어려우므로 그에 대한 욕구를 기대한 개인은 집단에 대한 신뢰를 잃을 수 밖에 없다며, 이러한 제한성들과 관련하여 어떠한 유형의 대상이 집단에 더 적합할지에 대한 논란을 제시하였다. 이렇듯 집단관계란 1대 1의 관계보다 훨씬 복잡하므로 집단치료자는 이와 같은 어려움에 대처하고 효과적인 결과를 기대하기 위해서는 집단 역동과 집단과정에 대한 올바른 이해와 기술을 갖추고 안정감 있는 자세로 임해야 할 것이다.

전체적인 맥락에서 반드시 집단참여를 제한해야 하는 대상은 위에서 말한 제한성과 관련하여 위기상황에 있을 경우, 철저하게 비밀보장이 지켜져야 하는 특정문제를 가진 경우, 대인관계기술이 극도로 제한적인 경우, 자기감정 및 인식과 참여 동기가 지나치게 부족할 경우, 다른 구성원에게 피해가 갈 정도로 주의집중이 부족하거나 일탈적인 성적행동의 가능성을 가진 경우 등이다. 이러한 특성이 있는 대상은 집단참여를 제외시킴으로써 개인의 보호와 다른 구성원을 보호할 수 있다.

제2장

집단의 개인역동과 인간환경

집단치료는 인간이란 타인과의 중요한 상호작용 속에서 계속 발전하는 존재라는 인식을 기초로 한다. 집단치료에서 집단이란 단순히 모인 개인들의 모임이 아니라 지속적이고 일정한 같은 목표를 가진 체계라고 할 수 있다. 집단과 구성원은 각자의 개별적 특성을 넘어서 집단 특유의 문화와 분위기를 형성하고 자신들을 둘러싸고 있는 환경에도 직접적인 영향을 받는다. 이러한 집단경험의 영향은 인간발달과 함께 자기형성에 영향을 받기도 하면서 전 생애를 통하여 계속된다.

이 장에서는 인간이 타인과의 관계에서 전 생애에 걸쳐 다양하게 변화하는 집단관여의 특성을 이해하고 집단과 개인의 욕구를 이해하는 것에 초점을 맞추었다. 집단은 "다른 사람의 눈"이라는 거울로 반영될 수 있는 기회로 제공되고 "지금-여기"에서 즉각적이고 예측 불가한 상황들이 벌어진다. 이에 대한 치료사의 이해가 구성원들로 하여금 집단이라는 공간 안에서 자신이 보호받는다는 느낌을 갖게하는 울타리로서의 역할을 제공하기 위한 준비에 도움이 되기를 기대해 본다.

1. 인간과 환경

모든 인간은 공통성을 가지고 있는 동시에 서로 다른 개별성을 가지고 있다. 집단치료의 특성은 우리 인간은 누구나가 혼자 살 수 없으며 주변체계와 다양하고 많은 여러 가지 환경의 영향으로부터 벗어날 수 없다고 보기 때문에 그의 인간관계와 자연 그리고 사회·경제적인 환경을 고려한다. 홀로 은둔생활을 하는 경우가 아니라면 누구나가 보편적인 상호관계를 맺으면서 서로를 변화시키고 집단의 영향을 받으면서 변화해간다. 집단치료는 변화되고자 하는 개인들의 역동을 이해함으로써 치료적 가능성을 더욱 깊게할 수 있다. 개인 역동을 이해하기 위한 개념을 몇 가지로 요약해 보면 다음과 같다.

첫째는 아동 초기의 경험을 중요시 하고, 둘째는 전 생애를 통한 성장과 변화 능력을 인정하고, 셋째는 무의식적·전의식적 동기를 가진 존재로서 수용하고, 넷째는 무의식과 전의식적 동기 존재로서 뿐만 아니라 의식적이고 이성적으로 행동할 수 있는 능력을 가진 개인의 자아기능이 있다. 이 자아기능이 때로는 약해질 수도 있으며 집단의 도움을 통해 이성적으로 행동할 수 있다는 점이다. 다섯째는 인간의 감정은 동일한 사람과 상황에 대해서 양극의 상반된 감정을 동시에 경험할 수 있는 존재임을 인정해야 한다. 마지막으로 모든 인간은 자기의 내적인 힘과 외부의 관계를 취급하는 자아 수단으로서 방어기제를 사용하려는 기본욕구를 가진다. 이렇듯 집단치료에서는 인간이 받고자 하는 욕구와 줄 수 있는 능력과 힘을 가지고 있다는 전제에서 비롯된다. 그러나 이러한 역할은 서로 다른 경향을 극복하려는 계속된 노력과 이 능력을 누르거나 없애려는 환경의 힘에 대처하려는 투쟁 없이는 불가능하다.

집단치료의 두 번째 전제는 개인은 일생을 통해 건전하며 적절한 집단경험을 통하여 건강하게 더불어 사는 방법과 관계 경험을 성취하게 된다는 점이며, 이는 다음의 몇가지 요소를 포함한다. 집단은 구성원과의 동일시를 제공하며 한 사람 이상의 집단에 속하는 만족감이 제공되어야 한다. 사랑과 다정함을 느끼던 누군가를 잃는다는 두려움은 누구에게나 경험될 수 있으며 삶에서 인간관계가 성립되지 못한다면 그 공포는 매우 억압적인 것이 되어 정서적인 병리로 잠재될 수 있다. 또한 자기 존재로서의 자유와 표현의 자유 그리고 타인과 구별될 수 있는 자유를 가진 개인으로 인정되어야 한다. 개인은 자신이 좋아하는 동료를 선택할 수 있는 자유를 가진 존재로서 인정되어야 하고 거절되었을 때도 그 자체를 수용할 수 있는 책임을 져야 할 뿐만 아니라 자기의 독특성을 나타낼 수 있는 동시에 타인의 개별성도 인정하고 함께 할 수 있는 기회가 제공되어야 한다. 집단은 필요할 때 의존성이 허용되는 장소여야 하며 독립성을 실현할 수 있는 환경이어야 한다.

인간의 기본욕구는 개인의 육체적, 정신적, 감정적, 영적인 것에서 자라나는 것이며 그

것들을 분리할 수는 없다. 개인은 분리된 존재가 아니며 타인과 상호관계를 가진 전인(whole individual)으로서 일생을 통해 자기를 중요시하고 그것을 인정하고 다정한 사람에게 접근하며 자기를 유지하려고 노력한다. 이러한 관계의 다리가 삶에서 성립되었을 때 비로소 개인은 만족감을 느끼고 희망을 가지게 되며 타인을 위해 배려할 수 있게 된다. 만약 이러한 '나와 너'라는 관계의 다리가 없다면 자신은 물론 타인도 파괴되고 만다. 이처럼 집단의 관계에 의미를 둔 전제는 집단치료의 중요한 장점이라고 볼 수 있다. 2세 전후 아동의 집단관계는 가장 가까이에 있는 사람과의 관계에 한정되며 복잡한 집단관계를 밀접하게 맺을 수는 없다. 아동은 3세 이후에야 구체적인 집단관계가 시작되면서 상호작용 속에 갈등 해결을 시도하려는 모습이 나타나기 때문이다. 대인관계 심리학과 현대 정신분석학에서는 초기 대인관계인 가족관계의 중요성을 강조해 왔다. 초기발달에 대한 심리학적 접근의 구체적인 내용은 이 책의 3장에서 소개될 것이다. 여기에서는 아동의 집단경험 과정에 대해서만 요약하겠다.

집단 경험의 중요성은 학령기에 더욱 증가된다. 이 시기까지는 성인이 아동의 중요한 동일시 대상임에는 분명하나 아동은 서서히 좀더 넓은 인간관계로 발전하면서 사회적 집단 상호작용을 통해 정서적 · 지적 성장이 이루어진다. 그러나 보편적으로 인간은 초기 삶에서부터 갖게 되는 모아관계에서 기본욕구를 충족 받고 가족과의 상호작용 경험을 통해 타인과 관계 맺는데 필요한 정신적 · 정서적 경험을 배우게 된다. 더불어 유아는 서서히 성장하면서 자연스러운 타인과의 관계로 발달되어 갈 수 있게 된다. 즉 유아기의 가족경험은 유아 자신에 대한 점차적인 자각으로 가족 이외의 이웃과 친구들과의 상호작용 욕구로 확대되고 점점 복잡해진다. 이때 유아는 타인으로부터 안정감과 보호받기를 기대하고 이러한 욕구는 전 아동기를 통해서 계속된다. 아래에서는 이러한 인간의 기본욕구와 집단경험을 개인의 발달 단계별로 설명하고 있다.

2. 유 · 아동기와 집단 경험

인간의 삶에서 대인관계를 경험하지 않고 집단상황을 필요로 하는 시기는 전 생애를 거쳐 유아 초기 뿐이다. 유아는 초기 몇 주간 자기보다 힘 있는 사람 즉 어머니나 자기를 보살

펴주는 역할을 하는 양육자의 따스함과 보호에만 반응을 보이며, 가족구성원 상황 모두에 영향을 주지만 자신은 어머니 단 한 사람과 관계를 맺게 된다. 만약 이 시기에 1대 1의 모아관계에서 기본적이고 본능적인 애착욕구가 충족되지 못한다면 극도의 외로움과 불안을 갖게 되어 성장 후에 장애로 나타날 수 있다. 이러한 초기 불안이 극심한 사람은 집단에서 도움을 기대하기 어렵고 1대 1의 구체적인 대상관계를 통해서만 도움을 받을 수 있다. 인간의 가장 초기 경험으로 되돌아가 정서적 충전의 기본욕구를 재경험해야만 다음 단계인 집단경험이 가능하기 때문이다.

인간 생활의 가장 시초는 어머니와의 만남 또는 어머니 이외의 단 한사람과의 상호작용을 통해 가족 이외의 사람 특히 또래와 관계 맺는 데 필요한 중요한 정신적 · 정서적 경험을 발달시켜가게 된다. 여러분은 간혹 2~3세 유아가 자기와 유사한 발달 연령의 다른 아기를 발견했을 때 반응을 나타내는 것을 보았을 것이다. 그것은 유아가 또래와 관계를 하려는 시초의 모습이다. 그러나 아직 유아에게 가장 중요한 욕구는 성인의 보호이다. 이러한 유아의 욕구는 유아 자신에 대한 자각이 발달하면서 가족 이외의 타인과 또래와의 상호작용 욕구가 더욱 복잡해지고 증가되지만 여전히 부모와 성인으로부터의 보호욕구는 전 아동기 동안 끊임없이 가장 중요한 부분으로 지속된다.

이렇듯 아동의 "자기" 중요성은 가족과의 관계와 타인과 또래와의 관계를 기초로 한 인간관계를 통해 발달된다. 3~4세 정도가 되면 집단내에서 상호작용을 가지며 자신의 성격을 드러내고 갈등 해결을 시도하기 시작한다. 이때 초기 가족관계에서의 의존과 보호경험은 이 시기의 대인관계에 중요한 영향을 미치며 사회적 가치나 동일시에 영향을 주는 신뢰감과 자존감을 발달시킨다. 따라서 집단치료에서도 인간을 이해하는 데 부모 · 자녀 관계의 이론에 기초를 둔다. 이처럼 개인의 건강한 성장에 관한 문제는 부모자녀 관계가 매우 중요하지만 가족 이외의 집단 경험 또한 개인의 발달에 영향을 준다는 것을 이해할 수 있다.

집단 경험의 중요성은 학령기에 더욱 증가된다. 일반적으로 이 시기 역시 성인이 아동의 가장 중요한 동일시 대상이며 보호자이며 지지자임에는 틀림없으나 학령기에는 보다 더 넓은 인간관계를 구성하는 시기일 수 있다. 정서적으로나 지적인 성장은 부분적으로는 집단의 상호작용을 통해서 이뤄지며 생명 없는 물체에게서 오는 자극을 통하여 이루어지기도 한다. 물질과 생활 속의 자극은 인간의 삶을 통해 끝없이 존재하며 관계 속에서 자기 확인과정으로 표현된다. 그것은 초기 학령기에 특히 중요하며 물질에 대한 관심은 집단관계 안에서 주로 표현되는 것을 볼 수 있다. 집단치료에서는 발달시기의 이러한 특성을 기초로 하여 집단관계를 활용하려는 노력으로 이뤄진다.

3. 청소년기와 집단 경험

집단 경험의 중요성은 청소년기에 가장 강렬한 것 같다. 이러한 특성은 청소년기의 신체적 발달 및 성인의 보호에서 벗어나 자기가 자신의 주인이 되고자 하는 노력과 관련이 있다. 청소년은 지금까지 자기를 돌보아 주었던 사람들로부터 독립하고자 하는 의지를 드러내나 아직은 미숙한 정신을 벗어나지 못한 시기이므로 성인의 보호를 다 벗어날 수는 없다. 독립을 향해 자기를 주장하는 시도가 방해받지 않는다고 느끼면 청소년기의 가족관계는 매우 소중한 경험이 될 수 있다. 이 시기의 청소년들은 급격한 생리적인 변화를 느끼면서 자신이 성숙한 성인이 되었다고 믿지만 현실에서는 정서와 사회적 기능의 불균형을 경험하면서 불안을 느끼게 된다. 아동기에 절대적이라고 생각했던 가치관을 재평가함으로써 정당성과 타당성에 대한 의구심이 불안과 혼돈으로 표현되고 성인의 가치관을 거부하면서 자신의 경험을 나눌 수 있는 동일시 대상을 찾게 된다. 이때 또래관계는 자기상(像)을 인식하는 거울이 되기도 한다.

청소년들은 자신의 경험을 나눌 수 있는 또래 집단에서 서로의 기대와 에너지를 주고받으며 감정의 통로를 마련한다. 성인이 보기에는 이해할 수 없는 과장되고 이상한 모습들을 통해 모험적인 갈증을 해소하기도 한다. 이러한 경험들이 때로는 사회에서 용납될 수 없는 위험한 형태로 나타나기도 한다. 이때 청소년들의 경험은 기회로서 받아 들여져야 하는데 만약 그 기회가 무시된다면 청소년의 자기는 억제되고 무반응하며 분노로 가득 찬 반사회성을 구성할 가능성이 있다. 현실사회에서 드러난 소년 범죄의 유형을 보면 많은 경우 청소년의 욕구가 무시된 것에서 발생된 결과라는 것에서 또한 의미있는 연관성을 예측할 수 있다.

청소년의 특성은 그들의 광범위한 사회집단과 관계를 맺으며 그 관계 속에서 경제적 · 사회적 계층과 능력 등의 개인차에서 오는 수용과 차별 대우를 의식적으로 경험한다는 점이다. 이러한 경험은 청소년에게 깊은 상처와 분노를 안겨주고 좌절감을 경험하게도 한다. 이때 청소년들은 자신의 보호와 가치를 위해 집단을 형성하고 반대가치에 도전하려 할 것이다. 따라서 이 발달시기의 대상을 중심으로 하는 집단치료에서 더욱 강조되는 요소는 청소년기의 정상적 욕구를 존중하고 보호하는 안전한 공간으로서의 집단 제공일 것이다.

4. 성인기와 집단 경험

성인기의 집단 경험은 청소년기에 비해 그렇게 강한 것은 아니나 인간의 발달과정이 어느 시기에 끝난다는 의미 또한 아니다. 다만 성인기는 발달을 위해 아동 · 청소년기만큼 적극적인 보호와 도움이 필요하지 않을 뿐이다. 성인기에는 보다 성장을 자극하는 지역사회의 환경적 풍토가 존재함으로써 소속감과 참여욕구의 분출구가 필요한 단계이다.

보편적으로 성인들은 가족 내에서 욕구를 충족시키며 건강한 집단경험을 구성할 책임을 가진다. 이 시기 인간의 기본적인 의존욕구는 배우자를 통해서 충족하며 참여욕구는 책임 있는 자녀 양육과 이웃과 지역사회 집단에 참여함으로써 충족된다. 현대사회의 성인들은 이러한 가족집단 외의 사회적 집단경험을 원하며 이에 대한 욕구 표현으로 나타나는 갈등이 가족문제로 나타나는 것을 볼 수 있다. 이러한 성인의 욕구 해결은 문화적 수용과 성인의 독립심을 인정하는 동시에 의존의 권리를 감정적으로 인정하며 소속할 수 있는 집단 기회를 제공하는 것으로 이끌어 가는 데 있다.

그러한 결과는 노년기 상호의존의 필요성과 연관된다. 의존기로서의 노년기가 아니라 집단에 소속됨으로써 건강하고 계속 발전하는 삶을 통해 성숙한 자기감을 가질 수 있으리라 본다. 집단치료는 이처럼 기본적인 인간발달의 욕구를 전제로 이뤄진다.

제3장

집단역동과 미술치료

집단역동 심리학이라는 용어의 개념은 주제와 학문 분야 모두를 지칭한다. 집단역동에 관한 개념 정의는 연구자들마다 차이가 있으나 일반적으로 레빈(Lewin, 1951)의 상호작용주의 개념에 동의하고 있다.

집단역동(학)에 관련된 연구와 책들은 방대하므로 관련된 이론을 열거하기란 거의 불가능하다. 그러므로 이 책에서는 집단 미술심리치료에 직접적으로 도움이 되는 집단역동 심리학의 선구자인 몇몇 이론가를 중심으로 그 범위를 제한하겠다.

1. 개인심리학과 집단심리학

집단에 참여하는 구성원 각 개인들을 어떠한 시각에서 이해하느냐의 문제는 집단치료의 발달과 함께 지속적으로 변화해 왔다.

Freud(1922)는 자신의 책 「집단심리와 자아 분석 Group Psychology and the Analysis of the Ego」에서 개인은 한 집단의 구성원이 됨으로써 기본적인 심리적 욕구와 소망을 만족시킨다는 개인과 집단간의 자연 발생적인 심리 역동을 제안했다. 개인심리학이란 개인에 대해 관심을 가지고 개인이 자신의 본능적 욕구를 만족시키기 위해 어떻게 대처하는가를 탐구하는 학문이다. 그러나 개인의 정신적인 삶은 보편적으로 누군가가 동일시된 모델이나 이상화된 대상으로 혹은 협조자나 반대자로서 내사되고 투사되어 있다. 대부분의 개인들에게는 가족집단에서의 초기경험이 이러한 욕구를 만들어낸다. 아동은 가족 내에서 소속감과 보호와 수용의 만족을 발견하기 때문이다. Freud는 우리가 의식하지 못하는 사이에 가족관계에서 받은 영향을 집단에서 대치된 수단으로 사용하고 있다고 주장한다. 예를 들면 집단치료자는 이상화된 부모와 같은 인물과 동일시되어 개인의 욕구를 만족시켜 주며, 구성원들은 형제자매를 표상하므로 집단과정에서 구성원들간의 경쟁과 싸움이 일어나기도 하는데 이것은 성인 형태의 형제자매간 싸움으로 이해될 수 있다. 이와 같이 개인심리학과 집단심리학을 명확히 구분하기란 쉽지 않으며 개인과 집단을 따로 떼어 구별하는 것 또한 어렵다. 인간은 집단을 떠나서 살 수 없다는 맥락에서 개인심리학의 출발은 집단심리학의 시작이며 부모, 자녀, 형제자매, 사회적인 모든 관계를 사회현상으로 생각해야 한다는 것이다. 즉 집단심리학은 초기 주제인 집단에서 개인으로 향하며 다시 집단과 개인과 환경에 총체적인 관심을 가지며 집단이 어떻게 움직이는가를 연구하는 학문이다.

이와 관련하여 대집단의 군중심리를 연구한 프랑스의 사회심리학자 Le Bone(1895)은 군중이 집단의식에 의해 움직이는 존재가 될 수 있으며 그러한 심리는 전염되어가는 일종의 질병과 같은 것으로 보았다. 집단에서 사람들은 혼자서는 할 수 없는 지극히 본능적인 행동을 자행하는 힘을 발휘하게 되는데 이는 개인이 드러나지 않고 집단적이 되는 익명의 특성 때문이며, 그 익명성은 무책임한 행동을 스스로 통제하지 못하는 충동적이고 원시적이 되는 일종의 집단의식을 갖게 만든다. 집단의식이란 개인이 집단에 있는 상황에서는 구성원자신의 특성과는 무관하게 집단이 지시하는 대로 비이성적이고 극단적이며 평소의 자기 모습과는 다르게 폭력적인 행동도 서슴치않고 할 수 있게 되는 것을 말한다.

Le Bone(1895)의 연구에 의하면 사람들은 군중 속에서 병균이 전염되어가듯 이 사람에게서 저 사람에게로 전염되어가는 과정이 있다고 한다. 예를 들면 누군가가 어떠한 광경을 보고 웃으면 그 자리에 있던 사람들이 덩달아 웃는다거나, 질문하나 없이 조용히 침묵이 흐르던 강의실에서 누군가 한 사람이 질문을 하기 시작하면 갑자기 여기저기 질문공세가 시작되는 광경을 흔히 보았을 것이다. 이러한 현상이 집단전염성의 현상이다. Le Bone은 이러한 전염성의 과정에는 피암시성(suggestibility)을 반영한다고 한다. 최면술사의 최면에 걸린 듯 의식에서의 자기성격은 온데간데없이 의지와 분별력을 상실한채 최면술사가 이끄는 대로 모든 감정과 행동이 결정되는 상태에 놓이게 된다. 이 경우 구성원들은 더 이상 자신의 행동을 의식하지 못하며 최면술에 걸린 것보다 더 격렬하게 암시로 억누를 수 없는 어떠한 행동을 서슴치 않고 하게 된다. 여기에는 다른 과정도 작용할 수 있다. 군중상황은 모호한 것이 많기 때문에 그 상황을 해석할 때 비교과정이 촉발하여 다른 사람의 반응에 의존하게 되며, 또한 전염성은 군중 속에서 모방하고, 촉진되고, 동조를 통해 일어날 수 있다(Singer, Baum, 1982; Chapman, 1973, Freedman & Perlick, 1979; 서울대 사회심리학연구소 편, 1996, p.459).

2. 분석적 집단역동과 미술치료

프로이드의 집단역동 배경

정신분석 이론은 주로 개인에 초점을 두고 개인의 정신치료와 심리치료를 위하여 발전된 정신분석학적 이론과 기술을 집단과정에 활용하는 것이었다. 따라서 정신 분석학에서는 오랫동안 이 이론이 집단치료에는 적용하기 어려운 이론으로 생각해 왔으나 이후 Wolf(1969), Slavson(1964), Foulkes(1965) 등의 집단 정신분석학자들의 연구에 의해 수정되면서 집단치료의 방법으로 인정받게 되었다. 프로이드는 집단치료를 실시하지는 않았으나 1921년「집단심리와 자아 분석」이라는 책에서 집단의 중요성에 관한 이론을 기술했으며 집단이 인간행동에 미치는 영향을 다루었다. 이 책의 서문에서는 개인심리학의 출발은 집단심리학의 시작이라고 강조하고 수많은 집단을 설명하는 데 있어서 리비도, 내사, 동일시, 투사 등 몇몇 정신분석이론을 적용하였다. 그럼으로써 피암시성, 상호동일시, 억압된 공격성, 속죄양 등으로 공식화한 집단의 고유 현상 즉 집단역동에 대한 원형적인 이론의 틀을 제공하였다.

집단치료에 대한 정신분석학적 접근은 인간의 심리에 대한 구조적인 가정으로서 여러 형태의 부적응 행동에 대한 역동적 이해에 기초를 두고 있다. 인간행동의 기초는 무의식적 동기와 생물학적 욕구와 충동 및 가족과의 생활 경험에 있다고 보므로 문제의 기원을 초기 가족경험에 초점을 맞추게 된다. 따라서 정신분석학적 집단치료의 주된 관심은 개인의 심층에 숨어있는 문제의 원인을 분석하고 그것을 의식의 세계로 노출시켜 자아의 기능을 변화시키는 데 있다. 즉 집단과정을 통하여 구성원 개인의 자아발달을 촉진시키는 것이 치료의 근본 목적이라고 볼 수 있다. 자아의 발달은 집단과정에서 일어나는 전이, 정화, 해석 및 현실검증을 통해 이뤄지며 집단과정을 통하여 과거의 경험을 재경험하게 함으로써 무의식적 갈등을 해소할 수 있는 기회를 제공하는 것이 집단치료이다.

정신분석학적 입장에서 집단치료자의 역할은 구성원들의 미해결된 무의식의 갈등에 대한 현재 관계에서의 재현과 무의식적 자료에 대해 직면하기를 회피하는 언행, 즉 전이와 저항에 대해 적절한 해석과 통찰을 도와야 하며 구성원들로 하여금 유·아동기의 경험을 재현할 수 있도록 도와야 한다(Corey & Corey, 1977). 예를 들면 집단은 가족상황이 되며 집단치료자는 막강한 힘을 가진 강력한 아버지로서 구성원들에 의해 자아 이상으로 동일시된다. 또한 구성원들은 서로가 어린 시절의 경험에 기초하여 치료자와 구성원 서로에게 전이를 일으킨다. 집단 과정에서 흔히 일어날 수 있는 예를 들어보면, 집단상황에서 치료자의 관심을 끌기 위해 어떤 구성원들이 관계에 갈등을 일으킨다면 그것은 해결되지 못한 형제자매간의 경쟁의식으로 해석될 수 있다. 이러한 해석이 적절한 시기에 개입되었을 때 구성원들은 자신의 행동에 대한 통찰을 얻게 된다고 본다.

Wolf(1969)도 집단치료자는 치료자 자신에게 향하는 구성원들의 전이행동을 지각하고 잘 처리할 수 있어야 한다고 했다. 집단치료자는 구성원들이 이상화된 대상으로서 나타내는 관심이나 칭찬을 감당할 줄 알아야 할 뿐만 아니라 거리를 두고 활용할 줄 알아야 한다. 집단치료자는 집단 내에서 일어나는 다양한 갈등을 해결할 수 있는 기술을 가져야 하며 구성원이 가진 문제의 심층에 깔려있는 역할을 이해하고 권위주의적인 태도를 배제해야 한다. Wolf & Schwartz(1962)가 제시하는 치료기술은 자유연상의 한 방법으로서 이것은 집단구성원으로 하여금 차례로 돌아가면서 한 사람씩을 택하여 모든 구성원이 그 사람을 볼 때 연상되는 것이 있으면 무엇이든지 이야기하게 하는 것이다(go-around technique). 그렇게 함으로써 집단이 적극적이 될 수 있으며 자신이 타인에게 어떻게 보여지는지 또는 왜 그렇게 보이는지에 대한 통찰을 얻게 되는 것이다. 자유연상에 의한 집단치료 기술은 떠오르는 생각과 느낌을 중시하므로 분명한 주제설정 없이 진행함에서 오는 불확실성이 구성원에게 불안과 긴장을 유발시킬 수 있지만 오히려 이러한 긴장을 통하여 창조적인 집단작업을 가능하게 한다고 본다. Foulkes & Anthony(1965)도 집단이 전후 관련성이나 논리성에 무관하게 어떠한 생각이나 감정을 자유롭게 표현하도록 허용하는 '자유집단연상'이라고 불리우는 방법으로 집단의 자유로운 토의를 도울 수 있다고 하였다.

Slavson(1964)은 몇 가지 정신분석적 집단치료자의 기능을 제시했다. 첫째는 지도적 기능으로서, 집단치료자는 집단이 분명한 목적이나 결론이 없이 피상적인 토의에서 머물러 있을 때 그 집단이 해결하려고 노력하는 밑바탕에 깔려있는 숨어있는 주제를 지적함으로써 집단으로 하여금 주제를 향한 작업이 지속되도록 도와야 한다. 둘째는 자극적 기능으로, 구성원들이 억압되고 저항하고 정신적 피로감을 느낄 때 또는 흥미를 상실하고 집단이 무감각 상태에 빠질 때, 치료자는 보다 능동적인 집단과정이 가능하도록 질문하고 앞의 토의 내용을 떠올리도록 자극하여 집단이 지속될 수 있도록 도와야 한다. 셋째 기능은 확충적 역할로서, 집단의 의사소통이나 상호작용이 한 가지 영역에 고착되어 있을 때 치료자는 구성원들의 의식적 자아와 무의식적 자아 사이에 관련을 지워주는 역할을 해야 한다. 마지막으로 집단치료자는 해석적 기능을 할 수 있어야 한다. 해석은 구성원들의 무의식을 의식화하는 것으로서 개인이 억압과 저항을 충분히 해결했거나 자기통찰을 위한 준비가 되었다고 평가될 때에만 해야 한다.

해석에는 저항에 대한 해석과 전이에 대한 해석 두 가지 측면이 있다. 저항의 보편적인 예는 집단 내에서의 계속적인 질문을 하거나, 집단치료 전반에 대한 합리적 근거에 대해 도전하기도 하고, 집단 참여를 거부하거나, 지각하고 결석하고, 침묵을 지키는 등의 다양한 형태로 나타난다. 이러한 저항행동들은 집단에서 지적되고, 분석되고, 해석되어야 한다. 분석집단의 가장 중요한 기술 중의 하나가 전이행동에 대한 통찰과 해석이다. 개인치료에서 전이행동은 치료자 한 사람에게 한정된 반면에 집단치료에서는 다양한 개인들로 구성되므로 모든 가족에 대한 전이가 가능하다. 또한 해석도 여러 사람의 견해가 동원될 수 있으므로 보다 정확성을 기하고 통찰을 얻는 데 도움이 된다. 이러한 이유에서 해석은 집단에서 더욱 유용하게 다뤄진다.

정신분석 접근의 집단미술치료에서는 분석집단에서 사용되는 자유연상, 꿈, 해석, 저항, 전이와 역전이 등의 주요기법을 사용한다. 정신분석적 집단미술치료는 창작과정을 통하여 자유연상을 촉진시키고 저항과 전이에 대한 분석에 의하여 무의식적 행동과 역할을 의식화함으로써 건강한 자아를 발달시키려는 과정이라고 볼 수 있다.

비온의 집단역동 배경

집단 자체가 중요한 정신치료의 수단으로 받아들여지게 된 데는 Bion(1952, 1961)의 역할이 매우 크다. 비온은 클라인으로부터 수련을 받았으며 집단을 설명하는 데 있어서 프로이드의 연구를 확장시켰고 Klein의 대상관계 이론을 적용하였다. 그에 의하면 개인역동과 집단역동이 다르지 않고 집단현상은 개인 안에 실재하며 개인은 혼자 고립되어 있다든지 적극적인 집단현상이 일어나지 않고 있다 하더라도 결코 집단으로부터 유리되지는 않는다. 따라서 개인심리학과 집단심리학을 구별하는 것은 일종의 착각현상이라고 주장하면서 집단이 치료자에 대한 리비도적 유대에 의해 만들어진다는 프로이드의 의견을 거부하고 집단이 공동작업을 중심으로 조직된다는 사회적 견해를 제시했다.

Bion은 집단을 설명하는 데 있어서 클라인의 대상관계 이론을 적용하여 집단작업, 집단저항, 집단과정, 기본가정 집단 등에 대하여 기술했다. 기본가정 집단이론은 살아있는 유기체로서 집단 전체를 파악한 점에서 매우 중요하다. 이는 비구조화된 소집단에서 의존단계, 투쟁-도피 단계, 짝짓기 단계의 세 과정을 거치는데, 이러한 과정들은 집단 구성원들의 원시적인 유아적 무의식을 자극하므로 구성원으로 하여금 퇴행하고 서로의 정서적 경험이 융합되면서 주체성을 상실하게 만들기도 한다. 이러한 퇴행을 막기 위해 공유된 무의식적 감정 상태가 발생하는데 이것이 기본가정이다. 이러한 방어 방식의 가정들은 Klein(1959)에 의해 처음으로 형성되었다. 기본가정을 발달시키는 주 기전은 구성원에 의한 분열과 투사적 동일시와 같은 원시적 방어기제이며 집단은 투사적 동일시를 담아주는 그릇이 된다. 집단의 투사적 동일시는 구성원들이 분리-개별화의 과정과 개인과 집단의 정체감을 성취시키는 좀 더 높은 수준으로 조직화 될 수 있다고 보았다.

의존단계(dependence)에서 구성원들은 한 사람의 집단치료자로부터 보호받기를 원하고 안정된 공간을 기대한다. 따라서 구성원들의 집단행위는 먼저 시작하는 경우가 거의 없으며 수동적으로 치료자의 지시를 기다린다. 이때 치료자는 전능한 초인적인 부모로 이상화되므로 무력한 구성원을 위해 초인적인 힘을 길러야 한다고 느끼기도 한다. 그렇지만 어느 누구도 이러한 유아적 환상을 완벽하게 대처해 줄 수 없기 때문에 치료자는 치료과정에서 그러한 구성원을 만났을 때 겪게 되는 다소의 실망과 적의는 필연적이다. 집단은 신비스러울 만큼 더 많이 힘들어 보이고 치료자의 특별한 관심이 요구되는 한 사람의 구성원을 만들어내고 내세우게 되는 것을 볼 수 있다. 그 구성원은 떠밀리듯 구성원 내에서 클라이언트가 되고 그러한 상황에서 그의 감정은 더욱 약하고 아프게 도드라지게 된다. 이러한 구성원의 연약함은 실제는 그 사람의 개인적인 감정이라는 관점에서 보았을 때 부분적으로는 집단전체를 대신하는 역할이 되고 구성원들은 이러한 과정을 통해 치료자의 관심을 요구한다고 말할 수 있다(Bion, 1961). 이 단계에서 구성원들은 두 유형 즉 독립을 원하거나 의존적인 성향을 보이는 구성원 간에 갈등이 일어날 수도 있다. 또한 의존단계(depen-dence)에 머무르고 싶은 감정과 의존적이 되어 있는 자신을 후회하거나 시기와 죄책감과 같은 정서가 주도적으로 집단 안에 존재하는 것을 볼 수 있다.

투쟁과 도피단계(fight-flight)에서는 의존단계와는 대조적으로 집단 그 자체를 유지해야 한다는 게 집단의 목표가 된다. 이 목표를 위해서는 구성원 누군가가 싸움을 일으키거나 집단에서 벗어나는 행위를 하는 것이 필수적인 요소가 된다. 집단이 생존하기 위해서는 외부에 파괴해야 하는 누군가가 있거나 어떤 상황에 대한 감정도 일어날 수 있으며 이때 특정개인은 집단 전체를 위해 희생되어 질지도 모른다. 다시 말해서 집단중심의 만연된 의식이 나타나는 것이 이 단계의 특성이다. 이 단계의 전체적인 주도적인 정서는 분노와 희생 그리고 순교 등이다. 마지막 기본 정서인 짝짓기(pairing) 단계는 미래에 대한 희망과 재생산을 목표로 한다. 이 단계의 무의식적인 가정은 그 동안의 잠재된 문제들을 해결해 주고 새로운 미래가 탄생할 것이라는 희망과 낙관적인 정서와 성적 관심이 주된 정서이다.

이러한 Bion의 기본가정 개념은 제자인 Ezriel에 의해 계승되어 '전체로서의 집단'을 강조하는 집단치료 임상에 적용되었고 이후에 Tavistock모델로 발전하였다. Ezriel(1950)이 제시한 집단치료에서 치료자는 공통된 집단 주제나 집단 문제의 존재를 가정한다. 개인은 스스로를 위해서 말하는 것이 아니고 공통되는 집단 주제나 긴장에 대한 대변인으로 간주된다. 이러한 공통집단 긴장(common group tesion)은 집단 구성원들이 서로 투사하는 무의식적 환상의 상호작용에서 유래한다. 치료자의 역할은 집단 주제를 찾아내어 그것을 제시하고 주제에 연관된 구성원의 고유한 반응을 명료화하는 것이며 공통 주제를 파악하고 공식화된 개입을 할 수 있을 때까지 집단 내에서 반응하지 않도록 되어 있다. 전반적인 치료 목표는 구성원으로 하여금 더욱 효과적으로 집단내에서 적응할 수 있도록 하는 데 있다(이후경, 2000).

Bion의 기본가정 단계는 집단미술치료 과정에서 그대로 드러난다. 집단에서 이뤄지는 미술창작과정은 구성원들로 하여금 자기 감정을 투사하게 하고 그 결과를 창작물로부터 볼 수 있게 한다. 그것은 구성원 자신이며 집단의 모습으로서 이를 통해 구성원들은 무의식의 창작 과정과 집단에 대해 의식화된 언어로 논하게 된다. 이때 집단과 치료자는 구성원들의 자유로운 의식화를 돕는 그릇이 되어, 구성원의 안전한 퇴행을 인정하고 허용함으로써 서로의 공유된 정서는 창작과정에서 충분히 융합하게 된다. 이러한 언어화의 의식과정과 상호작용은 집단의 주제를 찾게도 하지만 그 과정은 파괴적이고 투사된 누군가에게 분노를 드러내고 희생양을 만들어내기도 한다. 그러한 과정은 또한 드러난 현상과 관련된 고유한 반응을 조직화함으로써 자연스럽고 더욱 효과적인 집단적응을 가능하게 하는 결과를 가능하게 한다.

3. 상호작용적 집단역동과 미술치료

집단치료의 상호작용 또는 대인관계 접근은 후기 프로이드주의자들과 Sullivan(1953)에 의해 시작되었다. Sullivan은 한 개인의 초기 삶의 경험이 전 생애를 통하여 영향을 미친다고 믿어왔다. 그는 인간의 기본적인 성격구조가 유아기에 이미 형성된다는 프로이드의 생각과는 달리 오히려 전 생애를 거쳐 의미있는 다른 사람들과의 상호작용에 의해 변화된다고 믿었기 때문이다.

그러므로 상호작용적 관점에서 집단은 치료자와 모든 구성원을 하나의 사회적 체계로 개념화하며 각 체계와 집단은 그 자체가 유기체로 이해될 수 있다. 즉 구성원 개인의 내면세계는 다른 구성원들의 기대에 영향을 미치고 자신과 구성원들의 개인적 관점과 상호작용에 의해 계속적으로 재형성되어 간다. 집단에서 구성원들은 과거로부터의 의미있는 사건들과 비밀의 폭로를 통해 개인의 행동을 이해하고 긴장을 이완시키며 친밀감을 형성하게 되므로 방어를 내려놓게 된다. 그럼으로써 집단은 "지금-여기"에서 점차적으로 외부세계와 관계맺는 새로운 방법을 시도하게 된다. 상호작용적 집단의 강점은 구성원간의 피드백과 그들의 느낌을 경험하는 것이다. 예를 들면 투사의 진행이 "지금-여기"에서 시작되므로 한 구성원이 그의 두려운 아버지로서 다른 사람을 경험했다면 그것에 대한 느낌의 가설이 구성되고, 다른 구성원들에 의해 반영된 그의 행동에 대한 느낌과 감정이 가치있는 자료로 집단에 제공된다. 그러한 과정을 거치면서 통찰이 일어나고 변화가 가능해지며 집단은 소우주로서 어떠한 패턴을 갖게 된다.

Bloch & Crouch(1985)도 기본적인 치료요인을 대인관계적 상호작용의 결과로 보고 다른 사람들과의 실제 관계경험을 강조했다. 1950년대의 인본주의 심리학의 출현과 함께

Sullivan, Horney, Fromm과 전통적 정신분석주의자들 사이에 대인관계와 상호작용에 대한 논쟁이 있었고 이후 Yalom에 의해 대인관계 개념이 연구되고 개발되었다. Yalom의 대인관계 이론에 근거한 정신과적 증상과 문제는 부적절한 대인관계가 요인이라는 견해를 유지하면서 사회적 소우주로서 집단과 구성원들 개인의 일상 경험의 재현으로서 집단현상을 강조한다.

상호작용적 집단역동을 다루는 집단미술치료에서는 집단개입 이전에 구체적인 집단의 목표를 설정하지 않는게 특성이다. 이 의미는 목표 자체의 무의미성을 말하는 것이 아니라 치료자와 집단구성원간의 상호관계 속에서 이뤄지는 상호작용의 본질적인 부분으로 인식되기 때문에 치료자와 집단구성원이 독립된 실체로서의 목표가 별 의미가 없다는 뜻이다. 이 접근의 목적은 대인관계를 향상하는 것이며 움직일 수 없는 한정된 목표가 설정되지 않기 때문에 집단과정에서 무엇이 일어날 것인가를 예측하기 위한 평가나 진단이 사용되지 않는다. 다만 치료자는 과거에 일어났던 일들을 기초로 예측할 수 있는 통찰력을 활용함으로써 집단과정에서 어떤 행동이 일어났을 때 이를 보다 잘 이해할 수 있게 된다. 실존적 신념에 기초하는 상호작용적 집단 접근은 인간 행동의 가치나 본질은 유래되는 것이지 타고난 것은 아니며 실존 그 자체에서 발생한다는 것이므로 상호적 집단 경험의 과정은 집단의 결과 만큼이나 중요하다.

집단 내 개인을 이해하는 데 있어서 분석적 접근은 구성원의 개인력을 중시하고 중립적인 관찰자로서의 치료자 역할을 강조한다. 반면에 상호작용적 접근은 집단에서 외부로 표현되는 긍정적인 개인의 경험을 중시하므로 촉매자로서의 치료자 역할을 강조하지만, 집단치료란 분석적 역동과 상호작용적 역동을 완전히 이분화하여 접근하는 것은 아니다. 치료과정은 상호작용적인 "here-and-now" 경험과 과거나 미래의 "there-and-then"이 함께 한다고 본다(Chon, 1969).

상호작용의 집단역동을 사용하는 집단미술치료 환경은 창작과정이 자유롭고 편안하며 충분히 안전한 공간으로서 제공되어야 하며 집단과정은 치료자의 직접 개입보다는 구성원들의 자발적인 상호소통을 기초로 한다. 치료자는 집단의 안전하고 튼튼한 경계를 설정함으로써 구성원들의 책임성과 자유로운 선택을 돕고 창조적인 표현을 자극한다. 즉 치료자는 집단과정의 산파 역할로서 산고를 지키고 안전한 출산을 돕는 자로서의 역할과 능력을 제공할 수 있어야 한다. 이러한 이론에 근거한 치료접근은 보다 숙련된 집단미술치료사에 의해 가능하며 집단의 다양한 상황과 문제들에 대처하기 위해서는 규칙적이고 지속적인 감독과 훈련을 받아야 할 것이다.

제4장

집단의 역동적 과정

집단은 내용과 과정의 두 가지 측면이 있다. 많은 경우 집단을 생각할 때 내용적인 면에 치중하기 쉬우나 집단의 발달에는 과정적인 측면이 더욱 중요한 역할을 한다는 사실에 유의하지 않으면 안 된다. 따라서 이 장에서는 집단의 역동과정을 이해하고 바람직한 집단 발달을 안내하기 위해 고려되어야 하는 요소들과 집단발달의 역동적특성에 따른 치료자의 역할에 초첨을 두기로 하겠다. 집단역동에 대한 더 구체적인 내용은 이 책 제6장의 "집단치료요인"에서 보완될 것이다.

1. 집단역동 요인

집단의 참여 형태

집단 참여에서 표면적으로 나타나고 있는 전체 집단의 상황을 관찰해보면 그 집단의 역동을 분석해 볼 수 있다. 예를 들면 치료자가 구성원에게 일방적으로 말하거나, 또는 치료자와 특정 구성원간에 이야기나 반응이 오가거나, 모든 구성원과 치료자가 서로 주고 받고 상호작용하는 전체로서의 집단 반응 등이다.

다른 한편으로는 어떤 개인이나 하위집단이 그 집단의 역동에 영향을 미치는 경우도 있다. 어떤 구성원이 자기만이 응답할 권리를 가지고 있다고 생각하거나 또는 자신이 가장 먼저 이야기해야 한다는 생각으로 타인의 말을 가로막는 자기중심적인 경우가 있는가 하면 하위집단이 집단을 지배함으로써 다른 구성원의 참여 기회를 막는 경우도 있다. 또 다른 경우는 지속적인 침묵으로 집단의 분위기를 압도할 수도 있는데 이러한 경우는 너무 많은 말을 하여 집단을 지배하는 경우 못지 않게 집단의 발전에 위협적일 수 있다. 이처럼 집단의 참여형태는 다양할 수 있으며 상황과 조건에 따라 달라질 수 있겠으나 일반적으로는 참여의 폭이 넓을수록 구성원의 관심이 더욱 깊어지게 되고 적극성도 개발된다.

때로는 어떤 한 구성원이 다른 구성원에게서 느끼는 잘못된 인지가 감정의 전이작용에서 비롯되기도 한다. 인간관계 속에는 어린 시절에 경험한 특히 부모와의 관계에서 전이된 감정과 태도 그리고 반응양태가 있기 때문에 현재의 관계를 과거의 관계로 혼돈하여 이해할 수 있으며 그럴경우 그의 행동은 논리적일 수 없으며 적절하지 않을 수 있다. 감정의 전이는 인간관계에 기능적일 수도 있고 그렇지 않을 수도 있다. 가족이나 다른 일차집단에서 발전된 정서적 태도나 행동양태는 다른 집단관계에 다양한 모습으로 전이된다. 자신이 소속된 한 집단에서 치료자에게 전이가 일어나는 것은 치료자가 부모와 같은 권위의 상징을 가지기 때문이다. 또 다른 집단에서는 형제자매의 관계가 전이되기도 한다. 그러므로 치료자는 집단에서 일어나는 전이내용과 현재의 관계 특징을 관찰하고 이들의 감정이 어떻게 상반되고 중복되는지를 찾아내어 이해함으로써 안내자로서의 역할에 최선을 다해야 할 것이다.

의사소통의 양식

집단의 의사소통은 구성원들이 서로를 어떻게 이해하고 있으며 그들의 사상과 가치관과 감정을 어떻게 전달하고 있는가 등의 문제와 관련되어 있다. 집단이 효과적이기 위해서 신뢰롭고 솔직하고 진실해야 한다는 것은 당연하다. 의사소통의 중요한 양상 중 하나는 자세, 표정, 몸짓 등의 비언어적인 표현에서 그들의 감정이 무언가를 말해 준다는 것이다.

바람직한 의사소통 형태가 행동변화에 필수적인 요소가 된다는 사실을 감안할 때 의사소통은 집단의 목표 성취를 향한 기본 수단이며 의사소통의 양상이나 내용은 집단역동에 결정적인 영향을 미친다. 집단의 의사소통 양상을 평가하기 위해 치료자와 구성원이 생각이나 감정을 표현하고 있는가, 상대방의 말을 잘 알아들을 수 없을 때 질문을 하는가, 상황에 맞지않는 엉뚱한 반응을 하지는 않는가, 그 집단에서만 사용되는 독특한 언어가 있는가 등에 대해 확인해볼 수 있다.

집단의 목적

모든 집단은 목적을 가진다. 그 목적은 동적인 개념으로서 구성원은 자신의 욕구에 의해 변화될 수 있으며 집단에 참여한 구성원들은 자신의 목적을 가지고 있고 그것은 집단 내에서 알려질 수도 있고 아닐 수도 있다. 때로는 집단에 참여한 이유를 설명함으로써 목적을 표현하기도 하나 다른 한편으로는 자신들이 의식하지 못하는 숨겨진 목적을 가지고 있기도 하다. 이러한 목적은 인간의 무의식적 욕구에 근거하고 있으며 개인의 목적은 미묘하고 복잡하게 결합되어서 공개된 집단의 목적과 일치될 때도 있고 갈등관계에 놓이게 될 때도 있다. 따라서 집단치료자는 반드시 집단구성원 개개인의 동기를 이해함으로써 이를 집단 목적에 포함시켜야 한다. 구성원들은 자신의 목표가 집단의 일반적인 목적에 포함되어 있다는 것을 인식하게 되면 목적을 성취하려는 동기를 강하게 가지게 된다.

정서적 관계

모든 인간관계에는 자신과 타인에 대한 정서적 반응이 있기 마련이며 타인에 대한 다양한 반응은 자기의 욕구를 충족하는 수단이 된다. 집단구성원들의 서로에 대한 관심과 거부라는 감정적 힘은 집단 내 정서적 관계를 형성하기 때문에 집단치료자는 이에 대한 관심을 가질 필요가 있다.

효율적인 집단경험의 중심에 자리 잡고 있는 역동의 핵심은 정서적 관계요소로서 구성원들이 그리고 구성원과 치료자가 어떻게 관계 맺고 있느냐가 결정적인 요인이 된다. 즉 인간의 삶에서 가장 기본이자 처음부터 그리고 끝없이 갈망하는 욕구는 친밀관계로서, 구성원들이 집단경험을 통해 갈등하고 있는 자신의 문제가 수용되어지고 유사한 문제로 갈등하는 다른 구성원을 보면서 위로받게 된다. 그러므로 자기에 대해 자유롭게 표현할 수 있게 되고 그로 인해 집착했던 문제에서 벗어나는 경험은 집단만이 가진 중요한 장점이다. 그러나 이러한 경험의 핵심은 문제에서 벗어났다는 결과를 넘어선 그 이상의 내적요소로서 자신의 정서가 집단의 관계경험에서 수용되고 관계가 일어났다는 것이다. 집단을 응집력 있게 만들고 그 경험을 효과적이게 한 많은 사례들을 보면 바로 이 부분으로서 즉, 정서적 관계경험에 의해 구성원은 자신을 드러내 보이기 힘들었던 수치감과 자기비하로 위축되었던 스스로에게 반문하고 생애에 가장 의미로운 관계경험으로 집단을 기억하며 내재화하는 과정을 볼 수 있다.

다시 말해서 효과적인 치료란 어떠한 접근의 치료방법이든 집단의 역동을 유연하게 하고 긍정적인 관계로 발전하게 하는 치료적 동맹관계로서, 수용과 공감적 이해와 신뢰관계의 질이 핵심이다. 그러한 관계경험은 응집적인 집단을 형성하게 하므로 효율적인 집단역동을 가능하게 하며 결과적으로 효과적인 치료결과를 기대할 수 있게 한다.

집단 응집성

집단의 응집도는 구성원들이 하나의 통합된 전체로 엮어져 있는 유대관계의 정도와 집단의 관심도를 말해주는 것이며, 응집력 있는 집단이 되기까지는 집단의 역동을 일으키는 다양한 요인이 작용함으로써 가능해진다. 다시 말하면 집단응집성 뿐 아니라 집단의 역동을 일으키는 요인은 복합적으로 작용하며 상호의존적이라는 점이다. 응집력 있는 집단은 구성원들 간에 구성원과 치료자 간에 신뢰를 기초로 하며, 서로가 서로에게 수용되고 자유롭게 표현할 수 있으며, 정서적으로 공유되는 관계경험이 따르며, 모방하고 싶은 긍정적인 모습을 내재화하는 과정이 따름으로서 응집력 있는 집단으로 발달해간다.

이 과정에는 단순히 수용과 지지 그 이상의 의미를 함축하고 있다. 이러한 응집성은 여러 가지 동기화를 통해서 이루어진다. 예를 들면 어떠한 집단이 외부환경으로부터 공격을 받게 되면 그 공격으로부터 자신을 방어하기 위해 결탁함으로써 형성되기도 한다. 낮은 응집성은 집단 파벌과 하위집단의 출현을 불가피하게 하는 반면에 강한 응집력은 집단에 대한 책임감을 느끼게 하고 상호의존적 협력관계에서 효과적으로 집단 활동을 가능하게 한다.

집단 분위기

이 개념은 다소 모호한 감을 주기도 하지만 집단 내에서 쉽게 느낄 수 있는 것이기도 하다. 어떤 집단이든 그 집단의 지배적인 정서적 분위기가 있다. 예를 들어 그것은 따뜻하다, 적대적이다, 긴장되어 있다, 허용적이다, 자유롭다 등의 특징으로 묘사할 수 있다. 이러한 집단의 분위기는 구성원들의 집단에 대한 느낌과 자발적인 참여의식에 영향을 미치고 집단 목표를 성취하는 중요한 요인이 된다. 그러므로 집단치료자는 집단구성원들이 마음 놓고 이야기 할 수 있는 자유롭고 허용적인 분위기를 조성하는 데 주의를 기울여야 한다.

집단의 규범

집단에서의 규범은 목표를 성취하기 위한 약속인 동시에 책임 감수의 약속이다. 집단의 규칙은 보통 명문화되기 보다는 암시적으로 통용되고 있어서 유사한 집단을 경험해보지 못한 구성원들은 혼란을 경험할 수도 있다. 집단의 규칙은 집단 초기에 구성원들이 스스로 결정함으로써 책임감을 갖게 하는 것이 효과적이다. 집단과정에서 구성원들이 규칙을 잘 이해하고 있고, 지키려고 노력하는지, 아니면 이탈하고 혼란을 겪고 있는지, 방해하고 있는지 등에 대해 평가하는 것은 그 집단의 역동관계를 파악하는 데 유용한 자료가 된다. 집단규범을 위해 치료자가 가져야 할 기본적인 역할은 기술을 사용하는 것과 참여형태이다. 치료자는 집단의 바람직한 분위기와 방향을 위해 다양한 집단기법들을 사용하고 권위와 경험을 준거로 집단의 규범을 유지할 수 있도록 수용과 반영적 자세로 자유로운 자기표현, 자기개방, 자기탐색을 돕는다. 때로는 치료자의 참여로 모델링을 사용함으로써 집단규범이 조성되고 구성원의 적응적 행동을 강화할 수 있다. 치료자는 진실성과 책임성을 가지고 본보기가 되지 않으면 안 된다. 모델링을 사용하여 구성원들과 상호작용하는 치료자의 참여는 항상 성공적인 모형만을 제공하는 것은 아니며 치료자 역시 언제라도 실수할 수 있다는 점 또한 수용하고 인정한다는 의미가 함축되어 있다. 치료자도 한 개인으로서 부득이한 일들이 생겨 집단이 취소되거나 무 치료사 집단이 불가피한 경우가 있을 수 있으며 때로는 구성원의 전이로 인해 집단분위기가 혼란에 빠지는 경우도 있다. 그러한 상황에서 치료자의 반영적 태도와 자기개방의 투명성 그리고 상호소통의 반응은 집단규범을 강화하기도 하고 집단의 규범을 형성할 수 없게 만들기도 한다.

따라서 다시 요약하면 최적의 집단규범은 자연발생적으로 가능해지는 것이 아니며 경직되지 않은 구조성과 자발성 및 자유로운 상호작용에 의해 가능하며 이를 위해서는 치료자의 전문적 기술과 진실성 있는 참여가 더욱 가능하게 할 것이다.

사회적 관계유형

집단과정은 구성원들 각자가 가진 드러내고 싶지 않은 어떤 특정욕구와 그와 관련된 죄책감과 수치감과 관련된 불안과 함께, 개인의 욕구를 집단이 충족시켜주고 극복하도록 도와줄 거라는 기대를 포함한다. 그러나 이 과정은 다양한 수준의 양가감정을 일으키는 집단 특유의 역동에 의해 구성원은 두려움을 느끼기도 하고 그에 대한 안전한 관계를 확립하고

자 방어를 사용함으로써 어려움을 겪기도 한다. 이러한 방어는 정서적 공허감을 유발시키고 퇴행행동을 자극하여 자기위안과 보호를 위한 심리적 관리체계를 형성해 가게 된다. 그 과정에서 구성원은 공허감을 채우기 위해 투사적동일시를 사용하고 집단이라는 그릇에 자기존재를 담아야 한다. 이 때 투사된 대상은 원시적 모성적 특성을 갖게 되며 이 과정을 통해 구성원은 개인에서 집단이라는 사회적 관계유형으로 심리적체계가 바뀌어가며 그럼으로써 집단이라는 사회적관계체계가 형성되어 간다. 집단이 진행되어 시간이 지나면서 어떤 구성원은 질서와 권위를 세워가며 집단의 일원이 되고자 하며, 어떤 구성원은 원시적인 부인방어와 상상력을 동원하여 도피집단을 형성하기도 하고, 때로는 집착적이고 의존적인 관계를 유지해가면서 자기위안의 모든 바람을 치료자에게 투사하여 동일시하기도 한다. 이러한 모든 과정은 다시 심리적 권력체계에 기초한 희생양을 만들어 내기도 하고 하위집단을 만들어가기도 한다.

집단치료자는 이러한 관계역동을 이해하고 대처함으로써 구성원간의 친밀관계와 저항을 다루고 집단의 효율적인 역동적 관계형성을 도울 수 있을 것이다. 이와 관련하여 구성원간의 동일시와 집단 내 지지체계 형태는 집단 내 사회적 관계유형을 평가하는데 도움이 되며, 치료자의 역전이 관찰은 이에 대한 답을 찾는데 중요한 단서가 될 것이다.

하위 집단화

모든 집단에서 하위집단의 형성은 불가피한 현상으로서 개인적인 요인과 집단적 요인이 작용한다. 개인적인 측면에서는 집단전체에 대한 관심보다는 개인적 관심에 초점이 맞추어질 때 나타날 수 있는 현상이며, 집단적 측면에서는 집단과제 또는 집단에 대한 기대욕구의 불만족과 관련하여 부족감에 대한 좌절과 분노를 감당할 희생양을 만들어 표출하거나 치료자를 공격하는 것으로 드러내게 된다. 하위집단의 시작은 몇몇 공유된 관심구성원이 친숙한 관계를 시작하면서 출현할 수 있으며 개인요인이든 집단요인이든 이 현상은 전체집단에 영향을 미치게 된다. 집단은 가시적이고 형식적인 것과 불가시적이고 비형식적인 양 측면의 조직을 가지고 있다. 형식적인 집단의 조직은 구성원 간에 역할을 분담하여 효과적이고 주요한 기능을 감당하게 하고 목표를 성취하기 위해 필요하다. 반면에 비형식적인 조직은 일반적으로 표면에 잘 나타나지 않는 것이 특징이다.

이미 설명했듯이 하위집단은 상대적인 영향력과 권력과 능력 또는 설득력에 따라 형성되는 구성원들의 배경적인 구조와 조직이므로 이들은 다양한 동기로 형성되는 집단 내의 소집단 형태이다. 이러한 하위집단은 표면적으로는 드러나지 않더라도 집단 활동에 큰 영향력을 행사하고 그로 인해 집단 발달에 어려움을 주는 경향도 종종 있다. 집단치료자는 모든 집단구성원에 이르기까지 이들 하위집단의 생성과 작용에 대해 주의시켜야 하며 건강한 집단으로 성장해 갈 수 있도록 안내할 수 있어야 한다.

집단 지도성

집단에서 분명히 인정되는 리더가 있을 경우에 지도성의 경쟁은 별로 문제가 되지 않는다. 그러나 집단 내 리더의 지위가 확고하게 알려져 있지 않다면 역학적 특징의 하나로서 집단 지도성의 경쟁현상이 나타나게 된다. 이러한 경쟁은 상황에 따라서 바람직한 현상일 수도 있지만 경쟁이 집단의 목표를 이루는 데 방해가 되거나 집단의 부정적인 특징으로 나타나게 되면 어려움이 생길 수 있다. 이때 집단치료자는 옳고 그름의 가치판단 없이 있는 그대로의 경쟁 상태를 주의 깊게 관찰하는 능력을 갖춤으로써 구성원들은 문제해결에 도움이 되는 자료를 얻을 수 있게 될 것이다. 뿐만 아니라 다른 구성원의 지도성을 인정하고 수용할 수 있는 자세 또한 갖게 될 것이다.

이외에도 기관과 치료자간, 구성원간, 치료자와 구성원, 하위집단과의 갈등 등이 집단 역동에 영향을 미친다. 또한 숨겨진 욕구가 있거나 집단경험의 공유 과정에서 자신의 제안이나 이야기가 무시되었거나 상호간의 신뢰수준 등도 집단의 역동에 중요한 영향을 미치는 요인이 될 수 있다.

2. 집단의 발달

집단 발달(group development)이란 모든 집단의 발달과정에서 점진적으로 나타나는 일련의 단계들 또는 집단 내 여러 요인들에 의해 구성원들이 연속적이고 역동적이며 목표지향적인 움직임의 현상을 의미한다고 볼 수 있다.

집단 발달에 대한 이론적 모형이 매우 다양하고 이론가들마다 차이가 있지만 대부분의 집단이 어떠한 단계들을 거치면서 발달의 양상이 나타나고 일련의 과정을 거친다고 가정한다. 예를 들면 Tuckman(1972)은 오리엔테이션단계, 갈등단계, 응집단계, 과제수행단계, 종결단계 등 5단계의 집단발달을 제시하였고, Yalom(1985)은 오리엔테이션과 의미탐색단계, 갈등단계 또는 압도와 반발단계, 응집력단계 등 3단계의 초기 발달단계를 거치면서 집단이 발달해 간다고 했다. Corey(1995)는 초기단계, 과도기단계, 작업단계, 종료단계 등의 집단발달을 제시하였으며, 이외에도 많은 이론가들이 각자의 특성적 개념을 사용하여 4단계 또는 5단계의 집단발달을 제시하고 있지만 유사한 양상의 집단발달을 제시하고 있다.

즉, 인간의 삶은 복잡하고 역동적인 창조성을 가지고 성장의 발달단계를 거치면서 심리내적으로 또는 외부환경으로부터 상처를 받고 갈등하면서 성숙해 간다는 것이며, 그 성숙과정이 명확히 구별되는 것이 아니라는 것이다. 모든 사람은 각 개인의 발달적 수준에 따라 성장해가며 다만 각 발달 단계마다의 고유한 특성은 분명히 있다는 것이다. 인간의 발달이 그러하듯 집단 또한 다르지 않다는 것이다.

집단 발달의 정신역동 이론의 관점에서 성숙 과정을 살펴보면 크게 4단계로 제시해 볼 수 있겠다. 첫 단계는 출생 직후의 유아에 비유해 볼 수 있다. 생의 초기는 절대적인 의존기로써 스스로 무언가를 할 수 있는 단계가 아니며 무조건적인 모성에의 의존성이 불가피하다. 이 시기 유아의 모든 욕구는 감정의 표현으로 경험되며 전언어적이고 비논리적이며 분열적 · 마술적 특성을 가지며 본능적이고 원시적인 욕구와 만족이 지배적이다. 이 때 절대적인 보호경험을 할 수 없게 되면 절대적 박탈을 경험하게 되고 정신 문제의 뿌리를 형성할 가능성이 높다. 두 번째 단계는 유아가 배변훈련을 통해 통제능력을 배우게 되는 시기이다. 이 시기의 감정적 특성은 자기가 되기 위한 과정으로 스스로 조절하고 수용되며 원하는 것을 위해 통제하고 공격성을 표출하면서 자기 조절을 구체화하기 시작한다. 이 시점에서 개인에 따라서는 받고 싶은 욕구를 위해 순응하는 아이가 되기도 하고 자율성을 위해 싸우기도 한다. 이 과정에서 경험하는 상대적 박탈은 자기발견의 중요한 요소가 되기도 한다. 이 때의 특성은 아동 스스로가 자기 확인에 대한 해답을 찾아가는 시기로 동성애와 양가감정, 거세불안, 성적 열등감, 관음증과 같은 갈등을 만나게 되며 이 과정에서 발생되는 불만족스런 경험은 다양한 신경증 문제를 유발한다. 본질적으로는 동성부모와의 동일시를 통해 자기 정체성을 찾는 노력이 나타난다. 이때 아동은 이성부모에 대한 관심으로 넘어가면서 부모 두 사람만의 관계와 유사한 방식으로 자신의 이성부모와 관계 맺기를 기대하지만 욕구를 충족할 수 없게 되면 다시 동성부모에게로 되돌아감으로써 거세 공포에 부딪히게 된다.

이러한 과정은 인간의 각 발달단계에서 부딪히게 되는 위기이며 삶의 과정에서 끊임없이 순환적이고 상징적인 발달과정을 거치며 환경에 적응하면서 성숙해 간다. 이러한 인간의 발달이 유아기에서 아동기, 청소년기, 성인기, 노년기로 성숙해 가듯이 집단의 발달도 유기체적인 움직임이 있다는 논리를 제시할 수 있다. 이러한 맥락에서 여기에서는 Tuckman(1972)의 발달단계를 기초로 집단발달의 특성을 살펴보겠다.

[표4-1] 집단발달의 5단계(Tuckman, 1972)

단계	주요과정	특징
1. 오리엔테이션 (집단형성)	정보교환 상호의존 증가 동기부여 공통성확인	시험적 상호작용 불확실성에 대한 불안 자기-공개
2. 갈등 (싸우기)	의견불일치 불만 표현 정서적 반응 저항	생각에 대한 비판 낮은 참석률 적개심 극화와 동맹형성
3. 응집 (규범형성)	응집성과 통일성의 증가 역할, 기준 및 관계의 확립	절차에 대한 동의 협력적인 역할 우리-감정의 증가
4. 과제수행 (수행하기)	목표달성 높은 과제 지향 수행과 생산에 대한 강조	결정하기 문제해결 상호협동
5. 종결 (해산하기)	역할의 종결 과제 완성 의존성 감소	분열과 철회 독립성과 정서성의 증가 후회

오리엔테이션 단계

오리엔테이션 단계는 집단이 되기 위한 출발시기로서 구성원들은 시간, 공간, 사물, 사람이 구성하는 새로운 상황과 환경에 적응해야 할 필요에 직면하기 위해 상호간 탐색을 하기 시작한다. 이 단계의 특성과 과제는 목표, 역할, 규범, 방향설정, 공통성, 동기부여 등의 단어로 표현할 수 있겠다.

초기에는 아직 집단이라기 보다는 개개인의 집합체로서의 성격을 가진다. 타인에 대한 관심보다는 자신에 대한 의식이 강하게 나타나며 심리적 유대관계도 형성되지 않고 상호작용에 대한 자기 역할도 불분명하다. 그러므로 구성원들은 불안상태로부터 피하려는 의도에서 치료자에게 의존하여 자신이 해야 할 역할을 지시해 주는 강력한 대상을 필요로 하기도 한다.

이 단계에서 집단치료자가 갖추어야 하는 자세는 구성원들이 집단에 포함되었다는 느낌을 가질 수 있도록 관심과 반영하는 대상으로서의 자세이며 경청과 공감, 진실된 자세로 집단에 대한 존중감을 전달할 수 있어야 한다. 그러한 분위기에서 구성원들은 한 배를 탄 동료의식을 느끼게 될 뿐만 아니라 긴장이 이완되고 상호작용이 일어나기 시작하면서 자신들의 목표에 대한 정보를 교환하기 시작하게 되며 상호의존성이 증가되어 서로에 대한 초보적 수준의 신뢰감을 느끼게 된다.

갈등 단계

이 단계는 비교적 빠른 속도로 어느 정도의 상호의존이 이루어지는 시기이며 서로에게서 본받고 싶은 욕구를 불러일으키는 구성원이 가진 능력을 알게 됨으로써 집단에 대한 기대와 환상을 갖게 된다. 이러한 감정은 구성원들이 집단장면과 다른 구성원에 대하여 어떠한 행동과 정서가 양립되지 못하여 저항을 받을 때 끝나게 되는데 이러한 돌발적인 사태는 그 집단이 갈등단계로 진입했음을 의미한다.

대부분의 집단역동 학자들이 설명하는 이 단계의 특징을 종합해보면 상호관계를 위한 타협과 갈등, 이념적 갈등과 쟁점을 둘러싼 양극화 갈등과 긴장, 권력과 통제력을 가지기 위한 시험과 갈등, 리더쉽을 위한 경쟁, 적대와 투사, 욕구불만과 갈등 등으로 드러난다(Northen, 1969). 이때쯤 구성원들은 집단과정에 불만을 표현하기도 하며 기대와 다르다는 느낌을 가지게 되면서 욕구불만에 사로잡혀 치료자를 공격하기도 한다. 구성원 상호간의 갈등은 이 단계의 성격상 필연적이라 할 수 있다. 일반적으로 사람들은 치료자가 집단을 구조화하고 조직적으로 안내하리라는 기대를 가지고 참여하는데, 집단경험이 기대와 다르게 구성원들에게 자율적인 과정으로 맡겨졌을 때 당황하고 불안을 느끼게 된다. 이때 구성원들은 불안의 해소 방법으로 초기에는 치료자를 원망하게 되지만 집단 스스로 문제를 해결하지 않을 수 없게 되면서 상호간에 의견의 불일치와 갈등과 책임전가 현상이 나타나게 된다. 이때의 집단분위기는 수동 · 공격적 저항의 형태로 갈등이 표현되는 경우가 일반적인 모습이다.

집단은 역동적인 성격 때문에 끊임없이 변화하지만 그러한 변화와 더불어 스트레스와 긴장이 따르면서 갈등의 형태로 나타난다. 간혹 집단 내 갈등이 없는 경우도 있는데 이는 구성원들의 행동들이 완벽하게 조정되기 때문이다. 그러나 대부분의 집단에서는 대인간의 세력에 의한 부딪힘은 불가피하므로 갈등이 없는 집단이 안정된 집단이라고 말할 수는 없다. 응집성이 강한 집단일수록 집단갈등은 더욱 강렬할 수 있으며 그 이유는 구성원들이 갈등을 통해 문제를 표출하고 해결할 수 있는 기회를 만난다는 함축된 의미를 담고 있기 때문이다. 표현하지 않은 적개심은 오히려 감당할 수 없을 정도로 지속될 가능성 또한 내포하고 있어서 집단의 성장을 저해할 수 있다.

이 단계에서 치료자가 고려해야 할 역할은 첫 단계의 집단 구조와 규범이 적절한지 집단 내 억압적인 통제는 없는지 평가해야 하며 만약 어떠한 상황변인이 있다면 그것을 변화시킴으로써 문제 해결을 안내할 수 있어야 한다.

아래의 그림 4-1(Bormann, 1975)은 집단의 일차적 긴장과 이차적 긴장의 두 유형을 제시한 것이며 그림 4-2~그림 4-5(A~D)는 가상적인 네 집단의 긴장곡선(Bormann, 1975 : Fisher, 1980)을 비교한 것이다(차재호 외, 2001, p.96~97).

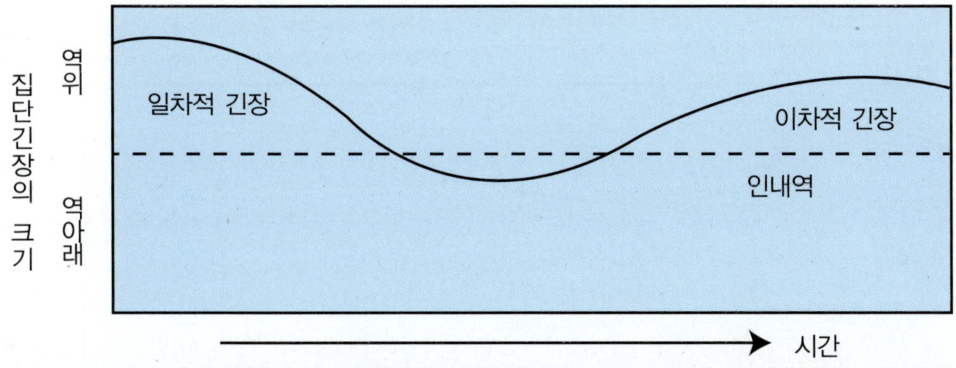

[그림 4-1] 집단에서의 일차적 및 이차적 긴장 영역

곡선이 나타내듯이 대부분의 집단들은 처음 집단에 참여했을 대 상당한 정도의 긴장을 경험한다. 그러나 이러한 일차적 긴장은 시간이 지나면서 사라져 긴장의 크기가 보다 편안한 수준으로 떨어진다. 구성원간에 긴장이 인내역 이하에 머무는 한 이차적 긴장은 발달하지 않을 것이다.

가상 집단에서의 긴장 곡선 (그림 4-2~그림 4-5)

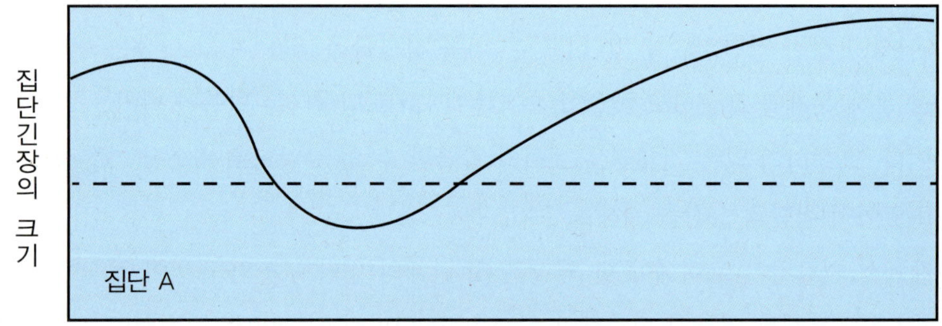

[그림 4-2] 집단 A

이러한 A 집단은 처음 일차적 긴장을 감소시킨 후에 통제되지 못한 이차적 긴장이 많은 것을 나타낸다. 긴장의 크기는 인내역을 훨씬 넘는 것이고 상당히 오랫동안 높은 수준에 머무른다. 그러한 경우 갈등을 감소시키는 조치를 빨리 취하지 않는다면 그 집단은 오래 지속되기 어려울 것이다.

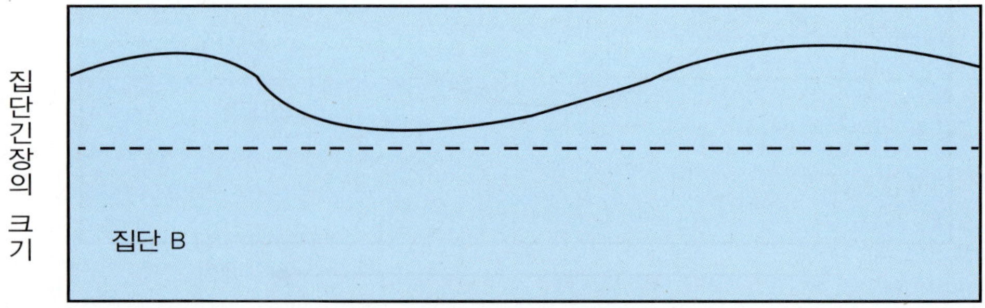

[그림 4-3] 집단 B

B 집단은 일차적 긴장의 국면을 넘어서지 못한 경우로 흔한 경우는 아니지만 집단구성원들이 강제적으로 집단에 참여하게 되었을 때 일어날 수 있는 형태이다. 이러한 집단에 속한 구성원들은 매우 불쾌해하며 집단의 생명은 짧을 것으로 예상된다.

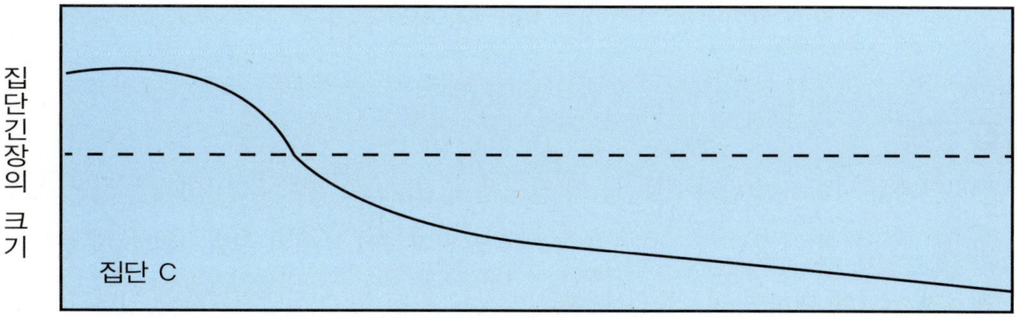

[그림 4-4] 집단 C

C 집단은 이차적 긴장의 수준이 낮아서 이상적인 집단인 것처럼 보이지만 실제는 그렇지 않을 수 있다. 낮은 긴장은 내부의 집단역동이 우수하기 때문일 수도 있으나 지루함과 무관심으로부터 유래한 것일 수도 있다. 이러한 긴장곡선은 집단구성원들이 너무 관여하지 않아서 당면한 이슈들에 관해 논쟁 자체를 하지 않을 수도 있으며 과거에 일어났던 문제들을 다루기 싫어하기 때문일 수도 있다.

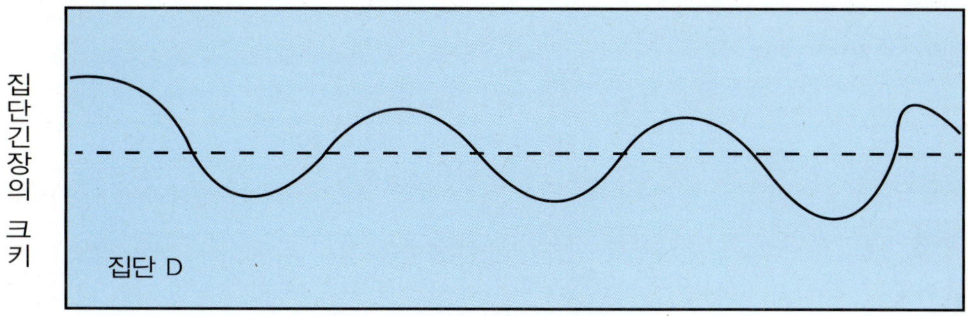

[그림 4-5] 집단 D

갈등의 역개념에 의하면 이상적인 집단은 집단 D와 유사하다. 이러한 긴장곡선을 나타내는 집단은 종종 갈등을 경험하지만 이 갈등들은 대개 긍정적인 결과들 즉 목표의 명료화, 서로의 차이점과 만족한 부분에 대한 이해 증가, 구성원간의 성공적인 토론, 관심 자극, 그리고 적개심의 발산을 가져온다. 이러한 집단은 분명히 갈등의 상승을 제한하는 기법들을 개발해낸 결과 갈등의 크기와 지속기간을 통제할 수 있게 될 것이다. 따라서 이러한 집단의 상호작용은 활기가 넘친 집단과정일 가능성이 높다.

응집 단계

갈등의 단계를 넘어서면 집단구성원간의 갈등은 응집성으로 대치된다. 이제는 집단 내에 존재했던 부정적인 감정들이 극복되고 조화롭고 협력적인 분위기로 발전된다. 구성원들은 서로와 집단에 대하여 적극적인 관심과 애착을 갖게 되고 집단치료자와 집단과 자기 자신을 동일시하게 된다. 그 결과는 집단과정에 더 많이 관여할 수 있게 하며 더 깊은 수준의 자기개발을 가능하게 한다. 그러나 응집성의 특징은 자기만족과 다른 구성원에 대한 호감을 기대하는 경향에서 초래된 것이기 때문에 아직은 생산적인 수준이 되지는 못한다.

[표4-2] 집단 응집성의 증가와 관련된 변화들

속성	변화 유형
1. 통일성	'우리' 또는 집단의식 증가 높은 수준의 집단의식 집단정체성 발달
2. 안정된 소속감	낮은 이탈 낮은 결석 높은 관여 높은 참여
3. 구성원 만족	집단참여에 대한 만족도 증가 자존심과 안전감의 증가 불안감소
4. 내부 역동	집단의 강한 영향력 집단목표, 결정, 규범 등을 더 잘 수용 의견차를 잘 견디지 못함 동조압력 증가

(차재호 외, 2001, p.99 인용수정)

이 단계의 응집성은 집단 내 역동을 규제하고 안정시키는 집단규범의 성장을 반영하는 것임에는 분명하나 이러한 규범형성 과정 이외에도 집단 통일성의 증가와 멤버십 유지 및 만족을 포함하는 또 다른 측면들에서의 변화를 발견할 수 있다.

과제수행 단계

이제 구성원들은 갈등에 직면해도 그것에 대처하는 방법을 알고 능동적으로 처리할 수 있게 된다. 뿐만 아니라 자신의 행동에 대한 책임을 질 수 있으며 다른 구성원의 가치관과 행동에 대하여 보다 더 배려하고 수용할 수 있게 된다. 구성원들은 대인간의 상호관계를 통하여 자기 자신에 대한 깊은 통찰과 행동변화의 준비도 가능해진다. 그러나 이 단계에서는 구성원들의 위기 대처방안이 충분히 준비되어 있다 해도 아직은 치료자의 반영적 자세와 지지가 필요한 시기이며 만약 그러한 지지적 환경이 제공되지 못한다면 성공적인 과제 수행은 어려울 수 있다.

이 단계에서 집단치료자는 집단 목표에 대한 재평가를 통해 더 해결해야 할 문제가 남아있는지에 대한 평가와 안내로 집단이 끝까지 함께 하며 대처할 수 있도록 강력한 지지를 해야 한다. 만약 이 단계에서 집단의 실제 변화가 없다면 이전 과정에서 구조적인 문제가 있었을 가능성을 고려해 보아야 한다. 또한 드러난 문제는 구성원 자신의 것이므로 진정한 자기 이해와 변화를 위해서는 구성원 자신의 느낌과 행동을 이해하고 평가해야 한다. 왜곡되고 자기 편협적인 부분을 솔직하게 인정하는 성숙한 대가를 치러야 하는 것 또한 스스로의 책임임을 명료화하여 성숙된 종결을 맞을 수 있도록 도울 수 있어야 한다.

종결 단계

집단의 종결은 이미 계획된 것일 수도 있고 자연 발생적일 수도 있다. 계획된 종결은 집단이 이미 규정한 목표를 달성했거나 혹은 시간과 자원을 모두 써버린 경우에 일어난다. 종결을 알리는 시기는 집단치료자의 가치와 집단의 성격에 따라 다소 차이가 있으나 일반적으로는 전체 과정의 4분의 1정도를 앞둔 시기에 시작된다. 이 단계에 도달하면 구성원들 각자는 자기 문제를 해결하게 되어 자기 개방이 오히려 감소하는 경향을 나타내기도 하며, 다른 한편으로는 이제까지 맺어온 깊은 친밀관계에서 분리되어야 하는 상실감을 나타내기도 한다. 어떤 구성원은 장난기 있는 행동으로 아쉬운 감정을 부정하기도 한다. 이 시기에 치료자는 구성원들과의 집단과정을 되돌아보고 이후 실제 생활에서의 적용에 대해서도 토의함으로써 집단의 전 과정을 마무리하게 된다. 이때 미술치료 집단의 작품은 구성원들에게 특별한 역할을 하게 된다. 자신들의 잠재력을 재 확인할 뿐 아니라 불완전에 대한 인식과 자기치유를 위한 창작의 사용방식을 확장시켜 가도록 돕는다.

종결단계에서 치료자가 해야 할 또 다른 중요한 역할은 필요한 경우 전문적인 도움을 받을 수 있도록 구성원을 타 전문가에게 의뢰하여 그동안의 창조 과정을 진정한 회복과정으로 안내할 수 있어야 한다.

집단발달의 요약

집단발달에 대해서는 이외에도 다양한 모형들이 있으나 대부분의 집단역동 연구자들은 위에서 제시한 다섯 단계의 집단발달을 강조한다. 이 모델이 모든 집단에 다 적용될 수 있는 것은 아니다. 이 모형의 특성은 연속적 단계이론(successive-stage theorys)으로서 집단발달의 통상적인 순서를 규정하면서 때로는 다른 경로를 취하기도 한다. 대인적 탐색은 흔히 다른 대인적 성과를 위한 필요조건이다. 응집성과 갈등은 흔히 효과적인 수행보다 앞에 오지만 이러한 패턴이 보편적인 것은 아니다. 어떤 집단에서는 특정 단계를 피해가기도 하고 또 다른 집단에서는 그 단계를 통과하되 독특한 순서로 움직일 수 있다. Tuckman(1972)의 집단발달은 발달 과정에 관한 모든 것을 말해줄 수 없다는 몇 가지 한계점에도 불구하고 집단발달에 관한 우리가 알고 있는 많은 것들을 요약해 준다는 장점이 있다.

이 장에서는 집단의 역동적 과정을 다루었다. 앞에서도 언급되었듯이 집단활동에는 내용적인 것과 과정적인 것의 두 가지 측면이 있다. 내용적인 면에 치중하여 집단을 이해하는 경우가 흔히 있으나 집단치료에서는 과정적인 측면의 이해가 더 중요하다. 집단과정에는 집단역동과 발달단계의 두 요소가 포함된다(집단과정에 대한 보다 구체적인 이해를 위해서는 Rogers(1970)의 집단과정에서 참 만남의 15단계〈이 책 제10장 제2절 내용 참조〉를 이해한다면 더욱 도움이 될 것이다). 집단의 성질과 방향을 좌우하는 집단 내외로부터 일어나는 복합적인 힘을 집단역동이라 부르고 이와 같은 역동적 힘에 의하여 한 집단이 특정방향으로 발달해 나가는 과정을 단계적으로 본 것이 그 집단의 발달단계가 된다. 이러한 집단의 발달은 인간이 살아가는 삶의 과정과 같이 유아 초기의 절대적의존에서 부터 분리 · 개별화를 향한 전 생애에 거친 성숙과정과 다를 바가 없다. 따라서 모든 인간의 경험이 다르듯이 각 집단의 특수성에 따른 개별성을 이해하는 것이 필요할 것이다.

[표 4-3]

종결단계에서 다뤄져야 할 과제

1. 집단경험에 대한 평가를 다룬다.

- ☐ 집단의 목적과 목표에 대하여
- ☐ 구성원 개인의 목표에 대하여
- ☐ 치료자 자신의 역할에 대하여

2. 감정처리에 대한 개입을 다룬다.

- ☐ 종결에 대한 구성원의 슬픈 감정이 있었다면 어떻게 반응했는가
- ☐ 분노의 감정이 있었는가
- ☐ 그 감정은 누구에게 향했었는가
- ☐ 치료자는 그 감정을 어떻게 처리했는가
- ☐ 기쁜 감정이 있었다면 어떻게 반응했는가
- ☐ 양가적인 감정은 어떻게 다루었는가
- ☐ 미해결 감정이 있었다면 어떻게 다룰 것인가

3. 변화를 다루어야 한다.

- ☐ 집단작업 방법에 대하여
- ☐ 구성원들 간의 관계에 대하여
- ☐ 구성원과 치료자의 관계에 대하여
- ☐ 치료자의 개입 기술에 대하여
- ☐ 치료환경에 대하여

4. 의뢰를 할 것인가 결정한다.

- ☐ 예측되는 문제가 있는가
- ☐ 어떤 기관, 어떠한 전문가에게 의뢰할 것인가
- ☐ 구성원이 원하는가

제5장

집단치료자의 지도성과 역할

한 집단에게서 바람직하고 발전적이며 생산적인 효과를 기대하기 위해서는 집단의 특성과 상황, 구성원의 특성, 집단과정을 형성하고 유지시키는 집단치료자의 자질과 기술 등의 적절성이 매우 중요하다. 치료의 효과성은 구성원과 집단의 특수 상황에 따라 달라질 수 있지만 집단의 여러 변인들 중에서도 집단의 효과를 좌우하는 가장 중요한 것은 치료자의 지도성이라고 할 수 있다. 아무리 좋은 조건을 갖추었다 하더라도 지도성이 결여된 치료자가 집단을 운영한다면 집단의 효과는 기대하기 어려울 것이다. 따라서 이 장에서는 집단 지도성의 개념과 지도성의 형태와 관계 그리고 집단치료자가 갖춰야 할 효율적인 역할과 기술 및 자질에 대해 살펴볼 것이다.

1. 집단 지도성의 형태와 관계 요인

지도성의 형태

지도성의 형태와 스타일이 집단에 어떠한 영향을 미치는가에 대한 연구가 1930년대에 Lewin의 지도하에 Lippitt & White(1968)에 의해 연구되었다. 이들에 의해 실험된 전제형, 민주형, 방임형 지도성의 차이는 의사결정 기능의 수준에 의한다. 이들의 연구 결과에 대한 Knowles(1964)의 요약에 의하면 전제형 치료자에 의한 집단은 단기간 내에 많은 양의 과제를 성취하였으나 집단의 분위기가 적대적이고 경쟁적이며 공격적인 분위기로 서로 책임을 전가하고 불화가 있고 의존적이며 창의성이 결여된 행동 양상이 두드러진다. 민주형의 치료자에 의한 집단은 목적을 성취하는 데 매우 긴 시간을 소요하였으나 강한 동기의식이 유발되었고 시간과 학습량이 증가하면서 협력 관계가 발전되고 상호관계에 만족감을 표현하게 되었다. 방임형의 치료자에 의한 집단에서는 앞의 두 집단에 비해 과제 완수의 양과 질이 매우 떨어졌으며 부적절한 분위기로 많은 시간을 소모하는 경향으로 나타났다. 이와 관련하여 집단치료자는 자신이 어떤 유형의 치료사인지 스스로를 평가해 봄으로써 보다 효율적인 집단운영을 위한 노력을 가능하게 하리라 본다. 이 외에도 Napier & Gershenfeld(1973)와 Tannenbaum & Schmidt(1960)의 연구를 세분화 해보면 집단치료자가 구성원의 특성에 따라 어떤 유형의 지도성을 발휘해야 할지 고려해볼 수 있을 것이다.

[표 5-1]

지도성의 형태
치료자중심 ⟶ 집단중심
1 2 3 4 5 6 7
1. 치료자가 미리 정하여 일방적으로 알리는 형태 2. 치료자가 미리 결정하여 따르도록 설득하는 형태 3. 치료자가 그의 결정을 제시하고 이해시키기 위하여 질문을 받는 형태 4. 치료자가 임시적 결정을 제시하고 이해시키기 위하여 질문을 받는 형태 5. 치료자가 몇 가지 안을 제시하고 집단이 그 중에서 결정을 하는 형태 6. 치료자가 범위를 정해 주고 그 안에서 집단이 토의 결정케 하는 형태 7. 문제, 범위, 결정 등 모든 것을 집단(치료자도 포함)에서 토의하고 결정하는 형태

왼쪽으로 옮겨갈수록 치료자 중심의 형태로서 치료자는 강한 통제성을 가지고 집단의 방향과 결과 혹은 성공과 실패에 대해 전적으로 책임을 진다. 이러한 집단에서는 치료자가 고도로 지시적이 되지 않으면 집단이 우왕좌왕하게 되고 시간만 낭비하게 된다. 이러한 집단 형태는 행동주의 입장에서 주로 사용되며, 집단은 조직화되고 계획된 프로그램으로 치료자에 의해 활동이 이뤄진다.

오른쪽으로 갈수록 집단 중심의 형태로서 치료자는 가능한 통제를 풀고 책임을 집단에게 이양하며 치료자도 집단으로 참여하게 된다. 이러한 집단은 집단의 성공과 실패가 전체의 책임이라는 태도를 취하며 T집단과 참만남 집단의 형태에서 흔한 유형이다.

치료자는 집단구성원의 지도성을 기다리고 치료자의 사전계획 없이 과정에서 구성원들의 욕구에 의해 목적을 발전시키도록 안내된다. 이러한 형태에서는 구성원의 불안과 적대감을 유발시켜 치료자의 무능함이 공격받기도 한다.

지도성의 선택과 관련요인

Tannenbaum & Schmidt(1961)는 적절한 집단 지도성을 선택할 때 치료자 자신과 집단구성원 그리고 집단 상황의 몇 가지 요인들을 고려해야 한다고 주장한다. 첫째는 치료자 자신에 관련된 요인으로 치료자의 가치관과 집단구성원에 대한 신뢰도, 치료자의 지도 성향, 모호성에 대한 참을성 등의 성격적 또는 개인 내적 요인들이 지도 형태의 선택에 영향을 미친다. 두 번째로 고려되어야 할 측면은 적절한 집단안내를 위한 지도성의 형태를 선정하는 데 고려되어야 할 요인으로서, 구성원들의 행동에 영향을 미치는 변인들이다. 집단구성원들에게 보다 자유를 허용할 수 있게 하는 조건은 집단구성원들이 독립에 대한 욕구가 높을 때, 의사결정에 대한 책임을 감당할 준비가 되어 있을 때, 집단 내 모호성을 참을 수 있는 능력이 있을 때, 문제 인식과 해결에 대한 관심을 가지고 있을 때 등이다. 집단의 목적과 목표 인식이 있고 문제해결에 대한 지식과 경험을 가지고 있을 경우에는 치료자가 집단구성원 중심의 자유로운 지도성 형태를 선택할 수 있다. 하지만 이러한 조건을 갖추지 못해서 치료자에 의존되어 있다면 지시적 형태의 지도성을 취할 필요가 있을 것이다. 지도성 선정에 영향을 미치는 마지막 요인으로 집단의 상황을 들 수 있다. 집단의 크기가 클수록 그리고 시간제한적 집단일수록 강한 지도성의 통제가 필요하다. 또한 집단 회기가 많아질수록 집단중심으로 바뀔 필요가 있다. 치료자가 법적 책임을 안고 있는 집단의 경우에는 보다 지시적인 지도성이 선행되어야 하며 책임의 자유가 허용된 상황에서는 반대로 집단 중심의 형태를 취할 수 있다.

따라서 집단치료자가 되기 위해서는 이러한 다양한 집단 요인에 대해 충분히 이해함으로써 상황에 따라 융통성 있는 지도성으로 대처할 수 있어야 할 것이다.

집단치료자의 동기양식

[표 5-2]는 Fiedler(1978)의 동료 지도자의 동기 양식(차재호 외, 2001, 재인용)을 소개하는

내용이며 치료자들의 집단 접근에서 효과적인 참여와 이해를 돕기 위해 제공되었다.

[표 5-2] 최저 선호 동료치료자 척도(LPC : Least Preferred Co-worker Scale)

※ 함께 일하는 것이 힘든 동료치료자를 생각해 보고(현재 또는 과거에 함께 했던) 적당한 번호에 ○표를 하세요									
유쾌한	8	7	6	5	4	3	2	1	불쾌한
우호적인	8	7	6	5	4	3	2	1	비우호적인
거부적인	1	2	3	4	5	6	7	8	수용적인
긴장된	1	2	3	4	5	6	7	8	이완된
먼	1	2	3	4	5	6	7	8	가까운
차가운	1	2	3	4	5	6	7	8	따뜻한
시비조의	1	2	3	4	5	6	7	8	조화로운
우울한	1	2	3	4	5	6	7	8	명랑한
솔직한	8	7	6	5	4	3	2	1	신중한
험담하는	1	2	3	4	5	6	7	8	충실한
믿을 수 없는	1	2	3	4	5	6	7	8	믿을 수 있는
배려 깊은	8	7	6	5	4	3	2	1	배려성이 없는
역겨운	1	2	3	4	5	6	7	8	기분 좋은
마음에 드는	8	7	6	5	4	3	2	1	마음에 들지 않은
불성실한	1	2	3	4	5	6	7	8	성실한
친절한	8	7	6	5	4	3	2	1	불친절한
각 형용사 쌍마다에 표시한 숫자를 더해서 당신의 점수를 계산하십시오, 만약 당신의 점수가 56점 이하이면 당신은 낮은-LPC 지도자입니다. 그러나, 63점 이상이면 당신은 높은-KPC 지도자입니다. 만약 당신의 점수가 56점과 63점 사이에 있다면 당신은 어느 범주에도 속하지 않습니다.									

2. 집단치료자의 역할

집단의 효과성은 집단치료자가 적절한 역할을 했느냐에 따라 달라질 수 있다. 적절한 치료자의 역할은 집단의 형태에 따라 다양한 역할이 제공될 수 있을 것이다. 공통적이고 기본적인 집단치료자의 역할은 집단활동의 시작을 돕고 집단의 방향을 제시하며 집단의 발달을 도와야 하며 집단의 분위기가 집단 발달의 활력소가 되도록 환경을 조성하고 안내해야 한다. 뿐만아니라 집단구성원을 보호해야 하고 바람직한 행동모델을 제공할 수 있어야 하며 의사소통과 상호작용을 촉진시켜야 한다. 또 다른 중요한 역할은 집단의 종결을 도울 수 있어야 한다.

전문적인 집단치료자의 역할이 있다

집단치료자의 역할은 집단구성원과의 상호작용 속에서 이뤄지며 전문가로서 기대되는 행동 유형과 속성으로 구성된다. 전문적인 역할을 수행해 나갈 때 가장 기본적이고 필수적인 조건은 치료자가 집단과 구성원 개인들과 맺는 관계이다. 이 관계는 치료자의 수용과 감정이입 그리고 객관성과 성실성을 통해 발전시키고 유지해 나가야 한다. 전문가로서 치료자는 집단구성원이 아니다. 치료자의 참여는 집단구성원에 대한 그의 전문적 이해에 의해서 규정된다. 즉 구성원으로서의 참여가 아니라 집단구성원에게 또는 전체로서의 집단에 전문적인 도움을 주는 사람으로서 참여하는 것이다. 만약 치료자가 구성원의 한 사람으로 동일시되거나 사적인 이유로 집단에서 자신의 개인활동에 몰두한다면 치료사로서의 전문적인 역할을 상실해 버리게 된다.

구체적인 역할을 실천한다

집단치료자의 목적은 집단구성원 개인의 자아를 후원하여 어려움을 극복하게 하는 것이다. 구성원들은 치료자에 대한 신뢰와 안정감을 느끼고 치료자를 동일시하게 될 때 서로에 대한 지원을 하게 된다. 구체적인 지원에 대한 목적은 긍정적인 자기 평가와 다른 구성원에 대한 안정감을 향상시키는 것이다. 집단치료자는 구성원들로 하여금 각자의 능력에 따라 집단에 참여할 기회를 제공하고 효과적인 의사소통 능력을 향상시킴으로써 일상생활 속에서 그것이 유지될 수 있도록 도움을 제공해야 한다. 뿐만 아니라 치료자는 집단구성원들의 현실 인식을 도움으로써 적절한 극복 방법을 발전시키도록 돕고 효과적으로 환경과 상호작용 할 수 있는 능력을 성취하도록 치료자의 영향력을 활용한다. 정신적 환경을 최대로 자극함으로써 외부 환경으로부터 오는 압력을 줄이고 잠재력을 실현시키는 기회를 제공하는 것 또한 집단치료자의 역할이다.

전문적인 도움을 제공한다

집단치료자의 전문적인 역할은 앞에서 설명한 바를 종합해 보면 다음 몇 가지로 요약해 볼 수 있다. 첫째는 집단구성원이 다루고자 하는 과제를 도와서 가능하게 하는 역할(Enabler)을 담당하며 두 번째는 집단구성원들에게 요구된 변화를 가져오게 하는 역할(Change Agent)로서, 개인과 집단은 물론 환경이나 제도의 변화에까지도 영향을 미치게 된다. 셋째는 집단구성원간의 상호작용을 중요시하며 필요에 따라서는 구성원과 사회적 자원 사이에서 매개자 또는 자료 제공자(Mediator or Resource Person)의 역할을 한다.

일반적인 역할 외에도 집단치료자는 상황과 구성원의 특수성에 따라서 리더, 관찰자, 중재자, 조언자, 교사 등의 역할을 할 수 있다.

기본적인 태도와 능력을 갖춰야 한다

치료자는 인간에 대한 존중감을 가져야 하며 집단과 개인은 고유한 존재로서 서로 다를 수 있는 권리와 개별성의 권리를 수용해야 한다. 모든 인간의 행동은 반드시 목적을 가지고 있다. 그러므로 집단치료자는 구성원과 집단의 행동이 의미 없어 보이는 것이라 해도 관련되는 사람에게는 매우 중요한 의미를 가진다는 사실을 수용하고 집단 내 모든 행동을 주시하고 수용하는 능력을 가져야 한다. 치료자는 개인과 집단이 허용되는 행동 범위를 한정해 줌으로써 전문적인 책임을 수용해야 하며 판정을 내려서는 안 된다. 집단과 구성원이 자신의 문제에 대해 스스로 결정하고 해결해 갈 수 있도록 도와야 하며 기관의 목적과 기능을 수용하고 이해하는 능력이 필요하다.

3. 집단치료자의 기술

앞에서 살펴본 집단치료자의 역할을 효율적으로 수행하기 위해서는 다양한 지도성과 관련된 치료기술이 필요하다. 여기에서는 집단치료자가 염두에 두어야 하는 중요한 기술로서 몇 가지만 언급하도록 하겠다.

기관의 기능을 활용하는 기술

집단치료자는 개인이나 집단으로 하여금 그들의 목표 달성을 위해 기관의 목적과 한계를 집단에게 알려야 한다. 그럼으로써 집단이 기관을 사용할 수 있도록 안내해야 하며 이를 위해서 치료자는 기관의 기능을 파악하고 활용할 수 있어야 한다.

감정을 다루는 기술

감정이 없는 인간관계란 없다. 집단치료자는 집단구성원들이 자기감정을 알고 수용하고 표현하고 반응하도록 돕는 기술이 필요하며 무엇보다 치료자 자신의 감정을 다룰 수 있어야 한다.

현실을 활용하는 기술

현실활용의 기술이란 모든 사람이 성장할 수 있는 타고난 능력을 가지고 있으며 감정을 가지고 있다는 전제로 가능해 진다. 집단구성원이 표현하는 관심은 그들의 욕구를 나타내는 것이긴 하나 그 표현은 반대적인 경우가 있다. 그러나 구성원이 반대로 욕구를 표현한다고 해도 집단치료의 출발은 현실의 관심에서 시작함으로써 동기와 책임을 느끼도록 해야 한다.

집단 관계를 지지하고 이용하는 기술

집단 관계를 효율적으로 이용하려면 집단치료자는 자신을 억제할 줄 알아야 한다. 이것은 치료자가 집단구성원을 방치하거나 수동적이 되는 것을 의미하지는 않는다. 언제 능동적이 되어야 하고 언제 구성원이 스스로 하도록 기다리고 침묵을 지킬 것인지를 분명히 선택하고 결정할 수 있을 때 치료자는 전문적인 기술을 가졌다고 할 수 있다. 이러한 기술은 인간에 대한 신뢰가 있을 때 가능해진다. 이것은 구성원으로 하여금 상호작용을 가능하게 할 뿐 아니라 구성원 스스로가 자기 가치를 느끼며 집단 내 관계를 보다 창조적인 것으로 안내할 수 있게 한다.

4. 집단치료자의 자질

집단치료자는 아무리 좋은 기술을 습득하여 활용할 수 있다 하더라도 그의 사람됨이 바람직하지 못하다면 그가 운영하는 집단은 파괴적이 될 수 밖에 없다. 그러므로 집단치료자는 다양한 집단 지도성과 형태에 대한 이해와 경험을 통하여 적절하게 활용할 수 있는 능력을 갖추는 것 외에 사회적인 지성과 정직성과 진실함 그리고 대상관계를 심도있게 유지할 수 있는 능력과 건전한 나르시즘이 필요하다. 뿐만 아니라 건강하고 정당하게 미래를 예측할 수 있는 적절한 편집증적 태도로 구성원들의 편집퇴행에 따른 위기감을 감지하고 집단 전체에 확산되는 무의식적 공격성에 대처할 수 있어야 한다.

인간에 대한 신뢰와 관심

집단치료자는 여러 가지 치료기술을 자신의 가치와 목적을 위해 활용하거나 남용하여 집단을 착취해서는 안 된다. 치료자의 욕구와 구성원의 요구 간에는 분리해서 생각할 수 없는 긴밀한 상관성이 있기 때문에 경험을 쌓은 치료자는 집단구성원의 욕구충족의 정도와 비례해서 자신의 욕구도 충족된다는 사실을 경험을 통하여 알고 있다. 치료자는 사람을 존경하고 신뢰하며 그 개인만이 가진 톡특성에 대한 가치를 인정하는 것을 배워야 한다. 집단구성원들 중에는 존경하거나 신뢰하기 힘든 사람도 있을 것이다. 그러나 최소한 그들에게 적절한 관심을 기울여 줌으로써 정서적인 관계를 발전시켜야 할 것이다. 이와 같은 관심의 표현은 여러 가지 방법으로 나타낼 수 있다. 때로는 집단에 참여할 기회를 제공해 주기도 하고 때로는 바람직한 행동을 강화해 주거나 바람직하지 못한 행동에 대해 위협을 느끼지 않는 한도 내에서 솔직하게 지적해 줄 수도 있어야 한다. 심하게 상심하고 있거나 절망 상태에 빠진 구성원에게는 특히 치료자의 온정과 관심이 필요하다는 사실을 기억해야 할 것이다.

치료자 자신에 대한 평가와 이해

집단치료자는 자기 자신의 목표, 정체성, 동기, 요구, 제한, 장점, 가치관, 느낌 등 여러 가지 문제들에 대하여 자각하고 있어야 한다. 자신이 누구이며 무엇을 어떻게 하고 있는가에 대하여 잘 알지 못하는 치료자는 구성원들의 변화를 촉진시킬 자격이 없다고 볼 수 있다. 집단 치료자가 되려는 이유와 특정한 집단역동 이론과 접근방법을 선택하게 된 이유와 원인 등에 대한 스스로의 평가는 효과적인 집단치료에 절대적으로 필요하다.

용기 있는 태도

효과적인 집단치료자의 가장 중요한 개인적 특성중의 하나가 이 용기이다. 실수나 실패의 가능성에도 새로운 행동을 시도해 볼 수 있는 창조적인 사람이어야 한다. 때로는 확신이 없는 일이라도 자기의 신념과 직관으로 실행해 볼 수 있는 용기가 필요하다. 실패해도 그것을 스스로 솔직히 인정할 수 있어야 하며 자신의 내적 자아를 끊임없이 분석할 수 있어야 하고 있는 그대로의 자기를 집단에 내어 놓을 용기도 가질 수 있어야 한다.

창조적이고 융통성 있는 태도

집단치료자는 항상 창의적인 태도로 새로운 아이디어를 가지고 집단운영에 임해야 한다. 끊임없이 새로운 방법을 창조하고 기존의 방법들에 의문을 제기할 수 있어야 하며 가능한 자신과 타인과 새로운 경험들에 개방적이 되도록 노력해야 한다. 뿐만 아니라 방어적인 행동반응에서 탈피함으로써 대인관계에서 주도권을 잃지 말아야 할 것이다. 구성원들의 부정적인 피드백에 지나치게 민감하거나 위협감을 느낀다든지 구성원들에게 인정을 받는 데에만 신경을 쓰는 치료자는 바람직한 지도성을 발휘할 수 없을 것이다. 구성원들의 어떠한 부정적인 반응에도 개방적인 태도로 수용적이고 생산적인 방향으로 이끌 수 있는 능력을 길러야 한다.

인내하는 자세

집단을 처음 경험하는 치료자는 흥분과 기대감에 벅차서 시작하지만, 집단이 반항적이 되거나 구성원이 하나 둘 집단에서 탈퇴하거나 도움이 되지 않는다고 불만을 나타낼 때 쉽게 좌절하기도 한다. 때문에 집단치료자는 예측할 수 없는 집단상황과 어려움을 극복할 수 있는 힘을 길러야 한다. 치료에 대한 확신과 자기 확신을 가지고 인내할 수 있을 때 치료는 가능해 질 수 있을 것이다.

유머감각

집단의 긴장을 해소하기 위해서 치료자는 간혹 웃음과 유머를 필요로 한다. 장시간 심각한 문제들을 다룬 후에 심신의 이완은 진정한 의미의 치료가 될 수 있다. 따라서 집단치료자는 효과적인 집단을 안내하기 위해 유머감각을 가질 필요가 있으며 이를 집단과정에 적절히 활용할 수 있어야 한다.

참여경험

집단치료자가 되기 위해 가장 중요한 필요요소는 이 장에서 이야기되고 있는 모든 요소에 앞서 개인치료와 집단치료를 경험하는 것이다. 개인치료를 통해 무엇이 자신으로 하여금 이 일을 하게 했는지 탐색하고 미해결된 자신의 욕구로 인해 구성원에게 미칠 수 있는 영향에 대해 이해해야 한다(위기의 아동청소년을 위한 학교미술치료지침서, 제1장 & 표현예술치료로 만나는 정신건강이야기 참조). 또한 개별치료 뿐 아니라 집단치료경험을 통해 집단 속에서 드러나는 자신의 역동과 감정을 이해하고 공감능력을 활성화하여, 실제 집단운영에서 부딪힐 수 있는 구성원들의 다양한 전이를 감당하는 힘과 역전이 감정을 처리할 수 있는 능력을 가져야한다. 집단치료사의 이러한 경험들은 치료사로서 반드시 거쳐야하고 수련해야 하는 필수적인 과정이다.

전이와 치료자의 개방

집단치료자의 지도성 및 역할과 관련하여 치료적 참여경험은 집단치료자로서의 자유로움과 직접적인 관련이 있으며 그 자유로움은 집단구성원들의 전이요소와 연관된다고 볼 수 있다. 집단에서의 전이문제는 치료자가 집단과정에서 일어나는 정서적 반응을 얼마나 인식하고 있고 그에 대한 이해를 어떻게 사용하느냐에 따라 집단을 도울 수도 방해요인이 될 수도 있다. 치료자가 전이요소와 관련하여 자신을 집단에 개방을 하든지 아니던지 간에 모든 치료의 치유 요인은 "관계"라는 사실에 준하여 생각해 보면 구성원의 욕구에 공감적 반응과 이해적 태도는 매우 중요하다.

개별적 차이는 있지만 구성원들은 자신의 경험을 왜곡시켜 집단에 투사하고 치료자를 이상화하기도 평가절하하기도 한다. 이 때 치료자가 자신의 경험을 탐색하지 못한다면 분노를 일으켜 구성원을 공격할 것이나, 전이의 속성을 이해하고 역전이 감정을 탐색한다면 구성원의 내적 경험을 이해하는 중요한 단서가 된다. 따라서 집단치료자는 치료적 참여경험을 통해 집단지도성에 대한 책임성을 다함으로써 전이해결을 돕고 자신을 치료적으로 집단에 내어놓을 수 있는 용기와 힘을 가져야 한다. 집단치료자의 투명성을 반대하는 입장에서는 비전문성에 대한 논란도 있다. 그러나 관계적 맥락에서 보면 결국 집단치료자는 한 인간으로서 자신을 집단에 내어주고 사용함에 있어 불안해하거나 위축되지 않고 정직하고 진솔하게 자신을 내어놓는다면 치료적 힘은 더욱 증대될 수 있다는 사실이다. 다만 이것은 교정적 요소를 배제한 무조건적인 또는 무제한적인 개방을 의미하지 않는다는 사실 또한 이해해야 한다.

제2부 집단과 미술치료

제6장

미술치료의 집단적 치료요인

집단의 어떠한 특성이 미술치료의 가능성을 제공하는가 하는 질문은 Yalom이 제시한 집단의 치료적 요인을 근거로 다음과 같이 설명될 수 있다.

1. 희망의 고취

치료에 대한 신뢰는 구성원이 도움에 대한 기대를 가지고 있을 때 또는 치료자가 집단에 대한 신뢰와 치료의 효과성을 믿고 있을 때 그 자체가 치료적이고 효과적이다. 희망의 고취(Instillation of hope)와 유지는 모든 치료에서 절대적인 것이지만 집단치료에서도 독특한 역할을 한다. 집단치료사들이 집단구성원에게 어떠한 자극을 통해서든 집단에 대한 믿음과 확신을 갖도록 지지하는 것은 희망의 고취라는 치료적 요인을 부각시켜준다. 우리사회에서 흔히 볼 수 있는 위약효과에 대한 긍정적인 결과를 밝히는 자료들은 얼마든지 있다. 그렇듯이 나는 수많은 치료사들을 교육하고 감독해오면서 집단미술치료를 시작하기 전에 구성원 개인을 사전면담하거나, 또는 최초의 회기인 오리엔테이션에서 집단에 대한 부정적인 선입견을 없애고 집단경험에 대한 동기를 부여함으로써, 앞으로 있을 집단경험에 대한 기대를 강화하고 신뢰를 증가시키는 것이 얼마나 중요한 과정인지를 강조해왔다. 다시 말해서 초기에 구성원으로 하여금 집단에 대한 희망을 갖도록 구성원을 지지하는 것은, 인간의 발달과정에서 최초의 관계경험에 대한 믿음과 확신을 갖는 초기경험의 과정과도 유사하다. 또한 집단과정에 구성원들이 서로에 대한 피드백을 통해 희망을 심어주는 것은 개인적인 특정 어려움을 안고 참여한 구성원에게 그 문제를 해결하거나 가능성을 기대하게 하는 강력한 힘이 될 수 있다. 또한 희망에 대한 그러한 경험들은 종결시기에 방향을 설정하고 위로받고 기대를 가지고 떠날 수 있게 한다.

희망심어주기와 관련하여 나의 정신과임상에서 경험하였던 가족교육과정에 있었던 실수가 생각난다. 그 날은 만성 환자와 급성기 또는 초기 환자의 부모와 가족이 참여한 가족교육시간이었다. 환자의 가족들은 각자가 경험하고 있는 고충을 이야기하기 시작하였는데 환자의 병이 만성화되기까지 어떻게 진행되어 왔고 지금 가족은 얼마나 힘들고 좌절하고 있는지 이야기하자, 초발환자의 한 부모가 눈물을 글썽이며 자신의 자녀가 앞으로 그렇게 되어 갈 거라는 부정적기대로 좌절을 토해내었다. 나는 그 상황을 수습하느라 진땀을 흘리며 자책했던 기억이 10년이 훨씬 지난 지금에도 너무나도 생생하게 내 마음 한 켠에 자리잡고 있다. 집단에서 경험자의 이야기는 이제 시작하는 이들에게 위로를 주기도 하지만 좌절을 주기도 한다. 그래서 집단을 구성할 때 또는 집단과정에서 등장하는 유사문제들에 대해 어떻게 반영해 줄지는 치료자가 고민해야 하는 역할이어서, 희망심어주기와 관련한 치료적 요인에 대한 바른 이해와 기술은 매우 중요하다.

이와 관련하여 알코올병동 임상에서 수없이 확인되었던 긍정적인 부분은 중독자였던 재활환자의 증언이 처음 입원했거나 중독자 자조모임에 처음 참여한 사람들에게 재활의 희망을 갖게 하는 기회가 된다는 사실을 확인할 수 있었다. 이들의 모임은 이미 회복과정을 거친 사람이 자조모임의 리더가 되어 집단을 끌어가기 때문에 다른 중독환자들에게는 나도 가능할 거라는 희망을 갖게 한다는 사실이다. 15년 전 쯤의 일이었던 것 같다. 어떤 성인 남성이 수년간의 정신질환에서 회복하여 전국의 정신병원을 순회하면서 환자들에게 노래와 자신의 극복과정을 전하여 수많은 환자와 가족들에게 희망을 전해주었던 일들 또한 기억난다.

이렇듯 희망 심어주기는 구성원들에게 집단 미술치료 경험에서 떠올린 연상이미지, 매체, 표현방법 등의 창작활동을 중심으로 지원과 나눔을 경험하게 하고 지지적 관계를 형성하게 한다. 모든 치료집단에서는 관계 경험을 통해 긍정적인 변화를 보이는 구성원들만 있는 것이 아니라 경우에 따라서는 부정적인 변화를 보이는 경우도 있다. 그러나 대부분의 구성원들은 집단과정에서 긍정적인 변화를 보이는 구성원을 만나면서 희망을 갖게 되고 자신의 문제를 극복하고 해결해가고자 하는 욕구를 불러 일으켰으며 실재로 긍정적인 영향을 경험했다고 말하는 것을 흔히 볼 수 있다.

2. 보편성

어려움을 호소하는 대다수의 사람들은 자기만이 유난히 힘들다는 원망과 불안을 가지고 들어오는 경우가 흔히 있다. 수 년 동안 만나왔던 어떤 여성은 최근에 나에게 전화를 하여 "왜 나에게만 이러한 일들이 생기는 걸까요?"라며 호소해 왔다. 그런 후 일주일도 채 안 되어 다시 전화하여 "나만 그런게 아니었어요"라며 스스로의 위로를 전해왔다. 그는 늘 일상생활상의 스트레스를 안고 있으며 주기적으로 공포와 부정적인 생각에 빠져 힘들어하는 시간들을 반복해 왔다. 비관적이고 자기불신에 세상을 원망하며 살았던 그는 극도의 고립감으로 사회적관계가 유연하지 못하고 자살시도를 반복해왔지만, 집단경험을 통해 자기문제를 노출하고 그에 대한 구성원들의 위안을 받았고 자기만이 가진 문제는 아니라는 구성원으로부터의 검증과 수용의 기회를 가지게 되었다. 그럼으로써 모든 사람들이 경험할 수 있는 그리고 누구나 가질 수 있는 어려움의 보편성(Universality)을 경험하게 되었다. 이후 사고의 변화와 자기인식의 변화로 세상에 대한 희망을 가질 수 있었지만 이전의 문제를 모두 극복한 것은 아니었다. 그럼에도 다행인 것은 그가 느끼는 좌절의 수준과 정도가 변화되었다는 사실이다.

이러한 경험으로부터의 도움은 개인치료에서도 가능하나 집단치료에서 더욱 가능해진다. 이 맥락에서 집단미술치료는 보편적인 인간의 감정에 대한 발견에서부터 시작된다. 집단 과정에서 나타나는 창작물의 공통적인 상징이나 이미지에 대한 경험을 나누는 것은 미술치료 집단의 중요한 기능이다. 상호 관심사에 대한 나눔과 대화는 구성원 모두가 한 배를 탄 공동체로서 자신의 문제가 혼자만의 특별한 것이 아니라는 사실을 알게 하므로 안도감을 갖게 된다. 집단 초기에 구성원들은 특히 자신들 만이 어떠한 위협이나 수용될 수 없는 문제들과 생각을 갖고 있다고 믿으면서 치료집단에 참여하게 된다. 이러한 감정들은 스스로 사회로부터 고립감을 갖게 하는데, 미술치료 집단에서는 언어가 아닌 창작과정에서 노출된 표현들을 사용하여 자신들의 테마와 비밀들을 만나게 된다. 이 과정은 작품 결과물의 표현적 느낌에 대해 듣는 이 모두가 "지금-여기"에서 공감하고 인식하게 하므로 집단과 구성원들에 의한 수용과 그에 따른 카타르시스로부터 더 많은 홀딩을 경험할 수 있게 된다. Yalom(1983)은 치료집단에 들어오는 구성원들이 가지고 있는 근원적인 부적절성에 대한 확신과 깊은 자기 소외감과 성적 비밀의 다양성을 제시했다. 예를 들면 구성원들은 집단과정에서 다른 사람들이 자신의 부적절성을 발견하고 실재의 자신을 알게 되면, 지금까지 숨겨왔던 자신의 허세를 알아차리고 비난할지 모른다는 두려움을 가지게 되며 자신들이 다른 사람을 실제로 좋아하거나 사랑할 수가 없다고 느낀다는 것이다. 뿐만 아니라 그러한 소외감과 비합리적인 사고와 관련하여 간혹 구성원들은 동성애적 경향을 나타내기도 한다.

집단미술치료에서는 구성원들이 집단에서 창작 표현을 함께 나누고 결과물에 대한 의식화 과정에 참여하게 되므로, 각 개인들은 그동안 자신에 대해서 잘 알릴 수 없었고 인정받지 못했던 면의 그림자를 빠르고 깊게 경험하게 된다. 한 개인의 보편성의 근원으로부터 반영되는 경험은 무엇보다 내적 두려움으로부터의 해방감과 집단의 더 큰 무언의 일체감의 중요성이라고 볼 수 있다.

3. 정보전달

집단치료에서 정보를 나누는 것은 치료자가 집단구성원들에게 정신기능이나 신체기능에 대해 교훈적으로 지시하는 것과 일상생활 문제에 대해서 충고나 직접적인 지침을 제공하는 것이다. 역동적 상호작용 집단에서는 교훈적 지시나 충고의 사용을 가치 있게 받아들이지 않으나 인지행동 접근형태의 집단을 필요로 하는 특정 대상에게는 충고나 지시에 보다 많이 의존하는 것을 볼 수 있다.

예를 들면 발달적 또는 지적장애가 있거나 인지적으로 제한적인 사람들로 구성된 집단에서는 특히 교육 심리적 측면에서 일상생활의 적응을 위한 방법으로 교육하는 것을 배제할 수 없다. 그리고 사별가족의 적응이나 죽음을 앞둔 사람이나 그의 가족들을 위해 사별과정에 대한 정보를 제공함으로써 헤어질 준비를 시키고, 대중 앞에서 불안을 느끼는 사람에게 불안에 대한 대처방법으로 호흡법과 이완요법을 가르치는 것을 집단치료의 주된 목표 중의 하나로 선택하는 경우가 흔히 있다. 과거에 나는 집단회기 초기에 구성원들이 작업에 집중할 수 있도록 돕기 위한 안내로 명상기법을 제공하는 과정에서 어떻게 명상을 사용할 수 있는지 설명하고 실제에 적용하도록 안내한 적이 있는데 이 또한 이완요법을 사용한 교육심리적 접근이었다. 또한 정신장애를 가진 환자들에게 일상생활훈련을 통해 적응과 재활을 돕고, 자신이 섭취하고 있는 약물이 치료에 어떠한 역할을 하는지, 약물 부작용은 무엇이며 어떻게 대처해야 하는지, 자신의 정신증에 대한 왜곡된 이해를 바꾸고 극복의 대안을 제시하는 것은 매우 보편적인 정보전달의 집단 치료요인이다.

집단과정에서 구성원 간에 일어나는 충고 또한 집단에서 흔히 일어나는 현상으로서, 치료자가 원치 않아도 집단 구성원 간에 예외 없이 일어나는 과정의 일부로서 작용되며, 치료자 역시 자기도 모르는 사이 자신의 경험을 전달하여 행동과 방법을 지도하거나 충고하는 경우가 간혹 있다. 치료사들이 자신의 역할에서 발견하는 실수 중 가장 많이 호소하는 것이 이것이기도 하다. 도움의 방법으로 자연스럽게 일어나는 이러한 충고는 개인에게 어느 정도는 정보전달(Imparting of information)의 중요한 요소로서 작용하기도하지만 지나칠 경우 직접적인 도움이 되는 경우는 매우 제한적이고 오히려 치료에 방해요인이 되는 것을 볼 수 있다. 그러나 이러한 충고는 구성원이 다른 구성원을 또는 치료자가 특정 구성원을 돕기 위한 배려이자 관심의 상호작용으로 일어나기도 하지만 때로는 자기를 드러 내기 위한 방어목적을 가지는 경우도 간혹 있다.

어떠한 이유에서든 충고가 가지는 특성은 드러나지 않은 잠재적 역동이 있을 수 있다. 개인에 따라서는 오히려 충고를 끌어내어 돌봄을 받고자 하는 의존욕구가 작용하는 경우가 있으며, 어떤 이는 다른 이의 충고를 끌어내면서 표면적으로는 그것을 받아들이지 않고 끊임없이 반대의견을 세워 저항하고 내적으로는 자기 안에 담아두어 이후에 사용하는 이도 있다. 어떤 구성원은 다른 구성원이나 치료자가 제공하는 충고에 지나치게 고마움을 전하기도 하나 실제로는 전혀 받아들이지 않는 경우도 있다. 또 다른 경우는 자기욕구는 없는 듯 배제하고 타인의 이야기만을 드러내어 다른 구성원들로 하여금 충고하게 하는 방어적 태도와 조정자역할을 하는 경우도 있다. 이러한 다양한 형태의 정보전달과 관련한 역동들은 구성원으로 하여금 자기문제를 직면시키면서 긍정적인 결과뿐 아니라 부정적인 결과로서 저항을 불러 일으키기도 한다.

정보전달의 치료요인과 관련하여 교육적 접근과 충고는 앞에서도 이야기했듯이 특히 필요한 대상이 있다. 충고가 특별히 의미있는 치료효과로 작용하는 집단은 알코올중독자 집단인 것 같다. 내가 정신전문병원에서 근무할 때 가장 많이 지나쳐야 하는 길목이 알코올병동이었다. 나의 상담실은 알코올 병동과 이어져 있어서 폐쇄병동으로 가거나 병원의 다른 건물로 나가기 위해서는 반드시 거쳐야하는 계단을 중심에 두고 이어져 있어서 하루 일과 중 수차례 중독환자를 만나야 했다. 그들은 매우 친절하게 나를 대했고 지식화의 방어를 사용하여 알코올의 정보를 전달하며 때로는 자신의 경험에 빗대어 충고를 전하기도 했다. 그렇듯 이들이 나에게 방어로 사용한 정보는 과대한 자기만족과 인정욕구 그리고 조정욕구였던 것 같다. 충고와 교육적 정보 전달은 이들 알코올 중독자 자조모임에서 특히 효과를 발휘하곤 한다. 예를 들면 "나는 중독자 ~~다"라고 스스로를 밝힘으로부터 시작되는 이 집단에서 그들이 반복적으로 읽는 것은 "~해서는 안 된다. ~을 해야 한다" 등의 지침들이며 그것을 통해 교육하고 연습한다.

정보 전달과 관련한 치료요인은 집단미술치료에서도 예외 없이 적용되지만 특히 발달장애나 행동 문제를 가진 구성원으로 형성된 집단 또는 교육집단의 미술치료에서는 부분적으로 또는 필요불가분하게 적용되기도 한다.

4. 이타주의

모든 치료집단에서 구성원들은 유사한 문제를 함께 공유하고 있고 서로가 지지하고 제안하고 상호작용 과정에서 통찰을 제공한다. 간혹 자존감이 낮은 구성원은 자신이 누군가에게 기여할 가치가 없다고 느끼며 집단에 참여했다가도 좌절하고 긍정적인 기대를 경험하지 못하는 경우를 볼 수 있다. 그러나 어떤 기회를 통해 자신이 다른 구성원에게 도움이 된다는 느낌을 갖는 경험을 하게 되면 그것은 개인에게 대단한 보람이며 자존감을 강화시켜 준다. 이타주의(Altruism)의 치료 요인은 집단치료에서 특히 그 가치를 드러내며 더욱 가능한 유일한 경험이다.

오래전에 만났던 어떤 남성이 생각난다. 그 집단은 주로 여성으로 구성되어 있었는데 유일하게 한 남성이 포함되어 있었으며, 구성원들은 자신과는 다른 기능을 가진 이 남성에게 자연스럽게 도움을 요청하게 하는 상황들이 일어나기 시작했다. 이 남성은 30대 중반까지 살아오면서 오로지 혼자 생각하고 혼자 선택하며 누군가의 도움을 받지도 주지도

않으며 살아왔다고 했으며 수년간 가족을 떠나 있었다. 우연한 기회에 집단에 참여하게 되었다고 하는 그 남성은 이 집단이 생애에서 유일하게 자기를 필요로 하는 곳이며 자기에게 관심가져주는 곳이라고 했다. 그는 자신이 살아온 여정의 삶을 솔직하게 이야기했고 자신의 이야기를 관심 있게 들어주고 공감해주며 다른 구성원이 주는 피드백을 숙연하게 받아들이면서 서로에 대해 지속적으로 이타적인 분위기가 유지되고 있었다. 이타주의적 태도는 점차 이 집단의 치료과정에 중요한 역할로 자리하고 있있다. 특히 이 남성처럼 자신과 세상에 대한 신뢰가 제한적이고 자기 또한 다른 이에게 줄 것이 없다며 자기비하에 휩싸여 있는 이에게, 또는 자칫 처음 경험하는 참여환경에서 고립될 수 있으며 집단이 주는 관심에 오히려 방어적 자세를 취하는 이들에게 스미듯이 정서를 이완시키고 자기를 개방하게 한다.

다양한 집단에서 나는 이타적인 행동의 다양한 역동을 이해할 수 있었다. 집단경험이 의미 없다고 반복적으로 말하면서 돕는 자의 역할을 지속하는 사람이 있으며, 이 집단에 가지고 온 자기욕구를 성취하기 위해서는 어쩔 수 없이 동조해야 하는 현실을 말하며 적응하기위한 필요수단이라고 말하는 이도 있다. 그러나 어느 시점이 지나면서 발견되는 것은 어느새 그의 태도와 행동이 변화되어 있다는 것이다. 이러한 역동현상에서 발견되는 것은 어떠한 이유로든 사람은 자기를 둘러싸고 있는 외부에 몰입하면서 자기도 모르는 사이에 극복되고 적응하며 방향을 찾아가게 된다는 것이다. 즉 치료자가 집단의 의미를 포기하지 않는다면 그리고 이타적인 분위기에 초점을 유지하고 있다면, 그래서 구성원들이 그 의미를 수용하고 서로에 대한 이타적인 행동을 드러내기 시작한다면 그 집단은 당연히 의미 있는 결과를 기대해도 좋으리라 본다.

집단미술치료는 언어적인 집단과는 다르게 창작활동을 사용하므로 일어날 수 있는 다른 특성이 있다. 즉 창작과정에서 또는 작품을 통해서 개인은 자연스럽게 내적 심상이 자극받으므로 유아적인 무의식에 머무르고 싶은 충동과 무의식적으로 노출되는 심리적인 불편감에 사로잡히기도 한다. 이 때의 이타주의적 분위기는 작품과 구성원 간의 상호 교류를 자연스럽게 돕는 관계로 만나게 하며 이 과정은 도움을 받는 사람이나 도움을 주는 사람 모두에게 치유적인 요소로 가능하게 한다. 집단미술치료는 시각적 심상을 집단 안으로 가져오므로 더욱 긍정적인 상호작용과 자원을 제공하고 촉진시키는 것 같다.

5. 사회화 기술의 발달

정도의 차이는 있지만 사회화 기술의 발달(Development of socializing techniques)은 대부분의 모든 치료집단에 적용되는 치료적 요인이다. 종종 장기 입원 환자의 퇴원을 준비하는 치료집단과 행동 문제를 가진 청소년 집단을 위한 분명한 목표가 될 수 있다. 역동적 치료집단에서는 구성원들의 부적절한 사회행동에 대해 상당한 정보를 제공받기도 한다. 집단과정에 구성원들은 다른 구성원들에게 도움을 주고 반응하는 방법을 배우고 정확한 감정을 보다 잘 경험하고 표현할 수 있게 되는데, 이러한 모든 것은 구성원들이 자신의 미래에 행하게 될 사회적 상호작용에 도움이 될 수 있다.

집단미술치료에서는 보다 명료한 의사소통인 비언어적인 무의식의 요소들이 강조되고 있다. 구성원들은 창작품에서 비추어 나오는 은유적인 메시지에 대한 가치 있는 피드백을 만나게 되는데, 이때 치료자는 구성원들이 서로의 작품에 대한 느낌을 나누고 그 느낌의 전달로부터 배우게 되는 개방적인 환경을 안내할 수 있어야 한다.

6. 초기 가족집단의 교정적 재현

미술치료 집단은 대상관계의 초기 모체로서 이해될 수 있기 때문에 구성원들은 집단에서 보호받고 피난처가 되는 좋은 품의 모성적 측면을 먼저 경험하게 된다. 집단과정이 진행되면서 구성원들은 스스로가 자기 보호를 위해 방어하고 경계해야 하는 나쁜 어머니로서 집단을 경험하기도 한다. 이는 구성원들이 유아 초기의 편집 · 분열적 모성경험과 같은 형태로 집단을 받아들이기 때문이다. 이러한 초기 가족집단의 교정적 재현(Corrective recapitulation of the Primary family group)은 대부분의 역동적 집단에서 필수요소로 적용되며 집단의 성장과 함께 긍정적인 모성경험으로 안내된다. 전체로서의 집단은 가정으로 경험되고 구성원들은 남성 · 여성으로서 부모와 형제자매 관계로써 투사된다. 어떤 구성원은 지원적 대상으로서 어떤 이에게는 경쟁적 대상이 되면서 집단내에 형제자매와의 경쟁이 나타난다. 그 대상이 각자의 가족과 닮을 때 또는 가족갈등이 클수록 집단갈등도 높아진다. 이러한 집단의 갈등은 시간이 지나면서 줄어들기도 하는데 그러한 현상과 과정은 집단에서 반복적으로 재연되면서 교정적 경험으로 다가온다. 구성원 개인이 집단치료자의 신뢰할 수 있는 경계 설정에 의해 보호받게 되면 개인은 모성의 긍정적인 면을 경험하게 되고 모든 것을 다 받아주는 어머니에게서 신뢰를 경험하는 유아처럼 수용과 경계를 경험하고 발전시켜갈 수 있게 된다.

따라서 긍정적인 초기 모성경험을 위해서는 충분히 신뢰할 수 있는 집단치료자의 자세가 필요하다는 것은 두말할 나위가 없다. 간혹 일부 미술치료사의 무지와 부적절한 자세가 구성원으로 하여금 집어삼키는 마녀와 같은 나쁜 모성을 경험하게 하며 불안과 상처를 받는 것으로 집단이 마무리되는 경우가 있다. 또한 미술치료의 특성이 상징성을 읽을 수 있기 때문에 해석과 관련한 치료자의 잘못된 접근으로 인해 최초의 집단경험을 더 많이 어렵게 하는 경우가 있는 것 같다. 그러나 또 다른 집단미술치료의 특성으로서 긍정적인 면의 모성경험을 가능하게 하는 집단의 창작물에 대한 관심은 구성원 개인들이 더 이상 거절당하지 않는 경험 안에서 자기가 자신의 좋은 품을 가진 어머니로서 스스로를 품어내는 성숙의 경험을 가능하게 하기도 한다.

7. 모방행동

특정집단에서 구성원간의 모방행동(Imitative behavior)은 매우 제한적인듯 하지만 사실은 집단치료에서 사용할 수 있는 가장 강력하고 직접적인 요소 중의 하나이며 집단구성원들이 다양한 사회적 모델과 역할 모델을 제공해 준다는 점이 가치이다. 모방행동은 집단초기에 더욱 중요한 역할을 하고 치료자와 구성원 모두에게 해당되며 효과적인 모델링은 연령과 성별 그리고 태도 등에서 자기와 유사한 대상에게서 모방행동이 더욱 쉽게 일어날 수 있다.

집단치료를 통해 구성원들은 유사한 문제를 가지고 있는 다른 구성원을 관찰 학습하고 대리학습(vicarious learning)함으로써 자신들의 문제 해결에 도움을 받곤 한다. 집단미술치료에서는 창작이라는 자기표현을 통해 자신의 생각이나 감정을 전달하는 적절한 행동방식을 선택하고 행동화하는 방법을 배우게 되며 강화받게 된다. 이때 집단치료자의 전문적인 자세와 따뜻한 관심과 지지는 구성원들의 모방효과를 증진시키는 경향이 있으며 구성원들의 특정행동과 모방은 창작과정의 역할놀이 속에서 이뤄지고 이를 통해 학습의 기회를 갖게 된다.

8. 감정의 정화

집단이 응집력 있고 서로 지지적인 분위기에 있다면 집단과정에서 경험될 수 있는 감정의 표현은 구성원들로부터 수용되고 지지받는 느낌을 갖게 하므로 구성원 개인으로 하여금 희망을 갖게 하고 자기효능감이 높아지는 의미있는 경험을 하게 한다. 그 결과는 집단을 더욱 긴밀한 상호유대감으로 발전시키고 집단 이후에도 좋은 지지체계로서 작용하게 한다. 따라서 집단에서 감정의 정화(Catharsis)는 정서를 표현할 수 있는 안전한 공간이어야 한다는 것을 전제로 하며, 집단과정에서의 감정표현은 집단이 효과적으로 진행되기 위한 절대적인 필요요소이다.

따라서 집단미술치료는 직접적인 언어가 아닌 매체 사용으로부터 시작하므로 치료환경이 안전하다. 그러므로 그곳에 참여한 사람들의 자연스럽게 표출되는 감정이 존재하고, 참여자의 창작 욕구가 있으며 집단에서 무언가를 기대한다면 보다 의미있는 집단을 형성할 수 있게 되며, 그 안에서 미술매체의 활용은 감추어진 감정들을 훨씬 자유롭게 밖으로 표현할 수 있게 한다. 또한 그 집단의 분위기가 우호적이라면 미술작업은 구성원으로 하여금 슬픔이나 상실에서 오는 불안과 공포와 우울함과 관련된 감정을 그려낼 수 있게 한다. 구성원들이 자신의 작품을 감상하고 느낌을 전해 왔을 때 개인은 다른 사람들로부터 평가 받는다고 생각하지 않으며 오히려 존중받는다는 느낌과 함께 현실과 실제를 인지하는 과정으로 경험된다. 그럼으로써 감정은 자유로운 휴식으로 안내받을 수 있게 된다. 이 과정은 개인에 따라서는 집단자체의 홀딩경험과 창작품에서 경험되는 무의식의 만남을 가능하게 하므로 개인에 따라서는 강렬한 감정을 분출하기도 한다. 카타르시스는 치료에 들어가는 매우 중요한 입문의 감정이지만 이때 치료자가 유의해야 할 점은 그 자체가 치료는 아니라는 점을 기억해야 한다. 특히 초기의 지나친 감정표출은 혼돈의 위험성도 가진다. 초기의 지나친 감정표출은 그 자체로 끝나는 것이 아니라 구성원과 치료자 사이에 발전되는 관계 맥락에서 이해되어야 하며 신뢰를 바탕으로 안내되어야 한다.

9. 집단 응집력

집단의 응집도는 구성원들이 하나의 통합된 전체로 묶여져 있는 유대관계의 정도를 말하며 이러한 응집성은 집단에 대한 여러 가지 동기화를 통하여 이루어진다. 자신이 집단에 속해 있고 다른 사람에 의해 받아들여지고 사랑받고 있다는 믿음이 감정적으로 만나졌을 때 집단은 단지 개인들의 집합이 아니고 전체로서 하나의 집단이 되는 것이며 이 소속감을 집단응집력(Group cohesiveness)이라고 한다.

자기 존재가 타인으로부터 받아들여진다는 믿음에 의문을 가진 구성원에게 미술치료 집단은 그 개인에게 특별한 경험을 제공해준다. 즉 미술치료집단의 가장 기초적이고 중요한 특성으로서 모든 구성원의 창작물은 매우 소중히 다루어진다. 그러므로 구성원 개인이 스스로는 자신이 표현한 결과물이 만족스럽지 못했어도 집단에서는 자신의 작품이 존중되고 수용되어지는 경험을 하게 하므로, 구성원으로 하여금 자기 자신의 가치가 집단에 의해 인정받고 수용되어지고 있다는 것과 혼돈스러운 감정과 통제된 억압이 허용된다는 믿음을 가지게 한다. 집단의 성장과 함께 구성원 자신은 개인으로서 더욱 분명해지고 창작행위를 통해 일치감을 보다 성숙시킬 수 있게 된다. 이러한 효과성이 집단미술치료가 일반 집단치료와 다른 점이라고 볼 수 있다. 다시 말해서 집단에서 인정받고 수용되어진다는 의미는 "무조건적인" 의미 그 이상이다. 상호작용하는 관계경험에서는 서로에 대한 적대감도 갈등도 생길 수 있는데, 응집력 있는 집단에서는 그러한 갈등이 숨겨지는 것이 아니라 자유롭게 표현될 수 있고 자기와는 다른 의견이 제시되어도 그 자체로서 인정되며 공격적인 표현이 나오더라도 보복적인 태도나 방어적인 분위기가 아니라, 함께 느낌과 생각을 교류하고 서로의 다름에 대해 인정하고 해결점을 찾아가는 성숙한 집단경험이 가능해 진다. 특히 미술치료집단에서는 갈등과 적대감을 이미지로 드러내므로 덜 직접적이면서 자기감정을 더욱 자유롭게 표현해 내고 함께 소통하며 한 번 더 생각해 볼 수 있는 시간을 가질 수 있다는 점이 장점이다.

집단 응집력에 대한 치료자의 역할은 구성원들에게 안도감과 안정감을 제공하는 것이며 자유롭게 성장을 향해 이동해 나갈 수 있게 하는 것이다. 집단치료에서 집단응집력은 집단효과성을 위한 중요 요소이긴 하나 집단응집력 그 자체가 집단의 가치는 아니다. 때로는 응집력이 집단을 피괴하는 것으로 나타나기도 하는데, 예를 들면 창작과정의 상호활동에서 심리적 상황과 무의식의 접촉이 어려운 구성원들은 간혹 하위집단을 형성하고 집단에 도전하며 집단 전체에 어려움을 가져오기도 하는 경우이다. 이때 집단치료자는 그림의 상징성에 대해 해석하지 않고 역설적인 중재를 함으로써 자신의 무의식을 거부하는 불안한 구성원을 보호할 수 있어야 한다.

10. 대인 관계적 학습

대인관계는 인간발달의 전 과정을 통해 지속적으로 유지되고 변화되어가는 과정이며 대인관계과정을 통해 반영된 자기평가가 생애의 전 과정에 영향을 미치게 된다. 대인관계는 자기영속성의 경향을 가지고 있어서 집단구성원 간에 드러내는 태도에 반영되게 되며, 집단에서 구성원개인이 드러내는 대인관계 양상은 그의 내면에 어떠한 관계경험의 도식이 형성되어 있느냐를 가리킨다고 볼 수 있다. 예를 들어 적절한 애착관계를 경험하지 못했거나 지시만을 받고 성장한 구성원이라면 밀접한 관계를 가지면서 아무런 자기주장을 할 수 없는 무조건적인 순응적 관계를 맺으면서 상대방의 요구에 맞추어갈 가능성이 높다. 그러한 구성원의 경우 집단경험은 흔히 자신의 경직된 독립성을 찾는 최초의 기회가 된다.

이해를 돕기 위해 대인관계가 영속적이지 못하고 매사에 부정적인 자기상을 가진 한 구성원을 예로 들어 보고자 한다. 그는 타인과의 관계에서 상대방을 늘 어떠한 이유를 붙여서든 적대감으로 끌어가는 듯 했다. 어느 때는 경멸하다가도 어느 때는 순응하고 굴복하고 예측할 수 없는 화를 내며 공격하기도 하여 상대방으로 하여금 자기를 거부하게 만들곤 했다. 아마도 그는 부정적 자기상을 상대방에게 투사함으로써 다른 사람들이 자기를 거부하게 될 거라는 자기식의 기대를 다시 자기에게로 향하게 했던 것 같다. 이것은 자기충족적 예언 또는 대인관계의 전염성과 관계한다. 대인관계이론에서 주장하는 관계패턴은 계속 변화될 수 있으며 타인의 긍정적 평가를 통해 자기상이 바뀔 수 있다고 했듯이, 집단경험에서 집단구성원들이 한 특정구성원을 어떻게 평가하느냐에 따라 그 구성원이 왜곡된 자기상을 수정하는 경우는 흔히 관찰될 수 있는 변화들이다. 뿐만 아니라 자기 예언적 메시지를 통해 구성원들이 자기를 형태화하게 만드는 결과 또한 집단에서 쉽게 만날 수 있는 현상들이다.

대부분의 많은 아동청소년집단에서는 대인관계와 관련한 목표에 초점을 둔 치료집단이 흔히 있다. 그 이유는 우선 해결해야 할 외부로 드러난 문제이기 때문이기도 한 반면에 다양한 문제의 원인이 대인관계에 있다고 보는 관점 때문일 것이다. 실재로 나의 경우도 아동청소년 뿐 아니라 문제의 모든 근원들이 갑자기 일어난 환경문제나 사건이 아니고서는 최초의 대인관계 또는 성장과정의 대인관계가 문제의 본질인 경우가 대다수이며, 갑자기 일어난 사건이라 해도 그 사건을 감당해 낼 수 있는 힘은 그 대인관계로부터라는 사실을 배제할 수가 없다. 그러므로 집단의 시작에서 어떠한 특정 목표를 가지고 시작했다 하더라도 집단이 진행되면서 드러나는 문제는 결국 대인관계라는 사실에 대해 대부분의 임상가들은 부정하지 않는다. 과거에 내가 만난 수많은 치료대상들에게서 이와 유사한 상황들은 수없이 검증되었다. 대인관계와 관련하여 그들이 가지고 온 우울이나 불안 또는 신체증상들은 그 자체를 단기간에 치료한다는 것은 집단치료사가 할 수 있는 일이 아니다. 증상으로 나타난 여러 징후들의 기저에 있는 병리요인에 접근하고 치료하는 것이 중요하며 그것을 따라가다 보면 대인관계(또는 대상관계) 병리가 있음을 발견하게 된다. 물론 집단에서 이러한 근원적인 문제를 단기간에 다루는 것이 쉽지 않더라도 왜곡된 사고를 합리적 사고로 바꾸는 정도에서 핵심문제에 다가가는 준비과정으로 가능하다. 관계문제의 핵심에 다가가는 접근은 장기적인 정신심리치료집단이 아니고서는 할 수 있는 부분이 아니기 때문이다. 이러한 집단치료의 제한성에도 불구하고 어떠한 이론적 접근과 시기 적절한 구성에 따라 기대할 수 있는 정도는 달라진다.

집단을 통해 가능한 대인관계경험은 긍정적인 정서경험에 의한 신뢰로운 환경에서 수용됨으로써 자신이 살아있다는 생생함과 존중감을 느끼게 된다. 존중감에서 노출되는 자기왜곡은 거부되지 않고 공감되어지며 지지받으면서 새로운 정보를 제공받게 되므로 자유로운 자기개방을 가능하게 된다. 자기개방의 상호작용은 감정의 정화와 교정적 정서체험으로 가기 위한 조건이 되며 현실검증을 가능하게 한다. 이러한 과정은 "지금–여기"에 초점이 맞추어지며 반복적인 되돌아보기로 연결되므로 집단은 자동적으로 대인관계를 학습하기 위한 이상적인 장소로 제공된다. 다시 말해서 집단은 구성원들에게 특징적인 대인관계적 긴장감과 부정적인 자기양상을 재현해내는 안전한 무대이자 작은 사회로서 활용되고 교정적 정서를 활성화한다.

즉 집단치료자는 구성원들이 새로운 행동을 집단 안으로 가지고 와서 실습할 수 있도록 준비시켜 줌으로써 자유로워지도록 도울 수 있다. 집단미술치료에서는 창작물에 반영된 양상에서 발견된 구성원들 자신의 문제가 다른 구성원의 작품에서도 등장하고 유사한 행동을 보인다는 것을 관찰함으로써 서로를 동일시하며 학습하게 되는데, 이러한 창작과정으로 만나는 경험은 구성원으로 하여금 보다 은유적으로 감정이입적 경험을 가능하게 한다. 따라서 동일시된 감정들은 현실에서의 모습을 방어없이 보여주는 기회이므로 구성원들이 서로에 대해 돌보는 관계를 유지하려는 욕구가 등장하게 된다. 언어로 표현하고 조언하는 그 어떠한 경험보다도 더욱 공감적이고 비 위협적인 관계경험을 가능하게 하는 것 같다.

집단치료사가 집단을 축소된 사회로서 대인관계학습(Interpersonal learning)의 장으로 사용하기위해서는 집단에 참여한 구성원들의 부정적인 대인관계 패턴의 반복성을 이해해야 할 것이다. 이것을 이해하기 위해서 가장 중요한 것은 집단과정에서 등장하는 구성원들의 정서반응일 것이다. 다음 사례에서는 한 집단에서의 대인관계 패턴을 다룸으로서 이해를 돕고자 한다. 어느 날에 있었던 집단상황이다. 그 집단에 참여한 두 구성원 간에 일어난 역동은 어머니와 딸이 투사된 상황으로, "칵테일 파티"라는 주제로 진행된 그날 초기과정에서 어머니의 역할을 드러낸 구성원은 잠자리채를 만들었고 딸의 역할을 드러낸 구성원은 작은 새를 표현했다. 개인 작업이 끝나고 집단놀이가 시작되었는데 처음부터 마지막과정까지 반복적으로 일어난 특정상황은 잠자리채가 작은 새를 잡기위해 끊임없이 따라붙고 작은 새는 잠자리채로부터 벗어나기 위해 몸부림하는 투쟁의 시간으로 채워졌다. 나는 이 두 구성원의 역동과 이들의 불안과 흥미에 투사된 다른 구성원들의 두 집단으로 나뉘는 전이현상으로 인해, 더 이상 지속하면 곤란해질 거라는 나의 염려로 놀이는 중단할 수 밖에 없었다. 느낌을 공유하는 과정에서 구성원들은 이 두 구성원의 역동에 빠져들었던 자기 이슈들을 공유하게 되었고, 그 두 구성원은 자연스럽게 노출된 가족경험을 고백하듯 드러내어 울음바다가 되었던 회기였다. 그 집단의 경험은 초기가족의 재현이자 교정적 또는 대인 관계적 학습을 경험하게 한 특별한 회기였던 것으로 기억한다.

이처럼 복잡한 주제들이 집단구성원들의 내면에 내재해 있으므로 집단치료사는 3~4명의 구성원을 만난다 하더라도 최소 9~12명 이상의 구성원을 만나는 것과 같은 심리적 부담과 에너지 소모를 느끼게 된다. 그러므로 치료자가 이에 대한 관계맥락의 역동을 이해하고 대처하지 않으면 집단을 감당하기 어려우며 긍정적인 방향으로 안내하는 것 또한 어려울 것이다. 특히 미술치료집단이 갖는 특성은 표면화되는 작품의 결과가 따르기 때문에 더욱 강렬하고 구체적이 될 수 있어서 치료자의 상징이해 또한 필요로 하며 개별화된 시각으로 그 상징을 이해할 수 있는 융통성 또한 요구된다. 뿐만 아니라 이러한 치료요인을 감당하기 위해서는 주 치료자가 유동적이어서는 안 되며 처음부터 종료까지 반드시 지속적인 연속성을 가지고 한 사람의 치료사가 주 치료사 역할을 담당해야 한다는 사실 또한 유념해야 한다. 간혹 매 회기마다 주 치료사가 바뀌는 것을 허용하는 경우를 볼 수 있는데, 대인관계요소를 강조하는 집단 뿐만이 아니라 지도자가 수시로 바뀌는 집단은 특정목표를 가진 경우가 아니고서는 배제되어야 하며 유의해야 할 부분이다. 매 회기 집단치료자의 존재 영속성은 집단이 안전하고 구조화된 체계로서 집단발달이 방해받지 않고, 축소된 사회체계로서 긍정적인 대인관계경험으로 발전하기 위해 반드시 고려되어야 할 유의사항이다.

11. 실존적 요인

집단구성원들의 문제를 이해하는 실존적 요인(Existential factors)에 대한 접근은 인간 존재의 중요한 갈등이 주어지는 실존 즉 죽음, 소외, 자유, 고독, 무의미함, 무력감 등을 인정하는 것이며 현실에 직면하게 하고 함께 존재하는 고유한 개인으로서의 가치를 갖게 하는 것이다. 특정 집단의 경우 특히 암이나 만성적이고 생명의 위협을 느끼는 질병을 가진 사람들을 위한 집단이나 사별집단에서는 이러한 실존적인 문제가 치료의 중심적인 역할을 한다.

집단미술치료 과정에서는 사별에 대한 분노와 슬픔, 상실에 대한 감정을 미술매체로 표현할 수 있는 기회를 만나게 된다. 집단과정의 결과물은 표현의 첫 번째 언어로서 개인의 심상을 외면화시키는 기회와 지지적 교환의 특별한 수단으로서 제공된다. 창작품은 이미지를 통해 자신의 상처를 반영하고 마음의 안정으로 들어가는 입장권이 된다. 미술치료만이 갖는 이러한 독특성이 집단구성원으로 하여금 서로 지지받고 위로받게 한다. 반면에 집단 상호작용에서 구성원들은 자신들이 다른 사람으로부터 받을 수 있는 지지나 도움에 한계가 있다는 것을 깨닫게 되며 집단의 자율성과 인생의 책임에 대한 깊이 있는 자각을 경험하게 되므로 더욱 성숙으로 안내받게 된다.

제7장

집단미술치료의 일반적인 문제와 관련된 윤리규준

상담과 치료관련 전문 분야에서는 이미 오래전부터 전문적인 임상활동에서 일어날 수 있는 문제를 방지하고 책임있는 전문활동을 위해 윤리규준을 제정하고 있다. 집단미술치료에서도 매체의 심층적 특수성과 집단이라는 상황적 특수성 때문에 윤리규준이 필요하다. 이러한 이유로 본 장에서는 집단치료 관련 몇몇 학자들의 규준에 근거하여 집단미술치료사가 지켜야 할 윤리적 내용에 대해 살펴볼 것이다.

1. 집단미술치료 윤리규준의 필요성

최근 우리 사회는 도움이 필요한 사람들을 위한 치료형태의 집단들이 성행하고 있다. 그 가운데 미술치료는 몇 년 사이에 놀라울 정도로 확산되면서 성격이 불분명한 미술치료 집단이 운영되고 있고 유아에서 노인집단까지 장애인에서부터 비장애인까지 다양하고 많은 사람들이 집단미술치료 경험을 하고 있어서 그 경험에 대한 평가도 다양하다.

이와 같은 집단의 경험은 다양한 사회적 이슈로 드러나고 있지만 많은 치료자들은 집단에 대해 긍정적으로 결과를 평가한다. 하지만 참여자들은 성격이 분명하지 않은 안내자와 접근방법 그리고 집단이라는 특수한 상황들에 의해 잠정적인 문제적 요소를 갖게 되는 경우가 흔히 있다. 따라서 부적절한 집단방법과 접근기술로 노출될 수 있는 또 다른 어려움의 요소로부터 구성원들을 보호하기 위해서는 어떠한 지침이 필요하다.

집단 상담에 필요한 윤리규준의 기능에 대해 암시하고 있는 MxGowan & Schimidt

(1962)의 이론을 집단미술치료 관점에서 그 중요성을 재정리해보면, 윤리규준은 집단미술치료사가 집단과정에서 어떠한 갈등상황에 놓이게 될 때 어떻게 대처해야 할 것인가를 결정하는 데 지침을 제공해 준다. 윤리규준이 제공하는 또 다른 중요성은 집단치료사로부터 받을 수 있는 위험으로부터 구성원을 보호할 수 있다는 점이다. 뿐만 아니라 집단미술치료 전문직이 가지는 일반적인 기능과 목적에 어긋나지 않은 접근을 할 수 있도록 지켜준다. 집단치료의 윤리규준은 구성원들의 기대와 요구에 대한 한계를 설정하게 하고 치료자의 능력과 조화를 이루고 사회적 규범과 보편적이고 기본적인 기대 하에 치료가 제공될 것이라는 책임성과 관련된다.

다음에서는 Corey & Corey(1977)와 Hansen(1977)이 설명하고 있는 직접적인 집단상황에서 만날 수 있는 문제들(이형득, 1992)을 토대로 집단미술치료 윤리규준의 기본 지침이 되는 원리에 대해 살펴보기로 하겠다.

2. 집단미술치료사의 윤리규준

치료자의 지도성 문제

치료자의 지도성 문제는 집단의 윤리적인 문제를 다룰 때 가장 먼저 다뤄야 하는 중요한 문제이다. 집단치료자의 지도성에 관한 변인은 그의 이론적 배경과 전문훈련 또는 대인관계에 관한 철학적 가치라고 볼 수 있다.

지도성과 관련된 윤리적 측면에서 치료자는 스스로에게 “나는 어떠한 특성을 가진 구성원들과 집단 작업을 할 수 있는가, 나의 전문적 훈련 배경은 무엇인가, 내가 자신있게 할 수 있는 집단기술은 어떠한 것인가” 물어야 한다. 또한 내가 감당할 수 없는 구성원을 만났을 때 언제 누구에게 자문을 구할 것인가, 또는 자문을 구할 수 있는 감독자가 있는가 질문하고 평가하는 것이 중요하다. 집단치료자는 자신의 훈련과 이론적 한계성 및 집단의 특수성을 이해하고 있어야 한다. 어떠한 집단이든 하면 될거라는 비전문적이고 무책임한 생각은 기본적인 윤리에 어긋나며 집단 시작 전 사전 준비과정에서 자신의 지도성에 대해 먼저 평가하고 선택함으로써 전문적이고 보다 효율적인 집단개입이 가능해질 것이다.

무 치료자 집단의 문제

안내자가 없는 집단은 두 맥락에서 생각해 볼 수 있을 것이다. 하나의 형태는 집단과정 어느 시점에서 치료자가 집단에 참여할 수 없거나 다른 형태는 처음부터 안내자가 없는 자조집단의 모습일 것이다. 후자의 경우는 치료집단이라기 보다는 자발적인 상호작용을 위한 지지집단으로서 비공식적인 형태의 모임이 그 예일 수 있다. 전자는 치료자가 있으나 어떠한 상황 때문에 참여하지 못하는 형태로 이 경우는 대부분 치료자 부재에 대한 대안이 치료자의 성향과 방법 및 집단목표에 따라 다른 치료자를 대체하거나 시간을 다시 정하거나 하는 등의 대안을 설정하게 된다. 이러한 집단에서는 아마도 구성원들의 불안이 자극될 수 있으며 그로 인해 집단관심도와 참여에 영향을 미칠 것이다.

또 다른 유사한 형태로 치료자는 있으나 없는 것과 같은 결과를 초래하는 방임적 집단치료자의 지도성과 준비되지 않은 치료자의 전문성 및 윤리성과 관련한 자질문제를 생각해 볼 수 있다. 최근 집단치료와 관련된 다양한 방법들이 확장되면서 치료자들이 구체적인 준비없이 지도나 통제도 없이 개입되는 경향이 있다. 그 접근방법들이 심층적인 영향력을 미치는 것이라면 문제는 더욱 심각해진다. 훈련되지 않은 상황에서 검사 도구를 사용하여 함부로 진단을 내린다거나 감독 없는 또는 검증되지 않은 기술적 접근을 한다는 것은 의사가 없는 수술실에서의 광경을 떠올리면 이해가 되리라 본다. 특히 임상경험이 아직 부족한 시점에서는 전문적으로 훈련받은 지도자의 감독 하에 치료 개입을 하는 것을 원칙으로 한다는 것은 치료자로서의 인간에 대한 책임성이며 윤리이다.

구성원들에게 양도된 지도성의 문제

집단과정이 진행되면서 치료자는 대개 자연스럽게 집단리더로서의 권위와 통제를 구성원들에게 어느 정도 양도하는 경우가 있다. 예를 들면 치료자가 구성원들에게 이야기 할 수 있는 기회를 고루고루 모두에게 주려고 한다든지, 느낌을 피드백 할 수 있게 하고 서로 긍정적인 만남을 가지도록 격려하기 위해서 허용적인 태도를 취하게 될 때, 집단에서 치료자의 통제력은 더욱 제약을 받게 된다. 이러한 경우 구성원들은 자연스럽게 치료자의 역할을 행사하게 되는데 그 결과 상호간에 많은 영향력을 미치게 된다.

이때 문제가 되는 것은 과정의 결과에 대한 책임을 누가 질 것인가이다. 주도하는 집단의 과정에 대해 일차적으로 치료자가 책임을 져야 한다면 구성원에 의해 자연스럽게 발달한 지도성을 통해서 계획된 목표들이 성취될 수 있는지에 대해 예측해 보아야 한다. 또한 구성원들 서로가 집단목적에 조화롭고 책임성 있는 집단과정을 기대할 수 있을지 여부에 대해서도 확인할 필요가 있다. 이처럼 구성원들의 참여가 점차 증가하는 것과 관련하여 집단의 구성원들은 건강한 집단경험을 가진 사람도 있지만 병리적이거나 개인문제를 가진 구성원도 있을 수 있다. 이러한 경우 자연스럽게 발전된 지도성을 양도할 수 있을지와 궁극적인 치료자의 책임성에 대한 윤리적인 문제를 어떻게 대처해야 할 것인지에 대해 논의하지 않을 수 없다. 경우에 따라서는 집단을 파괴시키는 어려움에 직면할 수도 있기 때문이다. 이러한 경우 치료자는 구성원의 자연스러운 지도성과 치료자를 통제하려는 구성원에 대해 그들의 필요와 기대에 부합하면서 존중과 격려로서 다가가야 한다. 이때 책임성 있는 전문적인 치료자의 개입은 오히려 집단의 성장과 개인의 목표를 향한 다음 단계로 향하는 기회로 활용될 수 있을 것이다. 극복의 한 방법으로 지도성에 대한 역할극은 매우 도움이 될 수 있다.

3. 집단 진행과정에서 드러나는 문제와 관련된 윤리규준

집단에서 구성원 개인의 보호와 관련된 문제

앞에서 설명된 양도된 지도성의 문제에 관한 또 다른 예는 집단과정 초기에서도 발견될 수 있다. 그것은 집단구성원들이 이야기 할 주제를 결정하는 과정에서 나타날 수 있다. 치료자가 수용적인 자세를 취하기 위해 집단을 구조화하거나 방향 제시를 하지 않을 경우 구성원들의 가장 의미있는 이슈를 간과해 버릴 수 있다. 특히 청소년들의 경우는 그들의 발달적 특성과 맞물려 자신들이 감당할 수 있는 수준을 넘어서 이슈화하려는 경향이 있어서 집단과 다른 구성원들에게 부정적인 영향을 가져올 가능성도 있다. 이때 치료자의 적절한 구조적 중재는 집단의 안정적인 방향과 구성원 보호에 중요한 필요요소일 수 있다.

구성원 보호와 관련된 이러한 현상들은 구성원들이 집단앞에서 서로 맞설려고 하는 경향성 때문에 선택된 주제나 이슈를 거부하는 데서 자기 과시로 드러나는 행동들과 관련될 수 있다. 집단은 모든 개인에게 모든 행동이 자유롭게 허용되지만은 않기 때문에 치료자는 이와 같은 문제들에서 구성원을 보호할 윤리적인 책임을 져야 한다. 이러한 보호문제와 관련하여 집단구성 사전에 치료자가 고려해야 할 것은 구성원 개인의 자기 결정과 행위에 대한 능력과 수준을 고려하여 구성원을 선정해야 하며 그럼으로써 집단 목적을 향한 책임성 있는 안내가 더욱 가능해질 것이다.

집단 밖에서의 대인관계와 관련된 부작용 문제

집단구성원 개인의 보호와 관련된 또 다른 문제는 집단 경험의 결과가 일상생활이나 대인관계에 미치는 부작용의 문제이다. 집단 안에서 토해내었던 사적인 이야기들이 집단 밖에서 폭로됨으로써 난처하고 감정이 심하게 상하는 문제를 초래할 수 있다. 집단 내에서는 서로 이해하고 공감하면서 친밀한 관계를 맺었으나 집단 밖의 일상생활에서는 오히려 심각한 갈등을 느끼게 하는 경우도 있다. 이러한 갈등은 집단이 갖는 전이적 특성 때문에 흔히 있을 수 있는 문제이다.

이에 대해 치료자는 집단구성원들이 사적인 나눔에 대해 서로의 인격을 존중하고 집단 경험에서의 비밀보장성에 대한 책임성을 강조할 필요가 있다. 그 과정에서 치료자는 구성원 개인의 감정과 경험을 소중히 다루고 존중함으로써 구성원들을 더 잘 보호할 수 있게 된다.

치료자가 구성원을 조정할 가능성 문제

집단치료자는 집단에서 일어나는 일들을 안내하고 책임져야 하는 집단의 중심이다. 이러한 위치에 있는 집단치료자가 치료자로서 기능적 권력을 잘못 사용하면 집단과 구성원을 비윤리적으로 조종하고 구성원들의 관심과 이익에 반대되는 행위를 할 수 있는 상황을 만들어 낼 수 있다. 구성원 모두에게 공평하게 이야기 할 기회를 주지 않거나 치료자 자신의 의견이나 입장을 내세우거나 다른 구성원을 비난하거나 무시하고 집단 앞에서 공격적인 태도를 취하는 경우 등이 바로 그 예이다.

그러므로 치료자는 집단 경험에서 느끼는 자기감정과 행위에 대한 통찰을 통해 비윤리적인 보복과 조종 문제를 예방할 수 있어야 한다.

집단 과정의 비밀보장과 관련된 문제

개별치료에서의 비밀보장에 관한 문제는 치료자와 클라이언트 두 사람 사이에서 일어나는 상황에 대한 사적인 내용을 치료사가 존중하고 보호함으로써 지켜주면 된다. 그러나 집단치료에서는 치료자가 집단 상황과 구성원 각자에 대한 존중과 보호 뿐 아니라 구성원 서로간의 비밀보장에 대한 책임성을 강조하지 않으면 안 된다. 이 부분은 앞의 집단 밖에서의 대인관계 부작용 문제와 밀접하게 연관되는 내용으로 치료자는 구성원들에게 이와 같은 비밀보장에 대한 윤리적 책임을 갖고 있다는 사실을 강조할 필요가 있다.

집단의 목표와 종료기간 수정과 관련된 문제

집단의 종결과는 다른 문제로 집단치료 기간과 관련된 문제가 흔히 일어날 수 있다. 예를 들면 복지관이나 복지시설에서는 다양한 유형의 집단치료가 이뤄지는데 일반적으로 짧게는 10회기 이내에서 또는 20회기 이상의 집단이 이뤄질 수도 있다. 그러나 단기 집단의 경우일수록 그 결과는 분명하지 않은 경우가 많아서 집단의 기간을 연장할 필요성이 생긴다. 이때 치료자의 집단 책임성에 대한 윤리적 문제가 요구될 수 있다. 예를 들면 집단이 설정한 목표달성을 위해서 치료자가 집단과 구성원의 욕구를 위해 발달적 수준을 고려하면서 집단을 운영했는지, 집단의 목표가 성취 가능한 목표였는지, 구성원들의 욕구가 아닌 치료자 자신의 욕구성취를 위한 계획이었는지 등에 대해서 치료의 원리적 규준에 비추어 치료자 스스로 평가해 보아야 하는 책임성 문제가 발생할 수 있다.

집단 작업의 안전하지 못한 방법들의 사용 문제

특히 집단미술치료에서 사용되는 방법들은 인간의 심리 내면을 자극하는 직접적인 경험이 사용된다. 이 경험적 만남이 개인의 성숙 수준에 적절하지 못했을 때 집단은 지나친 퇴행으로 안내되거나 회복하기 어려운 좌절을 경험하게 한다. 이러한 실수는 자격을 갖춘 준비된 전문가의 지도와 감독 하에서 지도되고 훈련받음으로서 예방이 가능하며 치료자로서의 윤리적 책임을 다할 수 있을 것이다.

집단의 종결과 관련된 문제

집단치료자가 가져야 할 중요한 책임의 또 하나는 집단을 효과적으로 종결하는 일이다. 모든 집단의 과정은 집단의 궁극적인 목적인 문제해결과 개인의 목적성취를 위해 몇 가지 발전 단계를 거치면서 종결에 이르게 된다. 종결의 적절한 시기는 치료자가 집단과정에서 예측할 수 있는데 여기에서 논의 되어야 할 문제는 집단치료의 종결이 집단 초기에 설정한 목적달성과 무관하게 확인과정이나 책임성에 근거한 종료계획으로 이뤄지지 않는다는 점이다. 이 종결단계에서 치료자와 관련된 윤리적 책임성 문제를 두 가지 측면에서 논의해 볼 수 있다. 즉 집단과정의 종결을 위해 치료 결과의 효과성을 평가해 보았는지 그리고 치료자 자신이 느끼는 종결에 대한 압박으로 구성원들을 집단 목표에 끼워 넣듯 조정하지는 않았는가에 관해서이다. 이러한 문제점은 흔히 우리 주변에 있을 법한 일들이다.

새로운 구성원이 들어오는 것과 관련된 문제

이미 진행 중인 집단에 새로운 구성원이 들어온다는 것은 집단의 항상성 유지에 문제를 가져올 수 있으며 새로운 구성원의 부적응 문제가 야기될 수 있다. 이에 대한 치료자의 책임성은 집단과 구성원 각 개인을 보호해야 한다는 윤리적 문제로 논의될 수 있다. 새로운 구성원이 들어온다는 것은 자동적으로 집단이 초기단계로 돌아가게 하므로 집단에 따라서는 집단 균형에 분열이 일어나 구성원들로 하여금 좌절을 느끼게 할 수도 있으며 치료자의 관심을 놓고 경쟁하는 문제를 야기할 수도 있다. 이 때 치료자는 새로운 구성원의 집단 참여에 대한 승낙과 적절한 참여 시기에 관심을 가져야 한다. 집단의 응집과 위계 욕구와 새로운 구성원의 융화를 위한 책임있는 치료사의 배려는 집단운영의 기본원칙으로 매우 중요한 요소이다.

집단 종결 이전에 떠나는 구성원과 관련된 문제

새로운 구성원이 집단에 들어오는 문제와 다름없이 구성원이 약속된 기간 이전에 집단을 떠나는 것은 집단의 유지에 부정적인 영향을 미칠 수 있다. 집단을 떠나야 하는 이유는 여러 가지일 수 있으나 어떠한 이유로 집단을 떠나든 간에 양쪽 모두에게 애도과정은 나타나게 된다. 집단치료자는 이 경험이 단순하지 않으며 집단 이전의 박탈문제와 연결될 수 있음을 이해해야 하며 그것을 통해 집단구성원들의 애도과정을 다룸으로서 치료자로서의 역할을 다 할 수 있어야 한다.

4. 집단 과정에서 구성원이 드러내는 문제와 관련된 윤리규준

위협감을 느낄 수 있는 심리와 관련된 문제

집단구성원 누군가는 집단 상황에서 간혹 희생양이 되는 경우가 있다. 집단의 힘은 매우 강력하고 때로는 그 힘의 작용에 위험을 내포하고 있어서 특히 집단초기에는 예측할 수 없는 위험한 상황이 일어나기도 한다. 그러므로 집단치료자는 집단초기에 예측될 수 있는 심리적 갈등에 대한 대처방법을 알려주는 것이 바람직하다. 구성원들이 스스로 집단에서 일어날 수 있는 상황들을 미리 알고 감당할 수 있으리라고 생각해서는 안 된다. 치료자는 집단의 심리를 이해함으로써 구성원들을 보호할 수 있어야 한다. 구성원들은 간혹 어떤 구성원에 대해서 감당할 수 없는 위협감을 느끼기도 하고 어떤 경우에는 집단 전체의 압력에 압도된 느낌과 신뢰감의 단절을 느끼기도 하며 적대적인 대립 상황에 놓일 수도 있다. 경우에 따라서는 집단과정에서 드러나는 치료자 자신의 내적 갈등의 표면화로 인해 집단초기보다 더 힘든 심리적 상황에 노출되기도 한다. 때로는 다른 구성원으로부터 오해를 받기도 하고 거절감을 느끼기도 하여 집단 참여를 포기하려 할 수도 있다.

이러한 심리적 갈등은 구성원 그들의 자신과 집단에서만이 아니라 가족과 사회적 관계에까지 영향을 미쳐 중요한 결정을 하게 하는 경우도 있다. 집단과정의 심리적 문제에 대처하기 위해 치료자는 구성원들이 집단과정에서 충분히 여유를 갖고 거리를 두면서 생각해 볼 수 있도록 안내할 수 있어야 한다. 집단과 구성원들의 성장을 위해서 치료자가 준비하고 대처해야 하는 능력과 자질은 집단치료사로서 갖춰야 하는 기본 원리이며 규준이 된다.

비자발적인 구성원과 관련된 문제

자발적인 참여가 성공적인 집단경험의 중요한 출발점이 되는 것은 분명한 사실이지만 때로는 의무적인 참여를 강요받는 경우도 있다. 예를 들면 복지시설이나 정신병동에 있는 사람들은 자기 선택이라는 조건하에 강요된 집단참여를 할 수 밖에 없는 경우도 있다. 이러한 경우 구성원들은 집단에 불만을 가질 수 있으며 자기개방에 대한 두려움을 느낄 수 있다. 자기개방의 자료들은 개인적인 감정과 욕구와 삶에서의 다양한 사건들과 관련된 것이므로 집단에 대한 신뢰가 없이는 불가능하다. 함께 나누고 싶은 자발성이 자극되지 못한 상태에서 강요된 자기개방은 위험요소로 다가오지만, 누군가가 있는 그대로의 자기를 드러내기 시작하고 구성원들이 그에 대해 수용적이고 지지적인 태도를 보이게 되면 점점 자기개방의 욕구는 확산되어 비자발적인 구성원도 참여하고 싶은 욕구를 갖게 된다. 이와 관련하여 치료자는 최소한 구성원들에게 집단참여에 대한 느낌을 표현할 수 있는 기회를 제공해야 한다.

비자발적인 구성원들은 원치 않은 참여로 인해 집단과 치료자를 불신하고 자기 개방을 거부하여 집단에 부정적인 영향을 미치거나 집단참여를 거부할 수도 있다. 이와 관련하여 자기개방은 집단발달에 중요한 영향을 미치므로 간과되어서는 안 되는 요소이지만 자기개방이 너무 많아도 부정적인 영향을 미쳐 집단관계를 파괴할 수 있다. 지나치게 자기개방을 하는 구성원은 참여하지 않는 것 못지않게 집단에 부정적인 영향을 미치며 분위기를 당황스럽게 만들고 혼란을 초래할 수 있다. 뿐만 아니라 자신도 이후의 감당이 어려워져 집단참여를 어렵게 만드는 결과를 초래하기도 한다. 따라서 비자발적인 구성원문제와 관련하여 집단치료자의 역할은 구성원들의 두려움과 저항을 이해하고 구성원이 원하는 주제로 스스로의 결정에 의해 집단이 진행될 것이라는 지지적이고 수용적인 태도로 안내하고 보호하는 것이다.

집단을 독점하는 구성원과 관련된 문제

자발적으로 집단에 참여하는 구성원은 집단초기에 중요한 출발점의 역할을 하게 된다. 그러나 끝없이 혼자 독차지하는 구성원은 대화의 흐름을 자신의 의도로 조정해 가고 다른 구성원의 주제나 집단의 주제에 초점을 맞추는 것을 방해할 뿐만 아니라 다른 구성원들에게 불만스러운 상황을 만들어 내어 집단의 발전에 파괴적으로 작용할 수도 있다. 만약 구성원의 독점 행위가 집단의 흐름에 부정적인 영향을 미친다고 평가되면 반드시 집단상황 안에서 다뤄져야 한다. 부정적인 피드백이나 비난이 아닌 구성원들의 느낌이라는 거울을 통해 자신을 객관적으로 바라보고 문제를 해결할 수 있도록 돕는 것이 바람직하다. 경우에 따라서는 치료자와의 개별적인 만남을 통해 구성원 자신과 집단의 목적성취를 위해 우선적으로 다뤄져야 하는 것이 무엇인지에 대해 나눌 필요가 있다.

집단을 독점하는 구성원은 두 가지 유형에서 이해할 수 있다. 에너지가 많고 열정적인 경우 집단에 대한 강한 동기를 가지고 있기 때문에 나타나는 현상일 수 있으며 또 다른 경우는 집단의 주의를 독차지하고 싶은 경우이다. 후자의 경우 집단 시작에서 끝까지 어떠한 내용에도 끼어들기를 하여 집단을 방해하게 되므로 제 2의 에너지를 긍정적으로 사용할 수 있도록 안내하는 치료자의 역할이 필요하다. 구성원들이 어떠한 문제를 가지고 오든 간에 어떠한 상황에서도 그 구성원을 좌절시키지 않고 한 배를 타고 함께 가야 한다는 것은 집단치료자가 잊어서는 안 될 기본적인 윤리이다.

후자의 경우와 관련하여 독점하는 구성원의 영향이 집단에 어떠한 결과를 가져다줄 수 있는지 치료적 중재는 무엇인지에 대해 좀 더 살펴보기로 하자. 초기집단에서는 집단전체의 불안을 감당해주는 것 같아 환영받을 수 있지만 곧 구성원들은 부정적인 감정을 일으키면서 공격을 가하기 시작할 수 있다. 독점하는 구성원은 그러한 분위기를 느끼면서 자기보호를 위해 더 많은 말을 하게 되는 경우가 흔히 있다. 그러한 반복적인 분위기는 집단응집력에 부정적인 영향을 미치며 그 독점자가 하위그룹을 형성하게 된다면 결국 집단은 목표를 성취하지 못하고 침묵과 집단을 떠나는 구성원들로 문제의 악순환이 반복될 것이다.

이러한 현상을 극복하기 위해 간혹 어떤 치료사는 구성원들을 직면시켜 공격하거나 개인적인 호감을 드러내어 유혹하는 경우도 있지만 그러한 방법은 전혀 도움이 안 된다. 다만 다른 구성원들이 말할 기회를 제공하고 어떠한 기회를 통해 독점하는 행동에 대해 점검할 수 있도록 중재할 수 있어야 한다. 독점하는 구성원의 역할은 앞에서 설명된 개인적인 이유 뿐 아니라 집단의 관점에서 전체집단의 불안을 대신 감당하는 의미가 포함되어있을 수 있기 때문이다. 따라서 치료사는 그 구성원이 많은 말을 하여 집단이 침묵하는 것에 대한 책임을 지는 결과로 인해 상처받을 수 있음에 대한 이해와 독점자를 통해 자기보호만을 하려는 이기적인 집단의 행위가 자연스럽게 이해되도록 안내할 수 있는 힘을 가지고 있어야 한다. 또한 그로 인해 독점자도 구성원 모두에게도 치료적 기회를 잃지 않도록 지지하고 적절한 시기에 중재함으로써 치료적 수단을 증가시킬 수 있어야 한다.

집단역동 요인에서도 이미 설명되었듯이 독점하는 것과 유사하게 집단에는 참여하면서 그리고 과정에서 도움을 받고 있음이 분명히 느껴짐에도 불구하고, 집단과정에서 끊임없이 불만족감을 표현하고 별 도움을 받지 못하고 있다고 말하거나, 집단경험이 의미 없음을 반복적으로 강조하기도 하여 집단분위기를 어렵게 만드는 경우도 있다. 이들의 특성은 독점하는 구성원의 특성과 유사하나 독점하는 구성원은 집단을 돕는 모습으로 등장하기도 한 반면에, 이 경우는 늘 문제제기를 하고 불평하면서 가지고 온 문제는 해결할 수 없는 문제라는 것을 은유적으로 강조하거나, 자신의 문제를 과장되게 포장하거나, 자기중심적이며, 치료자와 집단이 자신의 문제에 관심을 보이는듯하면 거절하는 반복성의 불평과 호소와 거절의 태도를 보인다. 이들은 다른 사람의 말을 수용하는 듯 하지만 정작 행동에 옮기지는 않으며 행동에 옮긴다 해도 대부분 실패하는 경우가 대부분이어서 변화가 쉽지 않다. 구성원들이 그를 지지하고 도우려 해도 불평은 그치지 않기 때문에 이들이 집단에 미치는 영향은 구성원들로 하여금 무력감을 느끼게 하며 혼동시키고 지치고 좌절하게 만든다. 결과적으로 어떤 구성원은 집단참여에 대한 의미를 잃고 결석을 하기 시작하거나 집단을 떠나거나 또는 그 사람을 집단에서 제외시키기 위한 하위그룹을 형성하기도 한다.

이러한 행동특성을 가진 구성원이 있을 경우 치료사는 매우 난감하고 자포자기하여 그 구성원을 집단에서 제외시키거나 공격하거나 의존하게 만드는 경우가 있다. 이러한 대처들은 도움이 되지 못할 수 있다. 독점하는 구성원을 도울 때와 유사하게 계속적인 관심과 피드백 과정으로 대인관계를 학습할 수 있도록 지지함으로써 그가 자신의 관계패턴을 탐색할 수 있도록 도와야할 것이다. 미술치료에서는 창작품에 투사된 이미지와 상징으로 자기문제에 직면할 수 있으므로 언어적 표현을 제한하고 통찰할 수 있는 기회를 더욱 가능하게 한다. 따라서 독점과 불평하는 구성원에 대한 중재에서, 치료사는 그들로 하여금 잠시 말을 멈추고 작품으로 시선을 돌려 작품에서 전해오는 메시지를 듣도록 안내한다면 좀 더 거리를 두고 자신의 욕구를 살펴보도록 도울 수 있을 것이다.

침묵하는 구성원과 관련된 문제

집단 과정에서 말을 하지 않고 침묵을 지키는 구성원들은 자기 이야기를 많이 하는 구성원들로부터 도전의 대상이 되는 경우가 흔히 있으며 집단치료자에게는 또 다른 문제로 대두된다. 집단치료자는 그러한 문제 상황이 일어날 수 있을 것에 대해 미리 짐작하고 집단 진행과정에서 그 구성원이 함께 참여할 수 있도록 분위기를 조성해 주어야 한다. 말없이 조용한 구성원은 보편적으로 끊임없이 말하거나 치료자 역할을 하려는 구성원 보다는 덜 파괴적으로 보이나 집단에 미묘한 영향을 미칠 수 있다. 그러므로 치료자는 침묵이 가지는 기능과 침묵하는 구성원의 상황적 특성 및 심리에 대해 이해하고 있어야 한다. 예를 들면 침묵은 집단을 조정하는 힘이나 미묘한 속임수일 수 있으며 집단의 무가치함에 대한 저항일 수도 있으며, 개인에 따라서는 단순히 내향적인 성격이거나 집단에 대한 불안에서 오는 것일 수도 있다. 어떤 구성원은 침묵이 집단에 대한 거부가 아니라 들음으로써 많은 것을 받아들이고 느끼고 있을 수도 있다.

이러한 다양한 침묵의 이유에 대해서 치료자는 이해하고 집단의 전반적인 흐름에서 허용되어야 하는지 여부와 집단에 미치는 역기능적 효과의 한계를 통찰할 수 있어야 한다. 만약 한 구성원의 침묵이 도전받았을 때 이 도전은 개인에 따라서는 공격으로 받아들여질 수 있으며 적절하게 취급될 수 없었던 적대감을 해소하는 기회가 될 수도 있다. 대상관계이론의 관점에서는 개인이 집단에 참여할 수 있는 준비를 갖추게 될 때까지 위협감을 느낄 수 있는 사적인 감정표현을 강요하지 않는 것이 치료자의 역할이라고 보며 이것은 개인의 통합성과 선택의 자유에 대한 존중과 관련된 윤리적 규준이 된다.

잠재적인 동조 · 압력의 문제

집단치료의 과정은 깊은 수준의 내적 경험을 표출해야 할 경우가 있기 때문에 구성원 개인에 따라서는 자기개방을 원하지 않을 수도 있다. 이러한 구성원에게 어떤 집단치료자는 집단에 참여한 이상, 자기경험을 드러내지 않는다는 것은 문제있는 사람이라는 무언의 압력을 가하고 다른 구성원들이 이에 동조하도록 자극함으로써 집단압력을 가할 가능성이 있다. 이러한 치료자의 태도는 집단치료의 윤리규준에 어긋나는 행위이다. 치료자는 집단치료에 들어가기 전에 집단 구성의 목적과 구성원의 강점과 어려움에 대하여 충분히 이해하고 집단의 목적과 구성원 각자에 적합한 변화와 성장을 안내하기 위해 자신의 이론적 · 기술적 방법을 선택할 수 있어야 한다.

이외에도 집단치료자의 윤리문제와 관련하여 다뤄져야 할 구성원들이 가진 문제는 다양하며 예측할 수 없는 집단상황에 따라 치료자가 감당해야 하는 것들이 있다. 나의 임상에서 경험한 상황들을 여기에 모두 나열할 수가 없으므로 출간 예정인 「미술치료 수퍼비젼」에서 구체적으로 소개하려고 한다.

5. 집단미술치료 윤리규준의 원리

집단미술치료의 실제에 있어서 앞에서 살펴본 다양한 문제상황과 같은 이유들 때문에 윤리적 규준이 필요하다는 것은 부정할 수 없는 사실이다. 아래에서는 집단치료의 윤리적 지침이 되는 몇 가지 원리를 미술치료 관점에서 살펴보고자 한다.

집단치료자에 관한 원리

원리 1 : 집단치료사는 집단의 목표를 평가하고 확인할 수 있게 해줄 집단치료의 이론적 근거를 발전시킬 책임을 갖는다.

원리 2 : 집단치료사는 집단치료에 대한 자신의 능력과 기술의 수준에서 집단을 제한하고 그 한계성을 구성원들에게 알릴 책임이 있다.

원리 3 : 집단치료사는 집단 실제의 적절한 때에 윤리적 행동 규준을 적용할 수 있어야 한다.

원리 4 : 집단치료사는 정신병리적 문제를 갖고 있지 않은 원만하고 안정감 있는 사람이어야 하며 자신의 독특한 욕구에 대한 통찰을 가진 사람이어야 한다.

집단구성원들에 대한 원리

원리 5 : 구성원들은 집단에 들어가기 전에 집단경험에서 성장을 기대할 수 있는 적격자인지 사전평가를 거쳐야 한다.

원리 6 : 참여할 구성원 가운데 치료자와 사적 · 공적인 관계를 맺고 있는 사람이 포함되어 있을 경우에는 집단과정에서 있을 수 있는 위험성을 예방할 수 있는 대안책을 마련해야 한다.

원리 7 : 집단구성원의 사후개입에 대한 대안이 보장되어야 한다.

집단 작업과정에 대한 원리

원리 8 : 집단과정에서 구성원들에게 위험성이 없는 매체를 사용하고 언어적 · 비언어적인 기술들의 적용으로 한정해야 하며 구성원들 간의 신체적 공격, 성적행위, 부정적인 언행은 용납될 수 없다.

비밀보장에 관한 원리

원리 9 : 구성원들의 사적인 권익이 최대한 보장되는 비밀보장의 범위 안에서 집단작업이 이루어져야 한다.

집단구성에 관한 원리

원리 10 : 집단과정에 대한 다양한 정보를 기초로 구성원들 각자가 집단참여의 의미를 스스로 평가해 볼 수 있는 충분한 기회를 제공한다. 그러한 과정을 통해 스스로가 자발적인 참여를 결정하도록 해야 하며 그럼으로써 집단에 참여할 수 있는 구성원이 된다는 것을 원칙으로 해야 한다.

선택의 자유에 대한 원리

원리 11 : 구성원 개인들은 집단에 참여하거나 정당한 이유로 떠날 수 있는 선택의 자유를 누릴 수 있는 권리를 가지고 있다. 그러므로 집단으로부터의 강제적 압력에 의한 참여는 있을 수 없다.

연구와 평가에 대한 원리

원리 12 : 집단과정에 대한 평가는 주기적으로 이뤄져야 한다. 평가를 통해 집단치료자와 기관은 집단치료의 실제를 발전적으로 수정하고 효과변인을 확인할 수 있도록 고안된 연구활동에 참여할 의무를 가진다.

이러한 집단치료의 윤리규준은 집단과정에서 일어날 수 있는 부작용을 예방하고 보다 효과적인 개입을 가능하게 한다. 뿐만 아니라 집단구성원의 권익은 물론 집단치료자 자신의 권익보호를 위해 중요하므로 계속 발전시켜 나아가야 할 것이다.

제8장

집단미술치료의 운영

앞에서 우리는 집단역동과 인간의 환경, 집단역동의 심리이론과 역동적 과정, 집단의 지도성과 치료자의 역할, 집단치료에서 예술언어가 어떻게 적용되는지 등의 치료요인에 대하여 살펴보았다. 이제 집단미술치료가 어떻게 준비되어야 하고 어떠한 과정을 거쳐 치료로 가는지 그 과정에서 드러날 수 있는 문제들을 어떻게 다뤄야 하는지에 대해 구체적으로 살펴볼 것이다.

1. 집단구성 전에 고려되어야 할 몇 가지 사항

집단을 운영함에 있어서 전체적인 목적은 구성원이 안정감을 느껴 개인적인 문제를 편안하게 개방할 수 있는 따뜻하고 신뢰할 수 있는 환경을 제공하는 것임을 결코 잊어서는 안 된다. 무엇보다도 구성원의 느낌이나 관점에 대해 배려하고 존중해야 하는데 이와 같은 요소들이 합의된 후에야 집단치료가 참여자들에게 의미 있는 경험이 된다.

집단의 목적과 범위

집단을 시작하기 전에 집단치료자가 집단 경험을 보다 성공적이게 할 수 있는 가능성과 관련된 몇 가지 과제들이 앞에서 언급되었다. 집단에서는 예측할 수 없는 상황들이 일어나며 때로는 최선을 다하여 만든 계획들이 무산되는 경우가 흔히 있으므로 이때 치료사들은 당황할 수 밖에 없게 된다. 따라서 우리는 이와 관련하여 집단의 불확실성을 가능한 것으로 향하기 위한 대처에 대해 논하고 생각해 보아야 한다.

집단치료자가 집단구성에 대한 계획을 세울 때 가장 먼저 해야 하는 일 가운데 하나가 집단의 목적을 개념화하는 일이다. 물론 이 목적은 계속 집단구성과 과정에서 수정되고 구체화 될 것이지만, 만약 이것이 안 되면 기관으로부터 지지를 받을 수 없게 될 수도 있을 뿐 아니라 가능성의 방향을 가늠해 볼 수도 없기 때문이다. 집단구성의 사전계획을 수립하기 전에 집단의 목적을 개념화하는 또 다른 이유는 이 목적에 의해 집단의 구성과 크기가 정해지기 때문이다.

집단의 목적과 목표를 세우는 것은 집단계약의 초점을 구조화하는 지표이다. 목적이란 집단이 선택한 문제를 해결하기 위해 궁극적으로 기대하는 구성원들의 변화된 모습이며 목표란 목적을 달성하기 위한 구체적인 행동 수준의 변화를 기대하는 연속적인 단계이다. 집단의 발달과정에 따라 목표는 계속 새롭게 설정될 수 있다. 치료계획에 대한 안내는 "청소년 임상미술치료 방법론, 2007(이 책은 앞으로 재판을 중지하고 내용이 보완되어 정신건강지침서 I "미술치료임상방법론"으로 출간될 것임), 수정본" 제3장~제6장과 "학교미술치료의 실제(2008)" 제2부의 내용을 참조하기 바란다. 집단의 목표는 집단 첫 단계에서 구성원들의 합의된 요구에 의해 설정되지만 이미 사전면담에서 나온 개인목표를 향해 공통의 목표를 함께 추구하게 된다.

미술치료 교육집단에 참여한 구성원을 예로 들어보면, 어떤 구성원은 자신이 근무하는 치료기관의 대상자들을 돕기 위해 미술치료가 어떻게 진행되는지 그 기법을 배우기를 원할 수 있다. 또 어떤 구성원은 유사한 치료기관에 있으며 적절한 기법을 배우고자 하는 욕구를 가지고 있으나 기법과 기술을 배우기 이전에 자기치유가 선행되어야 할 것 같다며 자신의 내면탐구에 대한 기대욕구를 표현할 수도 있다. 또 다른 구성원은 자신의 진로 탐색을 위해 미술치료 집단에 참여했다고 말할 수도 있을 것이다. 이처럼 구성원들은 각기 다른 욕구를 가지고 교육집단에 들어오지만 한 가지 공통점은 미술치료 교육이라는 목적을 향해 있다는 점이다. 다시 말해서 미술치료 교육이 이 집단의 전체 목적이지만 교육이라는 전체 틀 안에서 구성원들은 각기 다른 욕구들을 추구하며 그것을 향해 집단에 참여한다. 이때 치료자는 구성원들이 각자의 목표를 이룰 수 있도록 집단의 분위기를 조성하고 상호작용을 촉진시키며 각각의 구성원을 보호하면서 구성원 자신들의 욕구를 성취할 수 있도록 안내해야 한다. 이것이 치료자가 가져야 할 집단의 목적이 된다. 이 과정은 집단의 평가 과정을 통해 드러난 구성원들의 잠재력과 상황에 따라 집단 목표가 추가되기도 하고 수정되기도 한다. 치료자의 독창적인 지도성이 유기체적이고 개방적인 집단과정으로 열려 있을 때 개인목표는 연속적인 집단계획에 덧붙여지고 변화되며 성공적인 결과를 낳게 될 것이다.

[표 8-1]

집단의 목적과 범위설정에서 평가되어야 할 과제
1. 집단구성의 배경과 타당성 및 이론적인 설명이 되는가
2. 집단의 목적은 어디에서 나온 것인가 기관에서 기대하는 목적은 무엇이며 치료자 자신의 철학과 가치에 부합하는가
3. 집단에 참여한 개인의 욕구와 기대는 무엇인가
4. 치료자는 어떻게 집단을 시작하려고 계획 했는가
5. 이 계획을 성취하기 위해 어떠한 기술을 사용할 것인가
6. 목적을 수행하기 위한 어떠한 갈등적인 요소는 없는가

집단의 장소와 분위기

집단미술치료실의 위치와 크기 및 분위기는 참여자의 수와 연령, 발달수준, 특성유형과 정도, 목적에 따라서 다를 수 있다. 일반적으로 고려되어야 할 점은 심리적인 안정감을 느낄 수 있을 만큼 아늑하고 집단작업에 몰입하는 데 방해를 주지 않을 정도로 산만하지 않으며 창작품을 만들 수 있을 만큼 충분한 크기의 공간을 갖추고 유지되어야 한다. 더불어 필요시 자유롭게 움직임을 사용할 수 있을 정도로 적절한 크기여야 할 것이다. 조명은 자연광이 가장 적합하나 인공조명을 사용해야 한다면 자연광에 가까운 조명을 사용해야 한다. 씽크대나 물을 사용할 수 있는 환경은 미술치료실에서 없어서는 안 되는 중요한 부분이다. 의자와 책상을 사용할 것인지 바닥에서 작업을 할 것인지도 고려해야 한다. 바닥에서 작업을 하는 경우 쉽게 심리적인 퇴행으로 안내할 수 있어서 도움이 되기도 하지만 참여자의 특성을 고려하지 않을 경우 오히려 방해요인이 될 수 있으므로 고려해야 한다.

과거 나의 임상공간은 두 가지 유형의 집단치료실이 준비되어 있었다. 창작과정을 중심으로 사용되는 방은 넓은 마루바닥에 이젤을 사용하도록 구성되어 있고 한쪽 벽면을 모두 차지할 정도의 작품을 붙일 수 있는 커다란 게시판이 설치되어 있다. 조명은 4단계로 밝기를 조절할 수 있도록 설치되어 있어서 작업내용과 상황에 따라 조절할 수 있게 하였고 씽크대와 샤워시설이 준비되어 있으며 작품을 보관할 수 있는 방이 별도로 배치되어 있어서 대상자들의 작품을 손상 없이 보관할 수 있게 하였다. 또 하나의 집단 공간은 토론 위주로 이뤄지는 집단이 사용하는 공간으로 책상과 의자가 구비되어 있고 역시 씽크대와 자료대가 설치되어 있었다. 참여자의 특성과 필요에 따라 옆에 붙어있는 작은 온돌방에 둘러앉아서 작업을 하기도 한다. 이러한 공간은 훨씬 자유로운 움직임과 상호작용을 허용하게 되므로 편안함 뿐만 아니라 창작동기와 응집성과 자기개방을 가능하게 한다는 느낌을 받는다. 음식과 차를 마실 수 있는 도구들은 이 두 공간의 입구에 준비되어 있어서 양쪽에서 사용할 수 있도록 되어 있었다.

집단미술치료실에서 없어서는 안 되는 또 하나의 촉진적 환경은 공간의 안전성이다. 집단미술치료실의 공간은 구성원을 위한 안전한 경계가 보장되어야 한다. 예를 들면 깨질 수 있는 도구와 날카로운 위험성 있는 도구는 안전하게 보관하고 필요시 사용할 수 있도록 배려해야 하며 창작과정에 방해 받지 않아야 한다. 매 회기 사용할 기본재료는 언제나 같은 위치에 정리되어 있어야 한다. 공간과 재료의 사려깊은 준비는 구성원들로 하여금 존중감을 느끼게 하며 치료자에 대한 신뢰감을 갖게 할 뿐 아니라 양육적 음식을 대접받는 경험을 가능하게 하리라 본다.

또한 치료공간은 신성한 공간으로서 유지될 수 있도록 최대한 배려되어야 한다. 이미 준비된 기관의 공간이라면 치료자 개인의 노력만으로는 제한성이 있겠으나 최적의 장소를 위해 기관에 제안하고 한정된 범위 내에서 가능한 방법을 찾으려는 노력은 치료자의 기본적인 책임성이며 전문성에 대한 자기 가치와 관련 된다고 볼 수 있다. 수년전에 근무하던 병원에서의 경험이 기억난다. 그 곳은 국내에서 인정받는 전문정신병원이다. 원내에는 나의 전용 상담실이 있었는데 책상과 쇼파 한 개가 있는 아주 작은 방이었다. 치료를 위한 최적의 공간을 요구하기란 불가능한 실정이었으므로 한 달을 고민하며 그 방을 최대한 편안하고 유용한 방으로 바꾸기에 마음을 다했던 기억이 난다. 병원 구석구석을 뒤져서 그 방에 더 적절한 가구들이 있는지 찾아다녔고 결국 그 방은 병원 내에서 가장 예쁘고 편안한 방으로 알려졌었다. 실제로 치료 대상자들은 그 방에 있는 것만으로도 치료받는 느낌이라는 표현들을 하곤 했다. 쉬운 일은 아니겠지만 아무리 볼품없다고 느껴지는 부적절한 장소라 해도 치료자의 융통성 있는 창의적인 개방성이 불가능하리라 믿었던 것 마저도 기능하게 하리라 본다.

[표 8-2]

장소설정에서 평가되어야 할 과제
1. 장소는 집단의 특성과 목적에 맞는 적절한 환경인가
2. 부적절하다면 환경을 변화시키기 위해 도움 받을 수 있는 기관의 상황과 조건이 되는가 변화를 요구하기 위해 어떠한 계획을 세워 보았는가
3. 내부에서 해결될 수 없는 경우라면 외부에서 적절한 공간을 제공받을 수 있는가 누구에게 도움을 요청해야 하는가
4. 장소설정에 대한 치료자 자신의 역할 범주는 어디까지이며 창조적 범위는 어디까지 가능한가

집단의 크기

친밀하고 수용적인 대인간의 상호작용이 집단치료의 필요불가결한 요소이기 때문에 집단의 크기설정은 효과적인 집단을 위해 매우 중요하다.

적절한 집단의 크기는 구성원의 성숙도, 치료자의 경험, 집단의 유형, 구성원의 욕구 등 여러 요인에 따라 다를 수 있다. 일반적으로 나이가 어릴수록 최소 인원으로 구성하는 것이 바람직하고 발달적인 장애가 있거나 행동문제의 특성이 있는 경우 5명 이내의 소수로 집단을 구성하는 것이 적절하다. 그러나 일반적인 집단에서는 12명 정도의 범위 내에서 특히 6~8명 정도의 집단이 가장 이상적인 크기라고 볼 수 있다. 집단의 크기는 모든 구성원들이 원만한 상호작용을 할 수 있을 정도로 커야 하며 동시에 모든 구성원이 정서적으로 집단감정을 느낄 수 있을 정도로 작아야 한다.

다시 말해서 집단이 너무 크면 상호작용의 시간적인 여유를 가질 수 없으며 집단이 너무 작으면 참여하고 싶은 욕구를 저하시키거나 심리적인 압박을 받게 되므로 집단역동의 활용에 제한을 받을 수 있다. 또한 집단구성원 중에 어떠한 이유로 참여를 중단하게 될 수 있는 가능성도 고려하여 집단의 크기를 정해야 한다.

미술치료는 일반 집단에 비해 작업과정이 부과되므로 더 많은 시간이 요구된다. 그러므로 적절한 상호과정이 가능하기 위해서는 구성원의 능력과 욕구와 목표에 따라 집단의 크기를 결정해야 할 것이다. 나의 경험에 의하면 일반 성인대상의 경우 6~8명 정도, 아동 청소년의 경우 4~6명 정도, 산만한 아동과 발달문제를 가진 구성원의 집단은 5명 이내에서 최소한의 소수인원으로 구성할 필요가 있다. 하지만 이 또한 집단의 특성과 기능수준 및 목적에 따라서 다르게 선택될 수 있을 것이다.

[표 8-3]

집단의 크기 결정에서 평가되어야 할 과제
1. 집단구성원의 발달적 특성이 고려되었는가
2. 이미 기관에서 구성한 크기라면 평가에 의해 조정이 가능한가 누구와 논의해야 하는가
3. 기관과 협의를 해야 하는 경우 치료자는 그에 대한 분명한 가치와 이론적인 확신이 있는가

집단의 구성

집단구성에 관한 과제는 치료집단을 동질대상으로 할 것인지 아니면 이질적인 대상으로 구성하는 것이 더 적절한지에 관한 문제이다. 집단 구성에 관한 요인은 사회적 성숙도, 성별, 지적능력, 교육수준, 성격차이, 문제영역 그리고 사회 · 경제적 수준 등의 요소들이 관련된다.

일반적으로 공통문제를 가진 동질집단에서는 쉽게 공감하며 상호간에 즉각적인 지지가 가능하고 응집성이 빠르게 발달할 뿐만 아니라 집단 소속감의 발달이 쉽게 이루어질 수 있다. 동질집단은 이러한 장점이 있음에도 불구하고 집단구성원 간에 피상적인 관계에 머무를 가능성이 높고 영속적인 행동변화의 가능성도 부족할 수 있다. 반면에 상이한 집단에서는 다양한 상호작용이 가능하므로 보다 의미있는 자극을 받게 되고 현실검증의 기회도 더 풍부해진다. 그러나 경험이 적은 집단치료자가 지나치게 성향이 다른 사람들로 구성된 집단을 안내하기란 쉽지 않을 것이다. 집단의 이질성과 동질성의 선택과 안내의 적절성은 치료자 개인의 특성과 경험의 정도에 따라서 다를 수 있으며 집단구성은 참여자의 특성과 성취하고자 하는 과제에 따라 선별되어야 할 것이다. 그러나 사실은 구성원들의 특성이 유사한가 다른가의 차이점이 집단의 효과성을 전적으로 대변할 수는 없다. 나의 경험에 의하면 치료자의 경험 정도를 고려하는 것이 도움이 될 수 있다는 의미이며 오히려 구성원들이 얼마나 강한 동기와 참여의식을 가지고 자발적으로 참여했느냐가 더 중요하다.

집단구성에서 치료자가 염두에 두어야 할 점은 구성원들에 대한 개인적인 정보를 미리 이해하고 있어야 하며 참여자들에게 집단의 특성과 목적을 충분히 소개함으로서 자발적인 선택이 되도록 안내해야 하고 합목적적인 집단이 될 수 있도록 구성원의 선별이 우선되어야 한다. 구성원들이 지불해야 할 경비도 충분히 고려되어야 한다.

집단구성에 있어서 기관에서 이미 형성된 집단과 치료자가 외부에서 모집하여 구성된 두 유형의 치료집단에 대해 나의 접근 방법을 예로 들어보겠다. 첫 번째 방법은 치료자의 의도와는 무관하게 이미 기관에서 준비된 집단의 경우이다. 이때 치료자는 구성원의 수, 포함대상과 제외대상의 기준, 장소, 매체와 장소 등 필요요소와 환경이 적절하게 갖춰지지 못한 상태에서 요청 받는 경우가 흔히 있다. 이러한 경우 치료자가 먼저 고려해야 할 사항은 기관의 욕구조사에서 부터 시작되어야 한다. 기관이 이 집단에게 무엇을 기대하고 있는지, 기관의 담당자는 누구인지, 그 담당자는 미술치료에 대해 얼마나 이해하고 있는지, 치료자가 의논하고 요구해야 할 때 도움을 줄 수 있는 사람이 누구인지 알아야 한다. 더불어 기관의 결정권자가 누구이며 기관에서 치료집단에 줄 수 있는 서비스가 어디까지인지에 대한 사전평가가 있어야 한다. 여기에는 치료자 비용과 구성원이 지불해야 하는 비용부분까지 포함된다(이에 대한 구체적인 내용은 부록에 기관 진단에 대한 평가서가 있으므로 참고하기 바란다). 그 다음은 집단 사전 오리엔테이션에 대한 가능성에 대해 논의되어야 한다. 부모 오리엔테이션을 통해 집단에 대한 부모의 기대와 욕구와 구성원의 개인력에 대한 기초평가가 이뤄져야 하며 기록방법과 결과물에 대한 사용 정도에 대해서도 사전 동의를 받아야 한다. 이 과정은 집단미술치료에 대한 부모교육이 포함된다. 사전 부모동의가 되면 구성원의 개인면담을 통해 집단참여의 적절성을 구체화하고 동기부여의 기회를 제공한다(기관에서 집단구성을 이미 한 이 경우는 흔히 사전면담이 이뤄지지 못하는 경우가 대부분이나 최대한 적용되도록 노력할 필요가 있다). 이러한 과정을 통해 기관의 욕구와 부모의 욕구 그리고 참여대상의 특성이 치료자 자신의 능력과 가치에 부합된 집단인지 평가하여 집단 구성을 결정한다. 만약 구성원 중 누군가가 전체 기대에 부적절하다면 집단에서 제외되어야 하며 다른 방식의 도움을 제시하거나 의뢰에 대해 고려해야 할 것이다(집단미술치료 방법론 II, 제5장 참조).

두 번째 방법은 치료자가 직접 기관 내 또는 외부에서 집단을 모집하는 경우로서 이때 우선되어야 하는 것은 먼저 치료자가 기대하고 원하는 자신의 가치와 능력에 맞는 집단 프로토콜을 구성하는 것이다. 이 프로토콜에는 사전 등록과 오리엔테이션 및 사전모임 날짜를 포함하며 집단미술치료에 대한 오리엔테이션을 통해 참여 의사를 결정하게 된다. 이때 개인력과 집단에 대한 기대를 파악하고 동의서를 받음으로써 집단에 대한 동기 부여와 신뢰감 형성에 도움이 될 수 있다. 이러한 사전모임에 포함된 동의서와 집단에 대한 기대 파악은 등록시의 면담에서도 유사한 오리엔테이션이 가능하며 구체적인 개인 면담은 약속하에 다시 이뤄질 수 있다. 경우에 따라서는 부모와 예비 집단구성원들이 같은 날 서로 다른 방에서 동시에 오리엔테이션이 이뤄지기도 한다. 전자의 방법이든 후자의 방법이든 이 과정에서 만약 구성원이 집단 참여에 원하지 않거나 전체의 기대에 부적절하다고 평가된 경우는 적절한 다른 방법을 제안하거나 다른 기관에 의뢰하는 방법으로 도움을 안내할 수 있다.

이러한 과정을 통해 나는 집단을 구성하고 그 과정에서 구성원들의 더 많은 신뢰와 참여 동기를 갖게 하는 결과를 수차례 경험했다. 실제 그러한 과정에서 필요에 따라 개별 개입을 결정하거나 가족치료로 전환되는 경우도 흔히 있다.

[표 8-4] 집단구성에서 생각해 보아야 할 과제

기관에서 이미 구성하여 의뢰된 경우
1. 집단에 대한 기관의 목적은 무엇인가
2. 기관의 담당자는 미술치료에 대해서 어떻게 이해하고 있으며, 얼마나 기대하고 있는가
3. 집단을 위한 비용은 어떻게 환산되는가
4. 집단에 부적합한 구성원에 대해 누구와 의논해야 하며 치료를 위해 기관에 요구되어야 하는 부분들은 변화 가능한가
5. 부모 및 기관 사전 오리엔테이션과 기관 교육은 어떻게 할 것인가
6. 구성원 사전 개인면담은 어떻게 할 것인가
7. 치료자의 역할은 어디까지이며 기관의 사례회의에 참석할 수 있는가
8. 이러한 모든 조건이 치료자 자신의 가치와 부합되는가

구성원 모집에 치료자가 직접 관여하는 경우
1. 치료자 자신의 가치와 성취 가능한 역할 범위내의 집단 구성인가
2. 성공적인 집단구성을 위해 치료자 자신의 준비는 어떻게 진행되었는가
3. 구성원 모집을 위한 프로토콜과 안내서는 충분히 검토했는가
4. 부모오리엔테이션은 어떠한 방법으로 진행하며, 부모교육을 구체화 할 것인가
5. 구성원 개인면담은 어떤 식으로 할 것인가

집단의 개방성

집단을 시작하기 전에 수시로 구성원을 받아들일 것인지 아니면 처음부터 참여조건을 정하고 집단이 끝날 때까지 전혀 새로운 구성원을 받아들이지 않을 것인지에 대해서 미리 결정해야 한다. 이 두 유형 모두 장단점이 있다. 개방형의 집단은 새로운 구성원이 참여함으로써 새로운 상호작용이 가능하고 새로운 경험을 다양하게 접할 수 있으므로 집단기술에 대하여 배울 수 있다는 장점이 있다. 그러나 새로운 구성원이 들어옴으로써 집단의 분위기가 흐트러지기 쉽고 처음 참여한 구성원은 지속되어온 집단 분위기와 기능에 적응하는 데 어려움을 느끼게 되면서 집단의 안정감 있는 발달을 파괴하고 구성원간에 갈등을 초래할 수 있다는 것이 단점이다. 이에 비해 폐쇄집단은 처음부터 끝까지 함께 갈 수 있으므로 안정감을 가질 수 있다는 점이 장점인 반면에 구성원 중에 누군가가 집단참여를 그만 두게 되는 상황이 생기거나 결석을 하게 되면 집단의 역동에 부조화가 있을 수 있다는 것이 단점이다. 따라서 폐쇄집단일 경우 이러한 점을 고려하여 부정적 영향을 최소화하는 방법으로 집단을 구성할 필요가 있다.

[표 8-5]

집단 개방성의 결정에서 생각해 보아야 할 과제
1. 임상기관의 특성을 이해하고 있는가
2. 집단의 치료 목적이 무엇인가
3. 결정된 집단 유형은 어떠한 이론을 배경으로 하는가
4. 개방집단인 경우 기존의 집단을 보존하면서 새로운 구성원을 보호하기 위한 기술적인 대안은 있는가

집단을 개방형으로 할 것인가 폐쇄형으로 할 것인가는 기관의 특성과 상황 그리고 집단

목표와 참여자의 특성 등을 고려하여 결정할 수 있다. 정신과 병원의 경우 환자들의 증상별 특성을 이해함으로써 적절한 집단운영을 계획할 수 있다. 예를 들면 정신병동의 입원 환자 집단은 입퇴원으로 인해 구성원이 자주 바뀌고 다른 모임들이 계속적으로 이뤄지므로 집단준비를 위한 여유시간이 많지않다는 점이 특성이다. 환자들의 증상에 대한 특성적 차이도 많아서 집단참여의 유동성이 다른 집단에 비해 매우 심하다. 그러므로 정신병동의 집단은 개방형의 집단접근으로 운영하되 완전개방이 아닌 반개방 또는 반폐쇄집단 형태가 적합하다(장기 입원형태의 기관이라면 폐쇄집단 선택). 집단참여가 지속될 수 있는 구성원과 새로운 구성원 모두에게 최소한의 방해요소로 제한될 수 있기 때문이다. 정신병동의 집단에 대해서는 「집단미술치료 방법론Ⅱ」에서 소개하고 있으므로 참조하기 바란다.

집단의 시간

치료집단의 시간은 90분에서 120분 정도가 일반적이다. 시간의 길이는 집단의 목적과 성숙도 그리고 외적조건에 따라 조정될 수 있다. 아동의 경우 주의집중의 길이가 짧으므로 회기를 자주 그리고 시간을 짧게 설정할 수 있고 치료형태에 따라서도 달라질 수 있다. 나의 임상에서는 집단의 형태와 특성에 따라서 6명의 구성원이 1시간에서 5시간까지의 차별화된 시간차를 가지고 구성된다. 특정집단에서는 72시간 또는 96시간의 집단도 이뤄진다. 이러한 집단은 식사 시간과 수면 시간을 제외하고는 계속적인 창작과정과 나눔의 시간으로 이루어진다. 그러한 경우 구성원들은 개인의 페르소나를 벗고 있는 그대로의 자기 노출과 강력한 정서적 몰입을 가능하게 하므로 이해할 수 없었던 깊은 측면의 만남을 가능하게 한다. 이렇듯 집단의 특성과 요구수준과 접근방법에 따라서 그리고 개방성과 융통성 있는 치료자의 창의적인 자세에 따라 시간 배열은 얼마든지 다양한 형태로 설정될 수 있다.

시간과 관련하여 집단치료자가 유의해야 할 점은 약속된 시간에 시작하고 끝내야 한다. 많은 경우 집단의 종료시간 가까이에 깊이 있는 핵심내용의 이야기가 나오기도 하므로 경험이 적은 집단치료사는 시간을 연장하고 싶은 유혹을 받는다. 이러한 경우 만약 집단진행을 연장하게 되면 구성원들로 부터 제한성에 대한 학습과 현실검증에 대한 경험의 기회를 박탈하는 결과를 초래하게 된다. 따라서 특수한 예외상황을 제외하고는 정해진 시간에 시작하고 종결하는 것을 원칙으로 해야 한다.

시간과 관련하여 중요한 또 하나의 문제는 집단 전후에 진행되는 다른 프로그램과의 관련성에 따른 시간배열의 적절성에 대한 고려이다. 미술치료 집단의 특성적 효과성이 집단 전후에 참여하는 프로그램에 의해 방해 받을 수 있기 때문이다. 뿐만 아니라 미술치료 집단의 진행시간 전후 최소한 30분 이상의 공백시간을 둠으로써 집단의 준비와 정리를 할 수 있도록 하는 것 또한 중요하다. 집단의 지속성에 따라서도 시간적 요소는 배려되어야 한다. 만약 1회성 집단이라면 효과성과 참여대상의 상황요인을 고려하여 언제 몇 시에 할 것인지도 결정되어야 한다.

[표 8-6]

적절한 시간 결정에 대해 생각해 보아야 할 과제
1. 구성원들의 발달능력 정도와 상황요인을 이해하고 결정된 시간인가
2. 집단 전후의 프로그램에 대해 확인했는가, 부정적인 영향이 미칠 수 있다면 어떻게 대처할 수 있는가
3. 정확한 시간 제한과 융통성 있는 시간 비율에 대한 치료자의 가치는 무엇인가

집단의 구조성

집단의 구조성은 그 집단의 목적과 구성원의 성격과 집단치료자의 이론적 배경에 따라서 달라질 수 있다.

[표 8-7] 집단의 형태

A	B	C	D
지속적인 구조집단	부분적인 구조집단	부분적인 비구조집단	지속적인 비구조집단

A집단 : 독특한 집단 과제와 공동목표를 향한다.
B집단 : 대부분 A집단의 성향을 가지면서 가끔 개별작업을 한다.
C집단 : 대부분 D집단의 성향을 가지면서 개별작업 과정 중 하나의 공동주제를 도출한다.
D집단 : 집단의 형태를 유지하나 구성원들이 개별작업을 통해 각자 자신이 가야할 방향을 추구하며 궁극적으로는 집단 내에서 만나게 된다.

집단중심적인 치료집단에서는 치료자가 사전에 정한 절차에 따라 지시적으로 진행되는 고도의 조직성을 띄게 된다. 집단치료자는 특정 집단을 시작하기 전에 어느 정도의 구조성을 가지고 집단에 임해야 할지 정해두어야 한다. 극단의 D수준에 있는 비구조적 집단형태는 T-집단일 것이다. T-집단의 치료자는 처음 시작할 때부터 구성원들 스스로가 집단을 끌어가도록 안내한다. 반면에 A집단 형태는 행동주의적 집단에서 흔히 만날 수 있으며 이러한 경우는 치료자가 미리 구조화된 프로그램을 구성하여 진행하는 유형이다.

지나치게 비구조화된 집단에서는 구성원들이 새로운 경험에 대한 불안으로 시간과 에너지를 소비할 우려가 있을 뿐만 아니라 지나친 불안과 좌절감을 겪을 수 있어서 오히려 개인의 성장에 방해요소가 될 수 있다. 다른 한편으로 지나치게 엄격한 구조는 집단구성원의 자발성과 창의성을 차단하는 결과를 초래할 수 있다. 따라서 집단의 구조성은 다소의 불안감을 자극해 줌으로써 스스로의 문제를 탐색하고자 하는 동기를 자극하고 구성원 상호관계를 통해 대인간의 갈등을 이해하고 해소할 수 있을 정도로 적절해야 할 것이다.

이러한 집단 구조성의 관점에서 집단미술치료사는 집단의 발달에 따른 구조성을 충분히 이해하고 집단의 특성에 따라 선택함으로써 효과적인 집단경험을 제공할 수 있으리라 본다. 집단 발달을 구조화하는 데 있어서 치료자만이 이해하고 있어야 하는 몇 가지 요소가 있다. 예를 들어 집단의 발달을 인간의 발달적 측면에서 이해하면서 정서적인 강도와 대인관계에서 오는 부담, 언어화의 발달적 강도, 매체 선정은 어떻게 할 것인지, 치료과정은 어떠한 강도로 구조화 해야 하는지 등이 그것이다.

집단 초기에 구성원들의 정서는 유아 초기의 정서적 체험과 유사하다고 볼 수 있다. 정상적 자폐단계에서 유아는 스스로 할 수 있는 일이 아무 것도 없으며 욕구만을 표현할 수 있다. 이 단계에서는 언어가 필요치 않으며 돌봄과 편안한 쉼이 필요한 시기이며 유일하게 어머니 한 사람과의 관계를 유지하면서 성장하고 점차 가족과 타인과의 복잡한 관계로 발전되어 간다. 유아가 단순한 구조의 삶으로부터 시작하듯이 집단발달 또한 양육적이고 안정된 집단경험이 될 수 있도록 적절한 수준의 구조내에서 안내되어야 한다. 따라서 초기에 집단치료자는 최대한 수용적이고 분석적인 태도가 아닌 양육적인 자세로 집단을 안내해야 한다. 매체선정에 있어서는 미술재료라 할 수 없는 놀이할 수 있는 재료에서부터 시작하여 다양한 매체를 자유자재로 확대해 갈 수 있다. 치료과정은 앞에서 제시한 치료장소, 집단크기, 구성원의 특성, 시간, 매체 등의 발달적 맥락에서 구조화로부터 비구조화로 안내해 가되 발달정도에 따라 다양한 수준의 유동성이 필요하다.

[표 8-8]

집단구조에 대해 생각해 보아야 할 과제
1. 집단의 특성과 발달을 충분히 고려한 구조성인가
2. 그 구조성이 집단의 속성과 응집력 및 집단상황에 미칠 수 있는 영향에 대해 고려되었는가
3. 치료자의 의도성이 포함된 구조성이라면 이것은 누구를 위한 것인가

집단에서의 보조치료자

집단을 시작하기 전에 고려되어야 할 또 하나의 중요한 부분은 보조치료자(또는 공동치료자)를 사용할 것인가에 대한 문제이다. 두 치료자가 협력하여 집단을 안내하는 경우 여러 가지 장점을 가진다. 치료자 혼자서 전체 집단을 관찰하고 구성원들의 비언어적인 의사소통의 메시지를 모두 파악하는 것은 매우 어려운 일이다. 또한 집단과정에서 구성원들에게 역할시범을 보여줘야 할 경우도 있는데 이때 보조치료자는 집단과정에서 구성원들을 위해 모델을 제공할 수도 있고 치료자를 지원해 줄 수도 있다. 이처럼 협조관계를 맺고 집단에 더 많은 도움이 되기 위해서는 두 치료자의 이론적 배경이 같아야 하며 동성보다는 남녀의 두 치료자가 팀이 되는 것이 더욱 효과적일 수 있다.

보조치료자가 있을 경우 또 다른 중요한 장점은 리더의 탈진을 예방할 수 있으며 역할 분담이 가능하고 치료자의 정서적 과정을 탐색할 수 있어서 어느 정도의 역전이 예방도 가능할 뿐만 아니라 집단의 상호작용을 서로 다른 관점에서 볼 수 있다는 점이다. 이처럼 보조치료자의 역할은 매우 중요하며 주 치료자 못지않은 전문적 역할이나 보조치료자를 하위 위치로 받아들여 무시되는 경우가 흔히 있다. 치료자는 도움자이기 이전에 인간이기 때문에 상호관계에서 적대적 감정을 가질 수도 있으며 경쟁 상태에 말려들어 두 사람 사이뿐 아니라 집단전체에 어려움을 초래할 수도 있다. 치료자와 보조치료자의 목적이 다르게 되면 두 사람 사이에 갈등이 일어날 수 있으며 그로 인해 집단의 양극화 현상을 유발시킬 수 있다.

치료자와 보조치료자가 이전에 절친한 관계였다 하더라도 자신들의 전문적인 관계를 망각하고 개인의 사적인 욕구를 위해 집단을 이용하거나 한 치료자가 다른 치료자에 대항하여 구성원과 결탁하게 되면 집단은 유지될 수 없게 된다. 이러한 예측되는 어려움에도 불구하고 만약 치료자와 보조치료자 간에 감정적 어려움이 유발될 경우, 그 사실을 빨리 자각하고 집단 앞에서 솔직히 털어놓고 원만히 해결할 수만 있다면 경쟁이나 적대감정도 좋은 집단과정의 자료가 될 수 있을 것이다. 두 치료자는 자신들의 행동을 통하여 문제해결에 대한 실제 시범을 보여준 기회가 되기 때문이다. 집단과정에서 치료자 간에 발생할 수 있는 문제를 예방하기 위해서는 집단 시작 전에 치료자와 보조치료자가 분명한 역할 분담을 하고 자신의 역할에 대한 책임성을 다해야 한다. 좋은 치료자로서의 협조관계란 전문가로서의 가치를 준거로 신뢰와 존경을 토대로 역할을 인정하고 서로의 방법을 존중하며 자신들의 성숙을 위해 집단을 사용할 수 있을 때 가능하다.

보조치료자의 또 다른 역할은 집단구성원으로서 작업에 참여하는 것이다. 이때 주의해야 할 점은 치료자란 구성원의 문제를 돕기 위함이지 치료자 자신의 작업을 하기 위한 것이 아니라는 점이다. 간혹 자기를 드러내고 싶지 않은 구성원들은, 자기 문제를 회피하기 위해 치료자의 작품에 주목하고 모방하려는 경향을 보이기도 하고 때로는 치료자의 능력에 위축되기도 한다. 그러므로 치료자의 작업참여는 구성원의 참여를 촉진시키기 위한 목표에 제한되어야 한다. 집단을 시작하기 전에 치료자는 보조치료자 없이 혼자서 집단을 진행할 것인지 또는 보조치료자를 참여시킬 것인지에 대하여 결정하는 것이 중요한데, 그 동안의 나의 임상 경험과 앞에서 논의한 여러 측면에서 보았을 때 집단에서 보조치료자는 필요 불가결하다고 본다.

[표 8-9]

보조치료자에 대해 생각해 보아야 할 과제
1. 치료자 자신은 보조치료자의 역할과 가치에 대해 어떻게 정의내리고 있는가 2. 주 치료자와 보조치료자의 협력관계에 존중감과 전문성에 대한 신뢰와 확신이 있는가 3. 서로가 존중된 역할경계를 분명히 규정하고 있는가 4. 갈등 예방을 위해 치료자간에 지켜야 할 존중된 책임성이 요구되나 특정 상황에서 갈등감정이 생길 경우 어떻게 대처할 것인가

최근에 우리 사회의 미술치료집단에서 흔히 접할 수 있는 또 다른 보조치료사의 역할은 관찰자역할(관찰은 모든 치료의 처음부터 끝까지 간과되어서는 안 되는 중요한 치료자의 역할이며 여기에서 말하는 관찰자 의미는 본질적인 관찰만을 하는 역할을 의미한다)이다. 보조치료자로서 집단에 참여하면서 집단특성에 부합하는 역할의 적합성에 대한 갈등과 과정기록지를 작성해야 하는데 소요되는 시간투자로 인한 불만족을 포함한 정체성문제를 접하면서, 나는 이 역할이 주 치료자와 함께 충분히 논의되고 합의하에 결정된 역할인지 자주 질문하게 된다. 치료자의 역할은 집단의 특성을 고려하여 가장 합리적인 역할이 무엇인지 치료자간에 합의하여 선택하는 것이다. 본질적인 관찰만을 위한 관찰자는 관찰훈련이나 연구를 위해 제공되거나 특정 집단운영의 필요에 의해 투입되는 것이 일반적이며 보조치료자가 관찰자로서의 역할이 본질적인 역할은 아니다. 유념해야할 사항은 관찰자 투입의 의미와 치료자역할 경계와 역할사용의 목적과 가치에 대해 충분히 이해하고 있는지 치료자스스로 점검할 필요가 있다. 또한 과정기록은 주 치료자의 역할이자 책임성이며 보조치료자가 기록지를 작성하는 경우는 수련생으로서 현장감독을 위한 과정에서 이뤄지며 여기에는 역할보상으로 수퍼비전이 따르게 된다.

집단의 한계와 규칙

집단을 효과적으로 운영하기 위해서는 집단의 적절한 한계와 규칙을 발전시켜야 한다. 한계와 규칙이란 집단이 전체 목적과 개인목표를 향해 나아갈 방향을 제시하고 그 목표를 향하는 과정에서 구성원들이 느끼고 행동해야 할 집단의 표준 지침이다.

이러한 것에는 몇 가지 요소들이 포함된다. 첫째는 구성원들의 안전감을 위한 비밀보장에 관한 부분이다. 둘째는 구성원들이 집단과정에서 지켜야 할 것으로 미술재료를 던지고 파괴하거나, 다른 사람의 작업을 방해하고 작품을 손상시키거나, 다른 사람의 말에 끼어들고 무시하는 것, 집단과정 중에 지각하는 것, 집단 내에서 있었던 일들을 외부에 공개하는 것 등의 집단 내 규칙과 관련된 것들이 해당된다. 이와 관련하여 나는 집단을 시작하기 위한 사전준비 과정에서 구성원으로부터 몇 가지 제한성에 대한 서약서를 받기도 한다. 셋째는 일반적인 사항으로서 화장실 사용과 휴식공간 사용을 안내하고 담배와 전화 등 허용될 수 있는 것과 허용될 수 없는 것에 관하여 집단에서 스스로 결정하고 제한할 수 있도록 도와야 한다.

이외에도 집단 구성원의 특성에 적절한 작업의 시간제한을 다룸으로서 집단 이후에도 미해결 문제로 계속 남아있을 수 있는 상황들을 피해야 한다. 집단작업 중에 대화의 정도에 대해서는 많은 치료자들이 작업 중의 대화는 도움이 안 된다고 제한하는 경우가 흔히 있으나 이 또한 구성원의 특성에 따라 달라질 수 있다. 집단치료자의 작업참여가 지지되어야 할 것인지도 고려해야 하는데, 치료자가 구성원으로 참여를 한다 해도 이는 구성원의 작업욕구를 돕기 위한 수단일 뿐 치료자의 작업을 위한 공간이 아니라는 사실을 이해한다면 어디까지 참여해야 하는지 그 답을 얻을 수 있으리라 본다.

[표 8-10]

집단의 한계에 대해 생각해 보아야 할 과제
1. 기관에서 제시된 일반적인 규칙과 사항을 이해하고 있는가
2. 집단의 한계와 규칙은 누구에 의해 결정되었는가 치료자 자신의 욕구와 기대에 부합된 결정은 아니었는가
3. 집단의 규칙은 언제, 무엇을, 어떻게 다룰 것인가

2. 집단구성원의 선정과 사전준비

집단을 시작하기 전에 집단에 적합한 구성원을 선정하고 미리 필요한 준비를 갖추도록 돕는 과정이 필요하다. 여기에는 사전면담과 오리엔테이션 그리고 개인의 목표설정과 치료자의 개입 범위를 설정하는 것 등이 포함될 수 있다.

집단참여에 대한 사전 오리엔테이션

집단을 구성하고 치료에 들어가기 전에 집단참여에 관심을 표현한 사람들을 초청하여 집단에서 어떠한 일들이 일어날 것이라고 기대하고 있는지, 무엇이 성취 가능한지 등 기대와 가능성에 대한 이해를 돕기 위한 사전모임의 기회를 갖는 것이 매우 도움 된다. 이러한 과정은 집단 구성에 개입하는 첫 번째 작업으로서 집단에 대한 지나친 기대로 인해 나타날 수 있는 갈등을 예방하는 데 도움이 될 수 있다. 사전 오리엔테이션에서 다뤄질 수 있는 내용은 집단의 필요성과 특성, 구성원이 지켜야 할 책임성, 집단의 한계 즉 회기와 크기, 집단의 결과에서 기대할 수 있는 것 등을 소개하게 되며 참여자들이 집단관여에 동의를 했을 때 집단구성원으로 참여한다는 계약을 맺게 된다.

1994년부터 나는 보호관찰 기관과 학교 환경에서 치료집단을 구성하고 실제 집단치료를 진행하기도 하면서 학교에 개입하는 치료자들을 교육하고 감독해왔다. 그 과정의 경험 중 사전오리엔테이션과 관련한 내용 일부를 간략히 소개해 보면 다음과 같다. 학교에서는 이미 집단에 참여할 학생들을 구성하여 의뢰한 구성원들이 정해진 상태였지만 그 당시 나는 다시 그들에게 있을 수 있는 편견과 낙인문제를 예방하기 위해 집단치료에 대한 안내문을 학교게시판에 공지하고 자발적인 참여를 유도했다. 집단치료를 소개하는 안내문을 보고 찾아온 학생들의 사전 오리엔테이션 과정에서 구체적인 집단의 가상 목표와 과정을 소개하고 참여의사를 표현한 학생들에게 참여 서약서를 작성하도록 하였고 서약을 한 사람은 개별적으로 면담에 응하도록 하였다. 또한 그들의 부모에게 자녀들의 집단참여에 대한 의사와 집단의 특성 및 효과성에 대해 알리고 부모의 동의를 받았으며, 동의한 부모들의 오리엔테이션을 진행함으로써 교육적 효과와 집단치료에 대한 가족의 참여와 이해를 도울 수 있었다.

[표 8-11]

집단전 오리엔테이션에서 다뤄야 할 과제
1. 미술치료의 특성과 집단의 필요성에 대한 교육
2. 집단 참여시 필요한 조건들에 대한 안내
3. 집단구성원으로서 지켜야 할 집단에 대한 책임성과 규정 등에 대한 집단과의 계약
4. 구성원의 집단참여에 대한 본인과 가족 동의서 작성

집단구성원 선정을 위한 면담

집단구성원을 주의 깊게 선정해야 치료효과를 올릴 수 있기 때문에 참여 신청자를 개별적으로 면담하는 것은 매우 중요하다. 구성원 사전면담의 주 목적은 이들이 집단에 참여함으로써 적절한 도움을 받을 수 있겠는가와 전체 집단의 조화로운 만남에 어려움이 없겠는가를 평가하고 성취 가능한 개인목표를 암묵적으로 설정하기 위해서이다. 이 과정에서는 간략한 구성원 개인의 가족배경과 개인적 특성과 구성원간의 개인적 친분, 기관과의 친분

등에 대해 확인하는 것이 필요하다. 뿐만 아니라 참여자의 집단참여 동기와 특별히 관심 있는 문제들에 대해서도 잘 살펴보아야 한다. 나는 이 과정에서 필요시엔 간략한 그림검사를 사용하기도 하는데, 이때 유의해야 하는 것은 사전정보를 통해 알고 있는 구성원들의 유사특성에 준거하여 검사기법이 선택되어야 한다. 이에 대한 방법은 "미술치료 평가방법의 이론과 실제(2005)", "아동청소년 치료의 평가기법과 임상준비를 위한 학교미술치료지침서(2013)"에서 다양한 평가방법을 제시하고 있으니 참조하기 바란다.

[표 8-12]

구성원 선정에서 다뤄야 할 과제
1. 개인력과 가족력, 집단에 대한 기대 확인
2. 구성원의 집단에 대한 책임성과의 계약
3. 구성원 개인과 집단치료자와의 계약
4. 작품활용과 기록방법에 대한 동의

집단구성원 개인의 목표 설정

집단치료에서는 집단과 개인이 함께 가므로 집단의 전체 목적과 개인의 구체적인 목표설정은 효과적인 집단을 위해 필요 불가결한 요소이다. 우리 주변에는 집단치료의 훈련과정을 거치지 않은 일부 미술치료사들이 분명한 목적과 목표 없이 집단을 운영하는 경우를 볼 수 있다. 이 경우 목표를 설정했다 해도 구성원의 욕구가 무시된 기관의 기대나 치료자의 추상성에 의해 선택되어지므로, 그 결과 구성원들은 물론 치료자 자신도 무엇을 했는지, 왜 그렇게 했는지, 그것이 타당한지 조차 모른 채 시간과 노력을 소비하기도 한다. 예술이라는 창작과정이 주는 역할로서 나타나는 카타르시스 경험을 치료의 목표 달성으로 오인하여 치료자 스스로가 속는 경우도 흔히 있다. 치료자의 훈련된 전문성에 근거할 때 구성원 개인의 목적과 목표는 분명해지며 그럼으로서 구성원은 비로소 무슨 이유로 자신이 집단에 참여하며 집단에서는 무엇을 할 것인지에 대하여 명확히 알 수 있을 것이며 구성원 스스로의 성숙과 변화에 대한 평가도 가능하게 될 것이다.

집단구성원 개인의 목표설정은 일차적으로는 첫 회기 이전에 개인면담을 통해 설정하는 것을 원칙으로 하며 그 과정은 개인의 특정 욕구나 집단참여에 대한 이유 및 동기를 탐색하는 것으로부터 시작할 수 있다. 집단치료자는 먼저 사전면담에 가지고 온 개인의 상황과 기대에 대한 내용을 집단 첫 회기에서 다시 다룰 수 있도록 도와 충분히 토의한 후, 개인이 제시한 내용이 집단 전체의 목적과 목표로 설정될 수 있도록 구체적인 행동이나 합목적적인 기술적 용어를 사용하여 모아주어야 한다. 예를 들어 한 구성원이 친구관계에 관한 어려움을 제시했고 다른 구성원도 직접적이지는 않으나 유사한 표현을 했다면 다음과 같은 개인의 목적과 행동 목표를 설정하고 집단에서 실천하도록 도울 수 있다.

목적 : 또래관계 또는 의사소통의 기술을 돕는다(이것은 집단의 전체 목표가 될 수 있고 전체의 방향에 개인의 욕구가 목표로 포함되고 구체화될 수 있다).

목표 : 1. 다른 사람의 작품이나 작품설명에 관심을 갖고 경청한다.

2. 잘못 이해했거나 듣지 못했을 때는 자신이 이해하고 있는 것을 확인한다.
3. 자신의 생각이 아닌 느낌과 또는 유사한 경험에 대해 공감된 내용을 그대로 표현한다.
4. 상대방의 감정과 느낌을 소중히 하고 자주 확인한다.
5. 공감되지 않은 다른 사람의 느낌에도 한 개인으로서 존중하고 그의 개별성을 받아들인다.

이 과정에서 치료자는 경청하고 관찰하고 명료화하는 집단치료자의 기술을 동원하여 구성원들이 집단 과정을 통해 개인 목표를 달성하도록 개입해야 한다.

[표 8-13]

구성원의 개인목표 설정에서 다뤄야 할 과제
1. 구성원 개인의 집단참여 동기에 대한 자료 평가
2. 개인이 호소하는 문제에 대하여 충분한 토의
3. 심리검사의 시행여부 결정 및 선택

지지체계 개입문제 결정

집단구성원의 가족개입을 포함할 것인지 하지 않을 것인지에 대한 결정은 집단의 효과성 문제와 직접적인 연관성을 가지므로 매우 중요하다. 특히 아동 · 청소년의 집단에서는 문제유형을 불문하고 가족개입은 필수적이다. 실제로 내가 진행하는 모든 아동 · 청소년집단에서는 정도의 차이가 있지만 가족개입은 기본적인 원칙으로 적용된다. 아동 · 청소년집단은 학교환경이 아니고서는 보편적으로 가족에 의해 치료집단 참여신청을 받게 된다. 이때 치료자는 가족이 자녀의 집단참여에 대해 무엇을 기대하고 있고 어떻게 반응하는지 주요 가족체계의 문제는 없는지에 대한 초기 평가가 가능해지므로 이때 가족중재의 필요성에 대한 언급으로 개입의 가능성을 진단해 볼 수 있다. 또는 집단참여를 승낙한 구성원이 집단치료에 적절하지 못하다고 평가되었을 때 개별치료나 가족치료를 권할 수도 있는데, 이때 가족으로 부터 거절당했을 때 그 청소년을 집단에 참여시킬 것인지는 치료자 자신의 가치기준으로 적절성을 결정해야 한다.

구체적인 가족개입이 아니더라도 집단운영과 함께 가족의 사전 오리엔테이션을 통해 그 집단에 부합된 교육적 개입이 가능하며 이러한 경우 최소한 집단의 사전 · 사후 개입이 필수적으로 포함된다. 많은 집단치료자들은 집단 구성원과 가족을 별개로 생각하는 경우가 보편적이다. 그러나 이책 제2장과 제3장에서 이미 제시하였듯이 개인이란 결코 주요체계와 분리될 수 없으며 집단은 그러한 개인이 있음으로서 존재하며 그 개인은 가족의 연속체계로서 집단을 만나게 된다는 이론이 성립될 수 있다. 이러한 관점에서 가장 중요한 지지체계인 가족의 도움이 함께 했을 때 집단경험의 결과는 지속적인 효과를 발휘할 수 있게 된다.

[표 8-14]

가족개입을 결정할 때 다뤄져야 할 과제
1. 구성원이 집단에 기대하는 것에 대한 가족의 반응은 어떠한가
2. 구성원과 가족의 호소내용에 차이점이 있는가
3. 가족체계 내 문제는 없는지 평가 되었는가
4. 가족개입에 대한 구성원의 반응은 어떠한가
5. 가족은 참여 욕구를 보이는가

3. 집단미술치료 회기 과정

집단미술치료는 전문적인 과정을 거쳐 진행된다. 집단치료자는 집단구성원과 관련된 모든 자료를 수집하고 분석하는 일에서부터 시작하여 집단구성원과 집단의 목표달성을 위해 다양한 과정을 거치면서 종결단계에 이르게 되며 이 과정을 치료과정이라고 한다. 이 장에서는 집단미술치료의 매 회기마다 고려되어야 하는 시작에서부터 회기를 종료하고 평가하는 것까지 한 회기의 전체과정이 어떻게 이뤄질 수 있는지에 대하여 구체화할 것이다.

회기 순서

대부분의 집단미술치료 회기 순서는 시작 나눔과 본 작업을 거쳐 토의와 마무리 순서로 이뤄진다. 일반적인 집단에서는 1시간에서 2시간 정도의 집단과정이 이뤄지는데 소개와 준비과정이 10~30분, 작업이 20~45분 정도, 토의와 마무리가 30~45분 정도 소요된다. 그러나 이러할 시간배분은 집단의 특성과 목적에 따라서 달라질 수 있다.

회기 시작하기

집단의 시작이란 집단구성원과 환경간의 역동적 상호작용 인식이 일어나는 집단 실천의 첫 걸음이라 할 수 있다. 회기 첫 단계에서 가장 중요한 과제는 구성원들 간의 보호적이고 안정감있는 만남과 집단과 치료자에 대한 긍정적인 이해를 가지고 집단에 참여할 수 있도록 돕는 것이다. 따라서 치료자는 편안한 환경을 준비하고 다과(다과는 구성원의 특성에 따라 선택되어야 하며, 아동청소년 집단에서 집단시작의 다과는 오히려 방해가 될 수 있으므로 유의하여 선택해야 하며, 청년기와 성인집단에서는 긴장을 풀어주고 편안함을 제공하는데 도움이 됨)와 음악을 준비함으로써 첫 시작의 어색한 분위기를 부드럽게 할 수 있다.

집단의 회기가 거듭될수록 구성원들은 안정감을 회복하게 되지만 회기 시작의 나눔과정은 여전히 구성원들에게 자유로운 작업만은 아닐 수 있다. 특히 첫 회기라면 치료자는 구성원들의 집단 참여에 대한 불안을 주제로 제시하면서 집단을 시작할 수도 있다. 때로는 치료자 자신의 집단에 대한 느낌을 개방함으로써 구성원들이 참여할 수 있는 자연스러운 시작의 길을 안내할 수 있는데, 이때 반드시 유의해야 할 것은 치료사의 자기개방이 오로지 치료적 의미로서만 가능하다는 것과 집단에 대한 치료자의 느낌전달이 비판적이 되어서는 안 된다는 사실이다. 어떤 경우에는 치료자의 침묵을 통해 구성원들이 이야기를 시작하게 하는 경우도 있으나 이러한 접근은 경험이 적은 치료자에게 쉬운 방법은 아닐 수 있다.

나는 회기 시작의 유연성을 위해 치료실 한 쪽 벽면에 큰 종이를 붙여두고 구성원들이 치료실에 도착하자마자 그 곳에 낙서를 하는 것으로부터 시작한다. 그 낙서는 회기 시작 나눔에서 긴장감을 내려놓고 낙서의 느낌을 나누는 것으로부터 시작할 수 있어서 보다 더 유연한 집단을 시작할 수가 있었다. 이 방법은 심리적 이완기능 뿐 아니라 구성원간의 이해와 집단과 공간에 대한 느낌과 집단에 대한 기대들을 포함하므로 치료자에게는 집단발달의 변화를 평가할 수 있는 기회가 되기도 한다.

회기 시작은 "지금-여기"에서 시작되어야 한다. 구성원들 스스로의 성장을 위해 집단을 활용하고 내면의 갈등을 개방하고 다룰 수 있도록 안내하기 위해 매 회기마다 지난주 작업후의 느낌과 관련된 정서와 한 주간의 경험을 나눔으로 시작하여 본 작업에 연결하는 것은 매우 의미 있는 일이다.

[표 8-15]

회기시작 전에 확인되어야 할 과제
1. 치료 공간은 그 집단을 위해서 준비가 되었는가
2. 치료자의 정서는 구성원을 맞이할 정도로 충분히 안정적인가
3. 재료와 주제는 미리 점검하고 준비 되었는가
4. 이전 시간의 내용과 관련하여 구성원을 맞이할 준비가 되었는가

구체적인 작업에 들어가기 전에 치료자는 이완작업으로부터 시작하여 회기의 주제와 방법에 대한 설명을 함으로써 익숙하지 않은 작업에 대한 불안을 감소시킬 수 있다. 예를 들면 그날의 주제와 관련하여 "미술치료란 아름답고 특별한 작품을 만들기 위한 것이 아니다. 즉흥적으로 떠오르는 이미지를 그리면 된다. 어떠한 것이든 올바른 방법이나 정답은 없으므로 재료를 가지고 느낌을 표현하면 된다. 미술능력이 필요한 것도 아니며 무엇

을 그리든 불가능한 것 또한 없다. 어떠한 방법이든 편안하게 마음 가는대로 손 가는 대로 매체를 활용하면 된다."라고 설명할 필요가 있다. 집단 초기에 구성원들은 미술재료에 대한 이해 또한 아직은 되어 있지 않은 상태이므로 재료가 어디에 있고 어떻게 사용할 수 있는지 알려주는 것도 도움이 될 것이다.

주제 선정하기

주제를 선택하는 것은 그 집단이 이제 시작단계인지, 지속적인 만남이 있었던 집단인지, 비구조화 또는 구조화된 장기집단인지, 1회성 집단인지, 구조화된 목표를 가진 단기집단 또는 장기집단인지 등에 따라서 주제와 작업 방법이 달라질 수 있다. 집단의 상황적 분위기와 이슈 또는 집단의 특성과 과제에 따라서도 다르게 적용된다.

예를 들어 초기집단의 시작을 위한 주제(미술치료의 발달적 심리학적 매체 선택과 적용, 2013 참조)들은 보다 편안하게 서로에 대해 이해하고 자기를 소개할 수 있는 내용이 적절하다. 편안한 시작을 위해서는 타인을 덜 의식하고 창작 능력에 대한 불편감을 덜 수 있는 매체를 선택함으로써 거부감을 줄일 수 있다. 나의 경험에 의하면 많은 경우 난화를 사용함으로써 집단과 작업에 대한 불편감을 줄이면서 연상이미지를 사용할 경우 개인의 핵심주제를 확인할 수 있었다. 그러나 연상이미지를 사용할 경우 예측하지 않은 개인의 이슈들이 드러나므로 집단의 지속성과 특성에 따라 선택적으로 사용해야 한다는 점 또한 유념할 필요가 있다. 낙서를 할 때 사용되는 재료는 크레용, 오일 파스텔, 먹물, 물감 등을 사용하여 재료에 대한 탐색까지 가능해지므로 부담을 덜 느끼고 흥미로움도 자극시켜 적절하다. 다양한 흙을 만져보는 것도 한 방법이 될 수 있다. 이에 대한 접근 방법은 "청소년 임상 미술치료 방법론(2007)" 제12장과 "미술치료의 발달적 심리학적 매체선택과 적용(2013)"에 재료 탐색과 주제 사용하기에 대한 소개가 있으므로 참조하기 바란다. 이 책의 제4부에서도 주제별 접근방법을 소개하고 있으므로 도움이 되리라 본다.

이러한 매체와 주제의 선택은 집단치료자의 책임성이 따르게 된다. 치료자가 집단과정에서 얼마나 자유롭게 매체를 다루고 얼마나 적절하고 공감할 수 있는 주제를 제공하고 구성원이 공감할 수 있는 주제를 끌어낼 수 있느냐가 중요하다. 이것에 따라 집단의 응집력은 강화되고 자기 노출을 촉진하면서 저항을 처리할 수 있도록 도울 수 있게 된다. 또한 치료자는 선택된 주제들이 구성원의 필요에 따라서 집단의 요구와 수준에 적절한 방법으로 해석될 수 있도록 융통성과 창의성을 가질 필요가 있다.

[표 8-16]

주제를 선정할 때 생각해 보아야 할 과제
1. 회기에 드러난 집단의 특성이 있는가, 그 회기의 목표는 무엇인가
2. 일회성 집단인가, 지속성 집단인가
3. 집단의 발달은 어느 단계에 있는가
4. 집단에서 이슈화되고 있는 특정 관심내용은 무엇인가
5. 주제가 치료사 자신에게도 구성원에게도 편안하고 그 단계에서 수용될 수 있는 것인가

작업하기

이 시기는 구성원들이 활동을 통해 자기 작업으로 가는 과정이다. 일반적으로 이 시점에서 본 작업이 갖는 의미는 한 회기의 핵심 과정이자 특성적인 모습으로서 자연스러운 대화의 중단이 일어나고 작업에 몰두하는 보편적인 패턴을 보이게 된다. 하지만 집단의 특성에 따라서는 웃고 즐겁게 상호 교류하면서 작업이 진행되는 경우도 있다. 모든 집단에서 언어의 사용이 특별히 제한되어야 하는 것은 아니며 집단에 따라서는 오히려 필요에 의해서 유익한 대화가 장려될 수도 있다.

그러나 몇몇 작업 형태의 요소들에 대해서 치료자가 염두에 두어야 할 부분이 있다. 예를 들면 작업을 시작해야 하는 시점에서 한 구성원이 어떻게 해야 할지 불안해하고 어찌할 바를 모른다거나 공백의 종이에 시선을 멈춘 채 생각에 잠겨있는 경우 또는 부산하게 움직이며 소리치고 산만한 태도로 다른 사람을 방해하는 태도를 보이는 경우가 있을 수 있다. 진행 중이던 작품을 수차례 구겨 버리기를 반복하고 시도만 하다가 마무리 시간에 맞추어 끝내지 못하는 구성원도 있을 뿐 아니라 대부분의 구성원들이 시작을 못하고 있는 경우도 있을 수 있다.

1~2명의 구성원이 바로 시작하지 못하고 머뭇거리고 있는 경우는 자신에게 적절한 방법을 찾기 위한 준비과정이거나 어떻게 해야할지 몰라 난감해하는 경우일 수 있다. 그러나 전반적인 집단구성원이 곧 바로 작업을 시작하지 못한다면 치료자의 주제 설명이 명료하지 못했거나 도입부가 너무 서둘러졌을 가능성도 있으므로 다시 설명하고 토의할 필요

가 있다. 또는 작업 시작의 망설임과 관련하여 그 주제에 대한 느낌이 어떤지, 무엇이 필요한지에 대하여 질문을 하는 것도 도움이 된다. 어떠한 상황이든 이 때 치료자의 가장 중요한 역할은 구성원들이 자기 내면에 가까이 진입하고 창작에 몰두할 수 있도록 안전한 울타리로서의 환경을 제공해 줄 수 있어야 하며 치료자 자신이 심리적 공간으로서 목격자로서 존재해야 한다. 치료자는 작업과정에서 일어날 수 있는 강한 감정의 피난처가 되며 창작을 통해 겪게 되는 내적 체험과 표현을 지지해주고 안전함을 제공할 수 있어야 한다. 이에 대한 구체적인 이해는 "미술치료의 발달적 심리학적 매체선택과 적용(2013)"을 참조하기 바란다.

또 다른 측면에서 배려되어야 하는 중요한 요소는 시간과 관련된 문제로서, 사람마다 작업하는 속도가 다르기 때문이다. 예를 들면 어떤 구성원들은 정해진 시간 내에 작품을 완성하지 못하여 불안해하고, 어떤 구성원들은 작업을 빨리 끝내고 남은 시간동안 무엇을 할지 몰라 하며 지루해 하는 경우도 있다. 그러나 보편적인 집단치료의 기본은 이미 정해진 시간내에 작업과 토의를 끝내야 하며, 이를 위해 치료자는 전체 구성원이 함께 회기의 목표를 성취할 수 있도록 치료적 기술을 사용할 수 있어야 한다. 이 때 가능한 방법은 시간이 거의 다 되어간다는 것을 알려줌으로써 속도가 느린 구성원의 마무리 준비를 돕고 또는 남은 시간을 유용하게 사용할 수 있도록 도울 수 있다. 작업을 끝내야 하는 시간을 반복해서 알려줘도 안 되는 경우 원인을 관찰하여 매체와 기법과 방법적 수정을 고려할 필요가 있으며 작품의 완성보다 중요한 것이 무엇인지 이해를 도울 필요가 있다. 반면에 속도가 너무 빠른 구성원에게는 그 작품에 대한 느낌을 가져보고 기록해 보도록 하는 것도 하나의 방법이며 경우에 따라서는 작품의 느낌과 관련하여 두 번째 작업을 권하는 것도 도움이 될 수 있다.

[표 8-17]

작업과정에서 지켜야 할 치료적 원칙
1. 가장 좋은 작업의 안내는 집단의 목표에 초점이 맞추어진 경우이다. 2. 구성원들의 자발적인 참여를 신뢰하고 기다릴 수 있어야 한다. 3. 최소한의 개입을 해야 한다. 4. 재료나 주제는 부담을 최소화한 것으로서 쉽게 표현할 수 있는 것이어야 한다. 5. 치료자는 제 3의 눈과 귀로 보고 들을 수 있어야 하며, 적절한 시기에 제 3의 손의 역할을 제공할 수 있어야 한다.

공유하기

작업 후 결과물에 대한 상호교류는 또 하나의 중요한 집단 과정이다. 공유 방법은 치료자의 가치와 집단유형에 따라 달라질 수 있지만 여기에서는 일반적인 집단에서 보편적으로 흔히 사용하는 방법을 소개하기로 하겠다. 첫 번째 방법은 가장 일반적인 방법으로 모든 구성원이 자신의 작업 결과물에 대해 소개하는 것이다. 이 경우 자발적으로 먼저 소개하고 싶은 사람이 자신의 작품과 경험을 소개하도록 하는 것이 적절하나 구성원의 특성과 분위기에 따라 집단에서 방법을 결정할 수도 있다. 예를 들어 누군가 먼저 시작한 사람이 자신의 작품을 소개하고 그에 대한 상호교류가 끝나면 자신이 듣고 싶은 작품을 추천하여 소개하도록 하여 상호작용하는 방법과 순서를 따르는 방법 등을 선택할 수 있다. 그러나 소집단을 제외하고는 이 방법을 따르기에는 너무 많은 시간이 소요된다. 만약 시간의 제한성 때문에 자신의 작품을 소개하지 못한 구성원이 있다면 집단이 끝난 후에도 마무리하지 못한 느낌을 가질 수 있으므로 심리적인 불편과 집단에 대한 부정적인 감정을 가질 수 있다. 그러므로 정해진 시간에 비해 집단구성원이 많은 경우는 허락된 시간을 배분하여 개인이 이야기 할 수 있는 시간을 협의하에 정하는 것도 하나의 방법이 될 수 있다.

모든 구성원이 집단에서 자신의 창작경험을 공유하는 방법은 몇 가지 측면에서 장단점을 가진다. 모두가 참여해야 하므로 깊이 있는 상호작용이 어렵고 내용 보다는 그림을 소개하는 수준에 한정한다면 피상적인 나눔이 될 수 있다. 따라서 구성원 “모두 또는 짧게”라는 방법의 구조화는 집단의 역동적인 상호작용을 방해하는 단점이 있다. 그럼에도 이 방법은 모두가 참여함으로써 “함께”라는 집단의식을 갖게 하며 자신을 드러내 보일 수 있는 중요한 경험이 될 수 있다는 사실 또한 배제할 수 없다. 이러한 방법은 부분적으로나마

구성원들이 서로를 알아가는 기회가 되며 서로에 대한 존중과 자존감을 경험하는데 도움이 될 수 있으며, 함께 나눈다는 것은 몇몇 사람에 의해 집단이 독점되는 것을 방지할 수 있다는 장점이 있다. 반면에 어떤 구성원은 모두가 참여해야 한다는 부담감 때문에 갈등이 있을 수 있으므로 치료자는 누군가가 자신의 작품에 대해 나누기를 원치 않을 경우 그의 의사를 존중해 주어야 한다. 또한 단편적이 될 수 있는 토의 방법을 소집단으로 나누어 그 안에서 공유시간을 가진 후 소집단별 소개시간을 갖는 것도 모든 구성원이 참여함으로써 오는 효율성의 제한문제를 감소시킬 수 있다.

두 번째 상호작용 유형은 한 두 작품에 초점을 둠으로써 유사한 경험을 나눌 수 있으며 그럼으로써 좀 더 깊은 공유 작업이 될 수도 있다. 이 방법은 구성원 누군가가 스스로 자원하거나 또는 관심있는 어떤 작품을 추천하는 방식으로 선택함으로써 가능하다. 세 번째는 집단의 역동에 초점을 맞추는 방법으로 집단활동에서 심리치료가 이뤄지게 되므로 경험이 많고 숙련된 치료자에 의해서 가능해진다. 많은 치료사들이 궁극적으로는 이러한 세 번째 유형의 공유방법을 원하지만 강력한 집단 내 전이가 다뤄질 수 있으므로 치료사 자신이 집단치료의 여러 측면에서 준비되어 있어야 한다는 전문적인 유경험 조건이 대두된다. 이러한 집단에서는 구성원들이 집단 이전의 다른 환경에서의 감정과 갈등 표현이 권장되고 경험을 나누고 해결할 수 있도록 장려되어야 한다.

공유 과정에서의 질문이나 피드백 태도 또한 치료자가 유의해야 할 중요한 요소이다. "왜 그것을 그렸는지"에 대한 질문은 비효과적인 태도이다. "왜"라는 질문에 그림을 그린 구성원은 아마도 "그냥 그렸다"라고 하거나 "왜 그렸는지 모르겠다"라고 답할 가능성이 높다. 이 때 치료자는 질문을 한 구성원과 답변을 한 구성원 모두를 보호하기 위해 다른 구성원의 느낌을 끌어오거나 치료자의 느낌에 대한 설명적 개입을 한다면 도움이 될 것이다. 예를 들면 "노란 꽃이 보이네요. 그 옆에 한 아이가 앉아 있는 모습이 보이네요"라고 보이는 그 자체를 언급하는 것만으로도 무언가 정보를 내어놓고 싶은 반응을 일으키게 하는 자극이 될 수 있기 때문이다. 이 때 그 그림을 그린 구성원의 반응에 따라 치료자는 "그 아이가 무슨 생각을 하고 있을지 궁금해요"라는 표현을 통해 구성원이 자신의 시각에서 그림을 설명할 수 있도록 안내할 수 있으며 상호작용을 활성화시키는 데 도움을 줄 수 있을 것이다. "왜?"라는 질문은 무언가 도전받는 느낌을 갖게하며 방어심리를 자극하므로 공유하고자 하는 욕구를 오히려 차단할 수 있으므로 유의하도록 한다.

적극적인 토의가 되도록 안내하는 것도 치료자의 중요한 역할이다. 집중력이 부족한 아동집단에서는 마이크를 사용하여 이야기하게 하거나 작품을 액자에 넣어 미술관의 작품 전시실처럼 배치하고 소개할 그 작품에 조명을 비추어 시선을 집중시키는 것도 효과적인 토의를 가능하게 하는 방법이 될 수 있다.

[표 8-18]

작품공유에서 생각해 보아야 할 과제
1. 구성원들의 작품에 나타난 예술언어를 개인의 발달적 심리학적 측면에서 이해하고 치료자의 시각으로 통합시킬 수 있어야 한다.
2. 예외가 있을 수 있으나 특수상황을 제외하고는 유도질문을 배제해야 한다.
3. 느낌과 경험을 자유롭게 공유하도록 안내하기 위해서는 작품에 대해 분석하지 않아야 한다.
4. 작품의 토의과정에 참여하기를 원치 않는 구성원을 존중해 주어야 한다.
5. 적극적인 토의에 참여할 수 있도록 안전하고 창의적인 환경을 조성한다.

해석문제 다루기

작품을 해석한다는 것은 알 수 없는 것을 알게 하는 열쇠라는 점에서 매우 매력적일 수 있지만 치료자에게 해석이란 지뢰밭처럼 위험한 것이라는 사실 또한 유념해야 한다. 그러나 치료자가 얼마나 성숙한 자세로 분명한 가치관을 근거로 개입하느냐에 따라서 구성원 개인의 내면통찰을 돕고 보다 더 심층적인 경험을 안내할 수 있다. 해석에 대한 잘못된 인식은 미술치료가 구성원의 그림을 해석해 주는 것이라고 믿는 것과 개인의 경험적 심리적 깊이를 무시한 단편적인 상징 의미만을 적용한 해석에서 비롯된다. 그림의 상징적 의미는 문화에 따라 다르며 해석은 개인의 특성과 상황을 무시하고는 불가능하며 미술치료는 그림해석이 아니라는 점을 유념해야 한다.

집단 과정에서 가장 적절한 해석적 안내는 작품에 대한 논평을 하거나 비판적인 질문을 배제하고 구성원들이 자신의 유사한 경험과 느낌을 교류하도록 안내하는 것이다. 그림이 자신에게 어떠한 감정을 느끼게 하는지, 어떠한 메시지를 전하는 것 같은지, 반복되는 패턴이나 주제가 있는지 살펴봄으로써 자기 내면과의 만남을 경험할 수 있도록 도와야 한다. 간혹 집단에서는 다른 사람의 작품을 자신의 생각으로 평가함으로써 상대방에게 상처를 주는 경우가 있다. 또한 어떤 구성원들은 가족의 그림을 가져와서 무슨 문제가 있는지 치료자에게 해석을 부탁하는 경우가 있다. 이때 해석에 대한 치료자의 잘못된 자세는 집단에 직접적인 영향을 미치므로 유의해야 한다. 나는 15년 전 모 기관으로부터 그림진단을 맡아 달라는 부탁을 받은 적이 있다. 매주 정기적으로 기사가 나가기 때문에 나의 페르소나를 위해서는 기회일 수도 있었지만 당시 나는 한 마디로 거절했다. 그림 한 장으로 한 개인을 이해할 수 없으며 그것처럼 위험한 행위는 없기 때문이다.

해석과 관련하여 집단의 전이와 치료자의 역전이 문제를 간략하게 언급하고자 한다. 집단에서의 전이현상은 치료자뿐 아니라 구성원 상호간에 일어나며 이 때문에 상호작용 안에서 왜곡된 지각이나 행동을 초래할 가능성이 있다. 집단치료자는 구성원들로 하여금 이러한 경험이 그들의 과거와 현재 행동에 어떠한 영향을 미치고 있는지에 대하여 생각해보는 기회가 되도록 자극하고 전이적 행동시 이에 대한 해석을 통해 스스로 대처하고 극복할 수 있도록 도와야 한다. 예를 들어 한 구성원이 다른 구성원의 그림에 대해 비판적 태도를 보일 때 치료자는 비판 받은 구성원의 감정을 표현하도록 안내하고 그에 대한 상대방의 느낌을 서로 교류할 수 있도록 중재할 수 있다. 그 과정에서 치료사는 “그렇게 이야기하게 된 이유에 대해 이야기 해줄 수 있겠느냐”라고 질문해 볼 수 있다. 그럼으로써 현재의 행동이 타당한지 아니면 과거 경험의 산물인지 스스로 탐색해 볼 수 있는 기회를 제공하게 된다.

또한 치료자는 자신의 의식적 · 무의식적 반응에 민감해야 한다. 이는 치료자 자신의 요구로부터 일어나는 것이다. 만약 치료자가 어떤 구성원과의 관계에서 역전이 현상에 말려들면 그 구성원을 객관적으로 이해할 수 없게 되며 도울 수도 없기 때문이다. 그러므로 치료자는 자기 노출의 기술을 동원하여 집단에 개방하며 한 인간으로서의 자기 감정과 정서를 스스로 해석할 수 있어야 하며 그 때에서야 효과적인 해석적 모델이 될 수 있다는 것을 기억해야 한다.

[표 8-19]

해석문제를 다루는 것에 대한 과제
1. 작품의 상징적 의미는 작품을 보는 그 사람의 시각에 의존하는 것으로부터 시작한다. 2. 구성원들이 자신의 작품에 즉흥적인 의미를 부여하고 연상된 이미지에서 의미를 찾도록 돕는다. 3. 의미 부여한 내용이 구성원 자신의 일상과 어떻게 연관되는지 이해할 수 있도록 돕는다. 4. 구성원들의 자유연상에 귀를 기울이고 무의식적인 자료들을 인식함으로써 이해하고 안내할 수 있어야 한다.

회기 끝내기

집단치료자의 중요한 책임 중 또 다른 하나는 집단과정을 효과적으로 잘 마무리하는 일이다. 회기를 마무리 할 때 치료자가 반드시 기억하고 도와야 하는 것은 구성원들이 집단과정에서 일상생활을 어렵게 할 수 있는 문제나 갈등을 안고 돌아가지 않도록 해야 한다는 것이다. 이것을 도울 수 있는 방법으로 작업 후의 정리와 청소를 돕는 일을 예로 들 수 있겠다. 자신이 사용한 물품들을 정리하는 간략한 청소기법은 치료의 연속으로 그 과정에서 자연스러운 의사소통이 일어나고 그 가운데 작업과정의 긴장과 갈등을 완화할 수 있는 또 한번의 기회가 되기도 한다.

나의 임상경험에서 있었던 두 집단의 예를 들어 보겠다. 한 집단은 정서 문제를 가진 아동 집단이었는데 내가 치료실에 들어갔을 때 그 당시의 광경을 지금도 잊을 수가 없다. 그 날은 신문지 찢기 놀이가 있었던 날이었다. 치료실 안은 온통 신문지더미로 난장판이었고 치료사는 넋이 나간 듯한 태도로 어찌할 바를 모르고 있었다. 아이들은 치료실 안과 밖을 뛰어다니며 소리지르며 신문지 찢기놀이의 감정을 지속하고 있었다. 그 때의 모습은 어쩌면 놀이라는 표현보다는 감정이 최고조에 이른 아수라장이라고 말하는 것이 오히려 적절할 것 같다. 집단 경험에서의 흥분이 치료실이라는 경계를 벗어나면서 더욱 자유로운 감정이 방출되고 있는 듯했다. 이 경험이 아이들에게 어떤 영향을 주었을지는 독자들이 상상해 보기 바란다. 또 다른 집단은 ADHD 진단을 받은 아동집단이었다. 집단과정은 안전한 범위 내에서 정해진 최소한의 규칙 내에서 자유롭게 마음대로 뒹굴며 작업할 수 있도록 허용되었다. 집단과정이 끝나면서 어지럽혔던 재료들을 본래의 자리에 배치하고 치료자를 도와 정리한 후 간단한 간식시간을 갖는 게 이 집단의 매 회기 마지막 모습이었다.

작업과정의 모습과는 전혀 다른 안정된 분위기로 자리에 앉아 있는 모습은 앞의 집단에서 보였던 풍경과는 전혀 다른 모습이다. 무엇의 차이였을지 이 역시 독자의 상상에 맡긴다.

[표 8-20]

회기를 끝낼 때 고려되어야 할 사항
1. 가장 중요한 것은 자기도 모르는 사이 등장하는 무의식의 요소를 만나는 경험에서 발생되었을 2차적인 문제가 없는지 평가하는 일이다. 2. 집단경험의 미해결 감정을 돕고 모든 구성원이 서로에게 가치있는 사람이라는 위안을 안고 떠날 수 있도록 그 집단만의 적절한 마무리 과정이 필요하다.

집단이 어떻게 진행되었든 간에 우리는 구성원들로 하여금 현재로 되돌아와서 일상에서 적응할 수 있도록 도와야 한다.

기록하기

기록이 쉬운 일은 아니지만 매 회기마다 치료과정을 구체화하는 노력이 필요하다. 기록은 치료자 스스로가 하는 것을 원칙으로 하되 기본적인 정보와 회기목표, 사용된 주제나 작업과정, 분위기, 감정, 언어적 비언어적 상호작용, 작품공유에 대한 상호작용 반응, 치료자와 보조 치료자에 대한 구성원의 전이현상, 다음 계획과 과정요약 등의 내용을 기록한다.

기록방법은 녹음과 녹화기록이 가장 도움이 되지만 구성원과 가족에게 불편감을 자극할 수 있으며 법적 문제와도 연관된 과제를 안고 있을 수 있으므로 반드시 구성원의 동의를 구해야 한다. 녹음이나 녹화테입의 관리는 중요하며 분실하지 않도록 보관하고 익명성이 보장되어야 한다.

[표 8-21]

과정기록에서 기억해야 할 사항
1. 기록은 집단 종료 후 즉시한다. 2. 비밀보장의 윤리성에 근거하여 기록하되 가능한 간략하고 핵심을 다룬다. 3. 녹음기록은 구성원들의 동의를 받는 것을 원칙으로 한다. 4. 작품에 기록하는 것을 금한다. 5. 구성원의 이야기를 사실 그대로 기록하고 치료자의 관점이나 치료자의 언어로 바꾸지 않는다. 6. 기록은 훈련을 위한 과정을 제외하고는 치료자가 직접 하는 것을 원칙으로 하며, 만약 수련생이 기록을 하는 경우는 기록자와 치료자의 확인 서명이 반드시 있어야 한다.

좋은 기록을 위해 고려해야 할 요소는 집단의 목표와 행동에 초점을 두는 것이다. 각 단계별 목표와 계획, 작업과정에 대한 집단 전체와 구성원 개인에 대해 묘사하며 상황에 대한 묘사와 치료자 개인의 견해가 미묘하게 섞여 융합되지 않도록 명확하게 분리되어야 한다. 기록의 문제는 간결하고 명확한 용어를 사용해야 하며 사실적인 내용을 논리적으로 전개해야 한다. 치료자 혼자만 아는 용어를 배제하고 이론에 기초해야 하며 비밀보장의 윤리성에 근거하여 구성원의 사생활을 보호하고 입증되는 사실만 기록하도록 한다. 나의 임상에서 사용되고 있는 기록양식을 부록에 첨부하였으니 참조하기 바란다.

평가하기

집단 평가는 언제 어느 정도의 시간 길이로 평가하는 것이 적절한지 그리고 방법은 어떻게 하는 것이 효과적인지 등에 대한 질문은 집단치료자의 이론적 배경과 관점에 따라 차이가 있으며 평가란 치료시작부터 끝까지 전 과정에서 계속 이뤄지는 것이다. 평가는 집단을 통하여 어느 정도의 목표가 달성되었는지 구성원들이 집단에 대해서 어떻게 느끼고 있고 문제는 없는지에 대한 발견과 효과적인 방법의 개선에 많은 도움을 준다. 치료 전체 과정에서의 집단 평가는 매 회기에, 치료 전체 길이의 중간과 마지막에, 치료종결 2~3개월 후에 하는 사후관리 평가 등을 하는 것이 보편적이다. 평가 방법은 공개토의, 단어 연상법, 관찰자와 기록자를 사용하거나 녹음이나 녹화를 사용하는 법, 질문척도 또는 그림검사 등을 사용한 방법으로 집단과 개인을 평가할 수 있다. 집단 자체의 발달과정을 평가하기 위해서는 집단의 분위기, 응집도, 지도성, 의사소통 양식, 관계 형태 등을 분석해 볼 수 있다. 구성원 개인의 행동변화를 평가하기 위해서는 각 개인의 목표지향적 항목을 적용하여 다양한 영역에서 평가할 수 있다. 또한 집단 자체에 대한 평가, 집단구성원의 성장에 대한 평가, 치료자에 대한 평가를 할 수 있다.

아래의 평가 항목은 Morris & Hackman(1969), Reid(1969), Lieberman & Yalom(1973), Miles(1973), Lifton(1972) 등의 집단 질문지를 수정 보완하여 나의 임상에서 사용하고 있는 집단 평가지이다. [표 8-23]과 [표 8-24]는 구성원들이 스스로 평가하도록 구성되어 있지만 치료자 개인의 성향에 따라 치료자용으로 수정된 개념을 선택하여 적용할 수 있으리라 본다.

[표 8-22] 집단구성원의 행동특성 (구성원 :　　　　　　)

날짜 :

행동 특성	1	2	3	4	5
1. 집단에 적극적으로 참여했다.					
2. 적절하게 자주 문제해결을 위한 방법들을 제시했다.					
3. 집단의 창의적인 사람이다.					
4. 자기 내면에 대한 관심보다 아이디어와 기법에 관심을 가졌다.					
5. 다른 사람의 생각을 자기 의견으로 바꾸었다.					
6. 다른 사람이 이야기를 하고 있을 때 끼어들기를 잘하고 방해했다.					
7. 자기 생각에 동의하지 않는 사람을 비난했다.					
8. 보편적으로 냉담한 사람이다.					
9. 구성원 가운데 리더적인 사람이었다.					
10. 다른 구성원들에게 협력적이었다.					
11. 집단을 분열시키는 사람이었다.					
12. 집단에서 주도적이고 중심이 되는 사람이었다.					
13. 집단이 주제에서 벗어나지 않도록 자주 노력하는 것을 볼 수 있었다.					
14. 집단에 반대적인 태도로 집단의 성공적인 기회를 뺏는 경우가 있다.					
15. 집단에서 긴장하고 신경질적인 사람이다.					

16. (   )에게 전하고 싶은 이야기가 있다면 기록해보세요

[표 8-23] 전반적인 집단참여도

날짜 :

집단 참여 태도	1	2	3	4	5
1. 우리는 집단에 적극 참여하지 못했고 방관자로서 우리 자신의 요구에 집착했다.					
2. 우리는 각자의 능력과 통찰력에 따라 모두에게 지도성을 발휘할 수 있었다.					
3. 우리는 서로를 이해하지 않았으며 피드백도 무시해 버렸다.					
4. 우리는 서로의 느낌을 나누고 서로 공감하며 수용했다.					
5. 우리는 각자의 진솔한 모습을 노출하지 못하고 자신을 숨겼다.					
6. 우리는 서로가 각자의 개성을 존중하고 받아들였다.					
7. 우리는 집단에서 존중되고 자유가 보장되고 창의성이 존중되었다.					
8. 우리의 분위기는 다소 적대적이고 불신하고 불안이 감돌고 피상적이었다.					
9. 우리들은 자기가 잘난척 드러내고 쾌락주의로 시간을 소비하고 자기를 깊이 만나는 창조적인 작업을 하지 못했다.					
10. 부족했다고 느끼는 부분이 있다면 대안은 무엇이라고 생각하는지 기록해보세요.					

[표 8-24] 집단 참여에 대한 자신의 태도

날짜 : 이름:

개인의 집단참여에 대한 태도	1	2	3	4	5
1. 나는 집단에서 다른 사람의 작품과 이야기를 열심히 들었다.					
2. 다른 사람이 이야기 하는 내용을 전반적으로 이해했다.					
3. 다른 사람의 이야기가 내 일처럼 느껴졌다.					
4. 다른 사람과의 관계에서 나는 솔직하고 정직했다.					
5. 나는 집단에서 나의 감정을 진실하게 표현했다.					
6. 나의 속마음을 표현할 때 기분이 편안해지는 것을 느꼈다.					
7. 나는 나의 행동에 대한 다른 사람의 반응을 참고하려고 노력했다.					
8. 나는 집단에서 말할 수 있는 한 언제나 이야기를 했다.					
9. 집단 작업에서 나의 내적인 해결의 실마리를 찾으려고 노력했다.					
10. 나는 다른 사람의 문제를 해결해주어야 한다는 책임의식을 느꼈다.					
11. 다른 사람들은 자신의 감정을 직접적으로 표현하는 것 같았다.					
12. 매회기마다 집단 후의 작업에 대해서 여러번 생각하게 되었다.					
13. 나는 이 집단을 좋아한다. 집단에서 만난 사람들과 계속 친밀하게 지내고 싶다.					
14. 부족했다고 느끼는 부분이 있다면 대안은 무엇이라고 생각하는지 기록해보세요					

[표 8-25] 집단에 대한 치료사 자신의 평가

날짜 :

집단을 시작하기 위한 준비와 과정에서의 자세	그렇다	부족
1. 집단치료자로서 충분히 준비 되었는가 (매체, 대상, 자기감정)		
2. 집단에 사용된 매체와 주제는 적절 했는가		
3. 물리적인 환경은 준비 되었는가		
4. 보조 치료자와의 사전 준비는 충분 했는가		
5. 새로운 구성원과 중단될 구성원에 대한 준비과정과 소개가 되었는가		
6. 워밍업 과정은 적절했는가		
7. 결과물의 공유 과정에서 구성원들과의 상호작용은 적절하게 유지되었는가		
8. 자발적인 나눔과 감정 표현을 할 수 있도록 격려했는가		
9. 집단과정에 돌발적인 상황이 있었다면 그것에 대한 느낌을 표현할 기회를 제공했는가		
10. 공통의 관심사에 대한 적절한 개입을 했는가		
11. 나눔과정과 내용은 공통관심사에 몰입할 수 있도록 이루어졌는가		
12. 구성원 모두에게 적절한 관심을 주었는가		
13. 구성원의 감정곡선과 상호작용은 충분히 지지적이고 무비판적으로 유지 되었는가		
14. 감정과 공유된 내용들이 충분히 다뤄졌는가		
15. 종료 결과는 성장을 촉진하고 보상적이었는가		
16. 종료를 위한 적절한 이완 경험을 제공 했는가		
17. 집단 과정의 시간 비율은 적절했는가		
18. 집단 과정에서 공동치료자와의 협력은 적절했는가		
19. 집단미술치료사로서 부족했다고 느끼는 부분에 대한 대안은 무엇인지 기록하세요.		

(필자의 청소년 임상미술치료 방법론 인용, 2005년)

제3부 집단미술치료 어떻게 함께 할 것인가

제9장

집단미술치료 기법

미술치료 집단은 구성원들에게 정신 역동적 맥락 안에서 의사소통과 자기표현의 창조적인 과정을 결합시키는 그릇이 되며 치료적 중재로서의 통로가 된다. 집단미술치료사들은 다양한 대상과 환경에서 작업을 하게 되는데 성공적인 치료 접근을 위해서 누구에게, 무엇을, 어떻게, 제공해야 할지는 항상 중요한 과제로 다가온다. 본래 이 책에서 소개하고 있는 기법들은 Diane(1997)의 집단미술치료 기법과 접근태도를 수용하고 나의 경험적 방법을 다루었다. 그러나 수정본을 내면서 이미 이 책에 소개했던 작품의 훼손으로 대체 작품들을 보완해야 한다는 과제와 함께 더 많은 내용과 심리학적 의미를 포함시켜야 하지 않을까 생각하게 되면서, 이 책이 지나치게 확대될 가능성에 우려가 되었다. 다행히 서문에서도 밝혔듯이 2013년도에 "미술치료의 발달적 심리학적 매체선택과 적용"에서 기법에 대한 보다 구체적인 내용이 출간되었으므로 이 책의 수정본에서는 제외되어도 무리가 없다는 생각이었다. 따라서 이 장에서는 심리학적 맥락의 기법 소개보다는 집단에서의 미술치료기법을 어떻게 활용해야 할지에 더 초점을 두는 것으로 만족하기로 하였다. 그러므로 이 장의 내용을 더욱 의미 있게 사용하기 위해서는 "미술치료의 발달적 심리학적 매체선택과 적용"을 참조하여 보다 깊이있고 풍요로운 경험으로 안내할 수 있기를 바란다.

1. 집단미술치료에서 매체 선정과 관련된 이슈

1) 주저하는 구성원을 어떻게 도울 것인가

미술이 모든 사람을 위해 적용될 수 있다거나 늘 비위협적이고 안전한 접근이라고 말할 수는 없다. 개인에 따라서는 미술치료집단이 흥미롭고 심리적 이완과 카타르시스를 경험하게 하지만 어떤 사람에게는 불편함을 느끼게도 하기 때문에 강압적으로 미술작업을 하게 하는 것은 매우 비생산적이고 비윤리적이다. 또 다른 이에게는 미술작업이 매우 유치하고 자신의 가치가 평가절하 되었다고 느끼게 하기도 한다.

이러한 상황들에 대처하여 나는 미술재료의 다양성을 고려하는데 많은 시간을 투자한다. 미술재료라고 볼 수 없는 자연물에서부터 사용할 수 없게 망가졌거나 깨지거나 갈라진 생활용품까지 또는 예술가다운 느낌을 갖게 하는 전문적인 재료를 준비하고 그 재료들을 탐색할 뿐 아니라 직접 체험해보곤 한다. 집단에 참여한 구성원들은 미술가가 된 것 같은 느낌과 존중받는 느낌에 대해 말하곤 한다. 집단에 오는 것에 대한 즐거움과 휴식의 경험을 이야기하며 자기도 모르게 내면의 비밀을 이야기하게 되는 최면의 장소 같다고도 한다. 반면에 어떤 구성원들은 이곳에 오는 것이 보고 싶지 않은 자기문제를 보게하고 인정하게 하는 것 같아 싫지만 집단작업은 너무 즐겁고 그림을 잘 그리지는 못하지만 자신이 만들어낸 것들을 바라보고 있노라면 자신이 화가가 된 것 같다며 만족해하기도 한다. 이러한 과정은 미술에 두려움을 갖는 구성원들을 창작자로서 뿐만이 아니라 창조적 개인으로서 자기 발견의 길로 안내할 수 있게 한다.

2) 기능이 낮은 구성원을 어떻게 도울 것인가

여기에서 낮은 기능이란 정신적 혼돈과 지체와 신체적 제한성으로 일상에 어려움을 가진 구성원들을 지칭하는 개념이다. 이러한 대상들의 집단역동을 다루고 과제를 성취하고 인지적 자극과 회상을 끌어내는데 초점을 두어 집단경험이 만족스럽고 즐거운 경험이 되기 위해 어떠한 매체를 어떻게 제공해야 할 것인가에 대한 고민은 치료자들의 공통과제이다.

기능이 낮은 구성원의 집단과정에서 드러나는 미술표현의 색과 형태는 언어가 되든 안되든 그리고 인지 능력이 어떠하든 간에 그들만의 공통 언어로서 표현할 수 없었던 감정을 전달하고 만나고 즐길 수 있게 한다. 또한 정신적 혼돈에 빠져 있고 통제불능의 행동과 인지 능력 상태에 있는 구성원들에게 창작경험은 혼돈된 정서표현의 재편성에 첫 단계로 적용될 수 있다.

3) 제한된 집중 능력을 가진 구성원을 어떻게 도울 것인가

산만하거나 정신적으로 혼돈 상태에 있는 구성원들을 집단작업에 집중하게 한다는 것은 쉬운 일이 아니다. 허용적인 집단 환경에서의 상호작용은 예측할 수 없는 퇴행적 행위에 자유를 보장하므로 마음놓고 상호작용을 거부하거나 급속도로 파괴적 상황으로 끌고 가기 때문에 신속한 치료자의 결정이 필요할 때도 있다. 이러한 집단구성원들에게는(특히 혼란 상태에 있는 구성원에게는) 향기가 있는 미술재료가 이완상태로 이끌 수도 있지만 개인에 따라서는 더욱 혼돈으로 이끌 수도 있다는 점에 유의해야 한다. 지나치게 산만한 구성원들에게는 낮은 테두리가 있는 트레이 같은 용기를 사용하는 것이 도움될 수 있다. 트레이 자체가 산만성을 통제하고 한계를 규정하는 안정감 있는 울타리역할을 하기 때문이다. 미술작업을 주저하고 저항을 보이거나 창작에 제한성을 가진 구성원을 위해서는 사진이나 기타 콜라주 재료를 준비하는 것은 매우 도움이 된다.

결과물을 액자에 끼워 전시하거나 장식 테두리를 사용하거나 작품을 향해 조명을 사용하는 것 등은 구성원들이 존중받는 느낌을 갖게 하여 도움이 될 수 있다. 그러나 이러한 과정이 집단 내에서 스스로의 소중함을 느끼게 하기 위한 목적을 벗어나 평가적 의미가 포함된 전시라면 치료에 부정적 영향을 미칠 수 있으므로 유의해야 할 것이다.

4) 기타 고려할 사항

창작과정을 통해 치료를 하는 일은 특히 인지기능이 낮거나 혼돈 상태에 있거나 좌절상황에 있는 사람들에게 표현의 의지를 제공하고 스스로 해결하기 힘들었던 상황에서 빠져 나올 수 있도록 돕는다. 뿐만 아니라 다음 단계로 안내하는 환경적, 방법적, 공간적 기회를 제공한다. 이러한 경험을 풍부하게 자극하는 데는 다양한 재료가 중요한 의미를 가진다. 그러나 위기 상황의 불안과 혼돈을 경험하고 있는 사람에게 너무 다양한 재료는 매우 압도적이고 불안과 혼돈을 더욱 자극하여 역효과를 가져올 수도 있다. 따라서 재료와 사용방법의 선택은 구성원의 기능과 특성을 고려하여 선택하고 구조화해야 한다. 구조화의 사용은 집단목표와 연관된 제한성을 포함하면서 충분한 용량의 재료와 방법적 의미를 함축하고 있다. 한 눈에 볼 수 있는 재료의 개방보다 특정 작업 이전에는 보이지 않는 곳에 준비되어 있는 것도 포함된다. 작품전시 또한 개별성이 보호되고 자존감을 느낄 수 있는 방법으로 제공된다면 구성원의 창조성을 더욱 자극할 수 있을 것이다.

2. 집단미술치료 기법의 중요성

다양한 대상에게 제공되는 집단미술치료의 공통적 의미는 안내자인 치료사와 참여자인 구성원 그리고 구성원 간의 상호작용을 통해 구성원 개인들이 당면한 문제들에 보다 효율적으로 대처하고 개인이 가진 잠재능력을 최대화하는데 있다. 최근에 시행되고 있는 많은 미술치료집단에서는 의뢰기관이나 집단을 진행하는 치료사들마저 창작활동을 사용한 집단에서 공유된 흥미와 감정해소 그 자체로서 집단이 잘 진행된 것으로 오해하는 경우가 흔히 있는 것 같다. 물론 미술치료에서 창작과정은 기본적인 요소이지만 흥미위주의 활동경험 그 자체로서 치료적 효과성을 논하는 데는 한계가 있다. 집단에 참여한 구성원들이 어떠한 특성을 가지고 있으며 발달단계에서의 주요관심이 무엇인지에 따라 기법도 매체도 주제도 달라질 수 있다는 점을 기억해야 한다. 흥미가 자극되는 접근이 잘못되었다기 보다는 그 경험이 특정집단과 구성원 개인들의 정서적, 행동적, 인지적 측면에 어떠한 치료적 의미를 부여할 수 있을지 오히려 방어를 강화하는 결과를 초래하지는 않을지 등의 우려에 대해서 우리는 생각해 볼 필요가 있다.

따라서 미술치료사는 집단구성원들에 의해 스스로 확인되지 못했거나 다루어지지 않았던 자신의 정서와 행동과 인지의 수준을 확인하며, 집단에 참여한 목표를 성취하도록 돕기 위해, 그리고 집단발달 과정에서 제공될 수 있는 기법들을 효율적으로 활용할 수 있는 능력을 갖추어야 한다. 치료사가 의욕만을 가지고 집단을 운영한다면 당연히 집단을 효과적으로 도울 수가 없다. 기본적인 학습된 지식과 기술 뿐 아니라 집단의 발달과 상황에 따른 지금까지 안내한 내용의 이해와 기술을 익히고 집단의 흐름과 구성원 간에 일어나는 역동에 대해 이해하고 있어야 한다. 그러한 맥락에서 미술치료기법은 구성원 각자의 개별성에 맞추어지면서 집단전체에서 통합되고 회기의 흐름을 따라 발전해 간다는 점에 유념해야 한다. 이를 위해서는 위에서 소개한 "미술치료의 발달적 심리학적 매체선택과 적용(2013)"을 참조하고 기법과 매체선택의 방법을 익히기 바란다.

이와 관련하여 치료사가 유념해야 할 또 다른 점은 매체와 기법을 집단의 발달과 상황에 적절하게 사용하지 못하거나 부적절한 기법을 사용할 경우 구성원의 정서와 신체적 반응에 부정적인 영향을 미칠 수 있으며 윤리적인 문제까지도 야기될 수도 있다. 그러한 만큼 미술치료에서는 매체와 기법이 중요시되기 때문에 치료사들은 미술치료기법을 이야기

할 때 어떠한 특정집단에 보다 유용한 기법이 있다고 생각하게 된다. 그러나 가장 유용하고 의미 있는 기법은 참여자인 구성원의 활동으로부터 발달하며 특정회기에 따라 발전되고 독특한 상황에 따라 맞추어진다는 사실을 이해해야 한다는 사실이 중요하다.

집단미술치료기법을 위한 지침은 첫째, 이미 가지고 있는 감정을 배제하지 않고 적절하게 표출하고 해소할 수 있도록 도와야 한다. 만약 구성원들의 불안이 높다면 그 두려움을 다룰 수 있는 매체와 기법을 선택해야 하는데 이 때 치료사가 임의로 선택하기보다는 구성원들의 선호하는 경향성을 먼저 고려하는 것이 필요하다. 그 과정에서 치료사는 구성원이 표현하려는 감정들을 민감하게 알아차리고 다룰 수 있어야할 것이다. 둘째, 어떠한 기법을 적용할 때는 적절한 시기여야 한다. 예를 들면 문제라는 것은 늘 관계로부터 오며 변화의 기회 또한 대부분 관계에 의해 좌우된다. 그러므로 치료사는 구성원의 관계패턴과 변화에 대한 여부를 볼 수 있어야 하며 이 때 그들의 방어에 공격하는 것은 심리적 방어를 부추기는 결과를 가져올 수 있으므로 유의해야 한다. 다시 말해서 기법이 적절하게 효과성을 발휘하기 위해서는 적절한 시기를 고려해야 한다. 셋째, 어떠한 기법도 구성원들이 완전히 방어를 포기하게 하지는 못한다. 중요한 것은 치료자와의 신뢰관계와 구성원 간의 신뢰관계가 가능했을 때에야 방어를 내려놓을 수 있으며, 그 과정에서 특정기법이 방어를 포기하고 신뢰의 태도로 의미를 더욱 가능하게 한다. 넷째, 기법은 집단의 발달이 고려되어야 하며 집단유형에 따라 선택적으로 사용되어야 한다. 초기에는 심상적 자료를 끌어내는 기법을 활용하고 마지막에는 그 자료를 요약할 수 있는 기법을 사용해야 한다. 치료사는 집단의 역동을 이해하고 그에 따른 구조화와 공간설정 그리고 역할을 결정하게 된다. 유사한 어떠한 상황에서도 집단의 특성에 따라 여러 가지 기법을 사용할 수 있으며 각각의 기법은 그때마다의 유익을 가져다 줄 수 있다. 다섯째, 기법은 또한 집단을 효과적으로 이끄는 수단이 될 수 있다. 이와 관련하여 치료사는 존중감을 전달하기 위한 언어로 접근할 수 있으며, 이 때 지나치게 의미부여를 함으로써 구성원을 부담스럽게 해서도 안 된다. 여섯째, 기법을 통해 표현된 이미지에 대해 선입견으로 예측하지 않아야 하며 문화적인 배경을 배려해야 유용한 기법으로 사용될 수 있다는 점 또한 기억해야 한다.

3. 기법사용을 위한 미술치료사의 자세와 역할

집단을 진행하는 과정에서 사용되는 모든 창작활동은 미술매체와 치료기법으로서 집단이 세운 목표를 향해 방향을 구체화해가는 절차와 방법이 된다. 집단을 효과적으로 진행하기 위해서는 치료사가 집단의 특성에 적절하게 어떠한 매체와 기법을 사용하여 자극을 주느냐에 따라 달라질 수 있다. 그 자극은 집단응집력을 강화하고, 문제해결과 집단과정을 돕게 되며, 단계마다에 필요한 욕구와 목표를 성취해가도록 돕는다. 따라서 여기에서는 집단의 효과성을 위해 필요한 기법을 사용하는데 있어 요구되는 치료사의 적절한 중재에 대해 다시 한 번 점검해 보기로 하겠다.

1) 집단응집력을 돕기 위한 기술

이 책의 제6장 "미술치료의 집단적 치료요인"에서 이미 설명되었듯이 집단발달을 위해서는 집단응집력이 매우 중요한 요소이다. 응집력을 위한 기법에는 관심, 공감, 다른 구성원에 대한 적극적인 경청, 자기개방, 지지적 태도 등을 들 수 있다.

관심은 집단치료과정에서 일어나는 구성원간의 의사소통에서 서로를 존중하고 전달되는 메시지를 이해하는 수단이 된다. 구성원에 대한 치료사의 관심은 선택적이거나 편견의 시선이 아니라 개별성이 존중되는 가운데 효과적으로 집단이 진행될 수 있도록 돕는 중요한 요소이다. 관심을 표현하는 행동은 적절한 정도와 빈도로 시선을 마주치고, 부드러운 표정과 몸짓, 언어와 비언어로 반영해주는 것 등이 포함된다. 집단미술치료에서는 그러한 관심의 표현을 작품에 초점을 두고 "~이 나의 경험과 유사하다. 나의 경험은 ~했는데 그럴 수도 있겠군요. ~의 작품을 보니 또는 ~의 이야기를 들으니 위로가 되네요. ~한 마음이 느껴져요" 등의 언어적 표현과 "작품을 돌려서 보아도 될까요? ~에 대해서 이야기해줄 수 있나요? ~에 대해서 듣고 싶어요" 등의 반응을 전할 수도 있을 것이다.

공감기법은 치료사가 구성원의 주관적인 경험을 감지하고 효과적으로 표현하는 기술이다. 이를 위해서 치료사는 구성원의 불안, 좌절, 환경의 압력 등에 대해 구성원입장에서 느끼려고 노력해야 하며 지지와 존중 및 경청의 자세로 임해야 한다. 공감적 반응이 효과적이기 위해서는 구성원의 입장에서 느끼고 이해하는 것 뿐만이 아니라 구성원의 정서를 나타내기에 적절한 단어를 사용하여 치료자자신의 느낌을 전달하는 것이 중요하며 구성원들의 느낌을 끌어내는 것 또한 매우 중요하다. 집단치료에서 중요한 요소는 구성원들의 역동을 끌어내는 것이며 치료사 자신의 가치기준에 맞추어 판단하는 태도는 효과적인 공감반응을 기대할 수 없다. 작품에서 느껴지는 정서와 메시지가 구성원의 입장에서 이해된다면 함부로 해석하거나 판단하지 않을 것이다. 간혹 아직 경험이 부족한 어떤 치료사는 해석의 방법을 잘못 이해하여 그 개인의 특성적인 배경이나 경험을 무시하고 교과서적 판단을 함으로써 자기과시를 하는 경우가 있다. 이것은 절대적으로 배제되어야 하는 치료사의 왜곡이며 구성원으로 하여금 공감 받는다는 느낌을 갖게 하는 것과는 거리가 먼 상처를 주게 되거나 자기방어를 더 강화시키는 결과를 초래하게 된다. 집단미술치료사는 효과적인 공감반응을 위해 구성원들이 표현하는 좌절감, 실망감, 정서의 흐름과 같은 감정과 느낌을 잘 감지해야 하고 이해된다는 반응을 적절하게 전함으로써 전이적 효과를 통해 구성원들이 공감적 태도에 참여하도록 돕는 것이 필요하다.

적극적 경청은 치료사와 구성원들이 다른 구성원이 하는 말을 귀담아 듣는 것과 그 개인의 입장에서 그의 생각이나 감정을 이해하기위해 적극적으로 듣는 것을 의미한다. 구성원들은 직접적인 표현만이 아니라 비언어적인 행동과 작품을 통해서도 메시지를 전달하므로 치료사는 그 내용을 확대 해석하거나 왜곡시키지 않아야 한다. 그러기 위해서 치료사는 늘 역전이에 깨어 있어야 하며, 구성원 개인 뿐 아니라 전체집단이 어떻게 교류하고 있는지, 관망하고 있는 메시지는 무엇을 말하고 있는지, 모든 상황에서 경청하는 태도를 가져야 한다. 즉, 적극적인 경청을 위해 집단치료사가 가져야 하는 요소는 언어적 메시지와 비언어적 메시지를 듣는 것이며, 구성원의 환경과 경험적 특성에 대한 개별성을 이해하고 현재 드러난 문제 뿐 아니라 잠재되어 있거나 앞으로 해결해야 할 문제까지도 들을 수 있어야 한다.

집단치료사는 구성원들이 집단에서 진솔한 자기개방을 치료적으로 사용할 수 있도록 돕기 위해 적절한 범위의 치료사 자기개방을 필요로 한다. 솔직한 치료사의 자기개방은 집단구성원들로 하여금 자기노출에 대한 두려움을 감소시키고, 이완과 안전한 환경에 대한 신뢰를 자극하며, 자기만의 문제로 방어했던 것들에 대한 개방과 인간의 유사성과 보편성에 대한 이해를 도울 뿐 아니라 보다 깊이 있는 자기탐색을 가능하게 한다. 집단치료사의 자기개방을 위한 자세는 "지금-여기"에서의 느낌을 전하고 그 느낌을 진솔하게 말하며 유사한 경험에 대해서는 솔직하게 말하는 것도 필요하다. 다만 주의해야 할 것은 치료사의 자기개방이 구성원을 위함이 아니라 치료사 자신의 과시와 감정을 발산하는 데 초점이 두어져 있다면 그것은 도움이 되지 못한다. 그러므로 치료사는 자기개방과 관련하여 일어나는 감정이 해결하지 못한 자기문제인지 집단과정을 치료적으로 돕기 위한 경험적 단서인지를 구별할 수 있어야 한다.

집단에서 구성원을 격려하고 지지하는 것은 경우에 따라서는 치료적이 될 수도 있고 방해가 될 수도 있다. 치료사들이 흔히 실수할 수 있는 부분은 구성원이 자기갈등이나 힘든 마음을 충분히 드러내지 못한 상황에서 즉각적인 지지를 하게 되면 자기개방을 다 하지 못한 상태에서 중단하게 하는 것이다. 집단초기의 너무 서둘러진 자기개방은 이후에 더 힘든 감정을 경험할 수도 있으므로 노출을 미루는 것이 필요한 경우가 있다. 집단 상황에서의 지지는 단순한 위로차원이 아니라 잠재력과 가능성을 탐색할 수 있도록 돕는 차원이 되어야 한다. 즉각적인 지지는 자칫 동정과 같은 형식적인 느낌을 줄 수 있으므로 자기부족을 강화하는 결과로 유인될 수 있기 때문이다. 치료사의 지지적인 표현이 가장 필요한 시기는 구성원이 자신의 갈등을 느끼면서 갖게 되는 저항과 방어적 태도가 나타날 때이다. 모든 치료의 과정은 당연히 지지와 격려를 함축하고 있고 그러한 지지없이 변화도 불가능하나 유의해야 할 점은 단순한 심정이해로 끝나는 격려는 효과적인 결과를 기대할 수 없다는 점이다.

2) 문제해결을 돕기 위한 기술

집단의 목표이자 발달적이고 의미있는 참여효과를 기대하기 위해서는 각 회기마다 등장할 수 있는 문제상황에 적절하게 대처해가야 한다. 그러한 도움기법으로는 반영과 명료화 그리고 직면과 해석 및 제한과 적절한 피드백이다. 그리고 앞의 제6장에서 제시된 치료요인들이 상황에 의미있게 적용되고 제7장에서 제시된 윤리적 이슈가 수용되어야 한다. 여기에서는 제6장과 제7장에서 설명하고 있는 내용을 벗어난 몇 가지 요소를 포함한다.

반영은 구성원의 언어와 행동과 작품에서 표현된 정서와 생각을 의미있는 표현으로 되돌려주는 것을 말한다. 즉 구성원의 표현에 내포된 감정과 태도를 거울에 반사하듯 이야기해주는 것을 의미하는데, 이 때 경험이 많지 않은 치료사는 구성원이 말한 것을 그대로 기계적으로 되풀이하는 정도로 대처하는 경우가 흔히 있다. 물론 반복 되풀이하여 되돌려주는 것 또한 어떠한 이해를 담고 전하느냐에 따라 의미있는 반영경험이 될 수 있다. 그러나 그 내용 뿐 아니라 그 내용 안에 함축된 느낌까지를 전해준다 해도 구성원 자신이 분석되어지는 느낌을 가진다면 도움이 되지 못할 수 있다. 중요한 것은 언어적 표현 뿐 아니라 비언어적 감정을 얼마나 진심으로 이해하고 읽어줄 수 있느냐가 반영경험의 중요한 관건일 것이다.

명료화는 구성원들의 이야기 속에 내포되고 있는 모호함과 왜곡되거나 지나치게 일반화되고 중요한 내용을 빠트리는 것을 판단하지 않고 분명하게 말해주는 것을 의미한다. 이 명료화는 자기문제를 드러내고 싶은 욕구를 느끼면서도 말하지 못하는 경우에 모순을 지적하여 직면시키는 것과 연결될 수 있다. 치료사는 구성원이 지나치게 소극적일 경우 표현과 지각 간의 불일치를 지적함으로써 직면시켜 자기인식을 돕고 그 개인이 가진 가능성을 활용하여 변화를 시도할 수 있도록 도와야 한다. 이 때 필요한 치료적 요소로서 직면과 명료화는 개인에게 당황스럽고 두려움을 자극할 수도 있으므로 이 또한 적절한 시기와 치료사의 진솔한 자세가 의미있는 경험을 가능하게 할 것이다.

때로는 부득이하게 구성원의 행동을 제한하고 언어표현을 제한시켜야 할 경우도 있다. 어떤 경우는 구성원 자신이 표현한 내용 속의 의미를 인식하지 못하는 경우도 있어서 해석이 필요할 수도 있다. 해석은 구성원으로 하여금 집단경험 속에서 통찰을 촉진하고 자기감정을 이해하고 스스로 자신의 행위에 대해 책임을 질 수 있는 능력을 돕기 위함이다. 작품에서의 해석은 이 책의 "표 8-19"에서 설명되었듯이 작품을 만든 개인의 시각에서 시작해야 하며 연상과 일상과의 관련성을 찾고 무의식의 메시지를 인식하도록 도와야 한다. 그러하듯 행동에 대해서도 작품과 느낌과 행동 그리고 상징이미지를 통합적으로 연결하여 이해하는 것이 무엇보다 중요할 것이다. 행동의 제한과 관련하여서도 지나친 개방과 해석이 구성원의 집단발달에서 의미있는 단계인지 또한 고려해야 한다.

따라서 피드백은 구성원이 감당할 수 있는 수준과 범위 내에서 가능해진다. 판단을 배제하며 변화를 강요하지 않으며 도덕성을 강요하거나 치료사의 가치판단이 개입되어서는 안 된다. 관찰가능한 근거가 제시된 피드백이어야 하며 특정행동이 있는 직후여야 부담감이 최소화된 수용이 가능해진다. 당연히 신뢰관계가 형성된 시기의 피드백이 적절하며 변화 가능한 피드백이어야 하며, 다른 구성원 한 사람이거나 치료사에 의한 경우보다는 여러 구성원들로부터 받는 피드백일 경우 훨씬 효과적이다. 피드백과 유사한 보다 더 강력한 피드백으로 맞닥뜨림을 활용할 수 있는데, 이것은 구성원의 언어나 행동의 표현이 일치하지 않거나 모순될 경우 구성원의 자기이해를 돕는데 도움 될 수 있다. 맞닥뜨림을 사용하기 적절한 시기는 말과 행동이 늘 다른데 본인은 의식하지 못할 때, 자신이 이해하고 있는 것과 다른 구성원이 인식하고 있는 것이 다를 때, 말과 정서반응이 다를 때 사용할 수 있다. 이 때 주의해야 할 사항은 주관적인 평가나 판단을 배제하고 변화를 강요하지 않아야 하며 관계가 형성되었을 때 가장 적절한 시기일 수 있다. 만약 그렇지 못할 경우 구성원은 도움을 받기보다는 상처를 입고 무시당하는 느낌을 가질 수 있으므로 오히려 거부반응을 일으킬 수 있다는 점에 유의해야 한다.

3) 집단과정을 돕기 위한 기술

치료집단의 흐름이 순조롭기 위해서는 집단구성원들의 개인적 요소를 다루기보다는 공통적인 특성에 초점을 둔 목표를 향해 진행되어야 한다. 그러기 위해서는 이 책 "제8장"의 전반에서 설명하고 있는 내용들이 성취되어야 하는데, 여기에서는 치료사가 특히 염두에 두고 과정을 도와야하는 역할로서 초점설정과 주도적 참여 및 구성원의 저항을 어떻게 처리해야 하는지 전이를 취급하기위한 기술적 요소에 초점을 두고 살펴보기로 하자.

초점을 맞춘다는 것은 주제를 벗어나지 않으면서 구성원의 관심사에 집중하는 중심 주제이자 공통의 목표이다. 간혹 집단을 진행하다보면 구성원 한 개인의 이야기에 집중하여 주제를 벗어나거나 여러 가지 의견들이 뒤섞여 초점 없는 이야기들만 오고가는 경우도 있다. 이때 치료사는 집단목표에 초점을 맞추도록 방향을 바꾸어 안내할 필요가 있다.

치료사는 매 회기마다에 필요한 계획을 가지고 참여하는 주도적인 참여자세를 잊지 않아야 한다. 대부분의 미술치료사들은 그 회기에 필요한 재료와 주제를 준비하고 그 집단에 참여할 것이다. 이때 치료사는 언제라도 일어날 수 있는 예측하지 못한 상황에 대처하여 그 날에 계획된 재료 외에 다른 재료와 관련 주제를 준비하고 들어가야 한다.

이 외에도 집단을 진행하면서 늘 부딪힐 수 있는 상황은 구성원의 저항이다. 저항과 관련한 내용은 이 책 제6장 "미술치료의 집단적 치료요인"에서 다른 구성원의 이야기는 하면서 자신의 이야기는 하지 않거나 침묵하고 집단참여를 꺼려하거나 지나치게 많은 말을 하여 집단을 방해하는 구성원에 대한 사례가 설명되었다. 그리고 제10장의 "정신분석적 접근의 집단미술치료"에서도 전이와 저항에 대해 설명하고 있다. 저항이 잘 처리되지 않으면 집단의 발달은 기대하기가 어려우며 긍정적인 효과를 기대하기 어렵다. 저항하는 구성원을 돕기위한 방법으로는 감정을 이야기할 기회를 제공하거나 개인면담을 사용하여 다루고 현실적이고 유연하게 대처해야 한다. 집단에서 다룰 수 있는 저항문제의 구체적인 도움은 한계가 있을 수 있으나 그럼에도 "지금–여기"와 관련지어 다룰 필요가 있다. 전이 요소와 관련한 내용 역시 "제6장"과 "제10장"에서 이미 다루었으므로 참조하기 바란다.

유능한 집단미술치료사는 집단의 과정을 잘 관찰하며 목표와 관련지어 각 회기를 진행할 수 있어야 한다. 개인에만 초점을 두지 않고 전체에 초점을 두어야 하며 역동을 사용하며 적절한 시기를 선택하여 피드백하고 지지할 수 있어야 한다. 집단의 발달적 흐름을 평가하고 성취하지 못한 요인을 관찰하여 안내하고 목표를 달성하도록 도와야 한다. 그러기 위해 집단운영에 필요한 전문 지식과 기술과 자기점검이 필수적일 것이다. 집단치료사가 자기점검을 통해 자유로워지지 못하면 구성원들로부터 오는 투사를 왜곡시킬 수 있으며 집단과정에서 일어나는 다양한 요구들을 감당하기 힘들 수 있다.

4. 워밍업 기법의 기본적인 유형

치료과정에서 워밍업 작업은 구성원들이 미술매체를 사용하는 방법을 다루고 자발성을 자극하기 위해 사용되지만, 보다 중요한 것은 집단에 대한 구성원들의 긴장감을 제거하고 치유환경에 대한 신뢰감을 위해 도움된다는 사실이다. 여기에 소개된 워밍업 기법은 집단에 따라서는 그 자체가 집단의 주제가 될 수 있고 워밍업의 본질적인 목적으로도 사용될 수 있으며 또한 워밍업 작업이 집단에서 항상 선행되어야 하는 것도 아니다. 그러므로 이 기법들은 집단치료자의 필요와 가치기준에 의해 집단의 특성에 따라 선택되고 사용될 수 있을 것이다.

1) 낙서기법(기법1 – 기법9)

- **재료와 방법** : 낙서는 여러 다양한 방법으로 가능하며 재료도 물감, 먹물, 크레파스, 연필, 흙, 자연 재료와 폐품 등 다양한 재료를 사용할 수 있다.

기법 1 : 눈을 감고 음악에 따라 허공에 손가락으로 선을 그린 후 눈을 뜨고 기억에 남아

있는 선을 도화지에 옮겨 그린 후 연상된 것을 찾는다.

기법 2 : 눈을 감고 또는 눈을 뜨고 손을 떼지 않고 낙서가 끝날 때까지 선을 그린다. 도화지를 움직여 보면서 연상되는 것을 찾아본다.

기법 3 : 전지를 반으로 접고 실에 각각 다른 색의 물감을 적시거나 먹물을 묻힌 여러 개의 실을 종이 가운데 넣고 한 사람은 실이 빠져나가지 않도록 중심을 잡고 다른 구성원들은 각자 잡은 실을 움직여 낙서를 한다. 펼친 후 다시 다른 방향으로 종이를 접어 반복할 수 있으며 드러난 현상에서 연상되는 이미지의 느낌을 공유한다.

기법 4 : 양손으로 손을 떼지 않고 낙서를 한 후 도화지를 돌려보면서 연상되는 것을 찾아본다.

기법 5 : 두 사람이 짝을 이루어 한 사람이 자극도를 제공하면 다른 사람은 연상된 이미지를 완성하는 것을 교대로 반복한다.

기법 6 : 짝을 이루어 서로 교대로 선을 따라 그려감으로써 완성되면 연상된 것을 찾아 이미지를 구체화한다.

기법 7 : 집단구성원들이 한 종이에 함께 낙서를 하고 연상 작업을 할 수도 있다.

기법 8 : 종이에 물감을 떨어뜨린 후 스트로우를 사용하여 불고 결과물에 대한 연상 이미지를 찾는다. 이것은 각자가 해보고 다른 구성원의 것과 비교해 볼 수도 있고 하나의 종이에 동시에 해볼 수도 있다.

기법 9 : 전지에 집단이 함께 크레파스로 색을 칠하고 그 위에 다시 색을 반복 덧칠하여 표면을 덮고 나이프로 표면을 긁어낸 후 드러난 이미지의 느낌을 나눈다.

- **치료자의 역할** : 집단의 기능적 수준에 따라서 연상된 이미지를 이야기로 구체화 할 수 있으며, 낙서의 연상에서 좋은 느낌과 싫은 느낌을 주는 것을 찾아 그 이유와 경험에 대해 공유하도록 안내할 수 있다.

2) 색채기법(기법10 - 기법21)

- **재료와 방법** : 크레파스, 물감, 마커, 색지 등 색채도구를 활용하여 색과 선을 표현하고 이미지를 끌어낸다.

기법 10 : 좋아하는 색이나 싫어하는 색의 마커 혹은 크레파스를 흰색 도화지에 여러 가지 선을 사용하여 긋고 겹쳐서 그려본다. 어떤 느낌인지 연상되는 것은 무엇인지 비교하여 이야기 한다.

기법 11 : 좋아하는 색과 싫어하는 색의 마커를 함께 사용하여 느낌과 연상 이미지를 찾아 구체화한다.

기법 12 : 자신을 나타내는 색을 2~3가지 선택하여 선이나 형태를 그리고 잘 어울릴 수 있는 또 다른 색으로 연결해 본다. 어떠한 느낌을 주는지 무엇을 생각하게 했는지 이야기 한다.

기법 13 : 도화지 위에 색지를 놓고 붓에 물을 적셔 칠한 후 색지를 제거하고 표현된 형태에서 연상된 이미지와 느낌에 대해 공유한다.

기법 14 : 한 가지 색을 선택하고 그 색의 연관성을 찾아 콜라주 한다.
(ex, 빨강색 : 가을, 단풍, 태양 등으로 연결)

기법 15 : 현재 감정과 관련된 색을 찾아 형태화 한다.

기법 16 : 가족이나 주변체계의 이미지를 연상케하는 색을 찾고 느낌을 그림으로 연결한다.

기법 17 : 다양한 채색 재료로 선과 형태를 그린 후 음영을 주어 관련된 느낌과 차이를 이야기한다.

기법 18 : 젖은 종이에 물감을 떨어뜨려 색이 섞이는 느낌과 연상된 이미지를 찾는다.

기법 19 : 화장지에 물감색이 스며드는 과정을 관찰하면서 떠오르는 이미지를 이야기 한다.

기법 20: 다양한 색의 비누거품을 전지 위에 연속적으로 불어 색과 색의 거품이 섞이는 현상에서 드러나는 이미지를 찾아 구체화한다.

기법 21 : 무명실에 물감을 흠뻑 적셔서 종이 위에 올려 반으로 접은 후 실의 끝을 움직여 다른 색이 겹쳐지도록 반복한다. 드러난 이미지에 대한 연상과 느낌을 공유한다.

• **치료자의 역할** : 작업 후 연상 작업과 자기와의 연결은 도움이 되지만 지나친 이미지 연결을 강요하지 않도록 유의한다. 즐거움을 통한 이완작업에 초점을 두어 구체적인 작

업을 편안하게 받아들이도록 돕는 데 초점을 둔다. 색채 사용시 질 좋은 화면을 선택함으로써 구성원들의 만족감을 높일 수 있으므로 재료선택에 대한 치료자의 배려가 더욱 요구된다.

3) 콜라주 기법(기법22 - 기법26)

- **방법 및 기법** : 자연소재와 폐품을 이용한 워밍업은 집단에 따라서는 매우 깊이 있는 연상을 끌어내기도 한다. 사전에 잘 준비된 재료는 구성원들로 하여금 존중감을 느끼게 하는 데 충분하리라 본다.

기법 22 : 풍경 그림을 찾아 붙이고 연상되는 것을 표현한다.

기법 23 : 조각난 그림들을 제공하여 서로 다른 그림들을 붙여 추상적인 형태로 만들고 느낌을 이야기한다.

기법 24 : 인물사진을 붙이고 그가 무슨 말을 하고 싶어하고 무슨 생각을 하고 있고 무엇을 하고 있는지 기록한다.

기법 25 : 접착시트에 온갖 잡동사니 재료를 붙이고 연상되는 것을 찾아 이야기 한다.

기법 26 : 직조 틀에 천이나 끈, 실을 꿰어 느낌을 나누고 떠오르는 이미지를 이야기 한다.

- **치료자의 역할** : 다양한 소재를 준비함으로써 집단 창조성을 자극할 수 있어야 한다.

4) 신체를 사용한 기법(기법27 - 기법33)

- **방법 및 재료** : 평소에 자주 사용하지 않았던 신체의 부분이나 신체 전체를 사용한 움직임을 통해 근육을 풀어주고 긴장해소와 심리적 안정감을 돕는다.

기법 27 : 손과 발을 사용하여 핑거페이팅을 한다.

기법 28 : 평소에 사용하지 않았던 손으로 핑거페인팅 한다.

기법 29 : 한쪽 벽면 모두를 차지하도록 전지를 붙이고 큰 붓이나 로울러 또는 스폰지 등으로 선을 긋거나 칠하고 두드리며 낙서를 한다.

기법 30 : 실외의 바닥에 여러 장의 전지를 길게 이어서 펼치고 큰 붓으로 물감을 뿌리고 묽게 한 수채물감을 늘어뜨려 칠하고 그린다.

기법 31 : 전지를 여러 장 길게 붙이고 바닥에 펼친 후 다양한 색의 비누 방울을 만들어 불거나 거품을 불어 늘어뜨려서 형태가 나타나고 색이 겹치는 것을 관찰한다.

기법 32 : 전지 위에서 비누거품 놀이를 한 후 그 위에 올라가 서로 떨어지지 않도록 팔짱을 낀 후 음악에 맞춰 춤을 춘다. 경험과 연상이미지에 대해 느낌을 공유한다.

기법 33 : 여러 장 붙인 큰 전지에 물감과 물을 떨어뜨려 반으로 접고 몸으로 구르고 손과 발로 문지른 후 다시 다른 방향으로 접어 같은 방법으로 하여 펼친 후 나타난 이미지에 대해 살펴보며 과정의 느낌과 연상이미지에 대해 느낌을 공유한다.

- **치료자의 역할** : 가능한 신체를 넓게 사용할 수 있도록 방법적 · 공간적 연구에 치료자의 노력이 필요하다.

5) 찰흙기법(기법34 – 기법40)

- **방법 및 재료** : 흙과 넓은 대야 그리고 음악이 필요하다. 흙이 주는 친근감과 신체 감각의 자극은 즐거움을 주면서도 내면 깊은 곳을 자극하여 금지되고 억압된 정서를 자유롭게 표출하게 한다. 더불어 이 기법은 신체와 정신의 모든 감각을 사용하게 하므로 워밍업이나 초기 작업시 긴장이완과 흥미유발을 위한 작업으로 적절하다.

기법 34 : 회전판에 올려진 찰흙덩이를 교대로 만짐으로써 일정 시간에 형성된 형태를 보고 이미지를 찾고 느낌을 나눈다.

기법 35 : 눈을 감고 한 조각의 점토를 만지다가 어느 시점에서 눈을 뜬 후 느껴지는 연상 이미지를 찾고 이야기한다.

기법 36 : 넓은 찰흙 위에 다양한 문양의 도구로 찍고 자국을 만들고 전체 느낌이 자신에게 어떻게 다가오는지 공유한다.

기법 37 : 둥근 공 모양의 찰흙에 엄지손가락으로 자국을 내어 항아리를 만든 후 느낌을 공유한다.

기법 38 : 바닥에 찰흙을 반복적으로 내려치면서 나타난 형상의 변화과정에 대한 느낌을 공유한다.

기법 39 : 각자가 한 조각의 흙을 만지다가 오른쪽 옆 사람에게로 넘겨서 다시 만지고 형태를 변형시켜가는 과정을 빠른 속도로 거친 후 마지막으로 자기에게 돌아온 것을 마무리하여 형태를 구체화하고 느낌을 공유한다.

기법 40 : 묽은 흙을 큰 대야에 넣고 구성원이 함께 주무르면서 서로의 신체를 부딪히기도 하며 흙의 느낌을 충분히 가진 후 그 경험과 느낌을 공유한다.

- **치료자의 역할** : 좋은 흙을 선택하는 것이 중요하다. 흙의 성분을 잘 이해하기 위해서는 치료자 자신이 충분히 경험해 보아야 하며 그럼으로써 집단의 특성과 환경에 적절한 재료와 방법을 제공할 수 있으리라 본다.

5. 그림물감을 사용한 기법

1) 재료와 용도

수채화 물감

수채화 물감은 문구점이나 화방에서 쉽게 구입할 수 있다. 종류도 소형 튜브에서부터 용기에 든 것까지 색상도 대상에 따라 8가지 기본색에서 부터 다양하게 선택할 수 있다. 보편적으로는 기본적인 8색에서 12색 정도가 대상자들에게 적절하리라 본다. 종이와 붓을 사용한 작업이라면 용기에 든 수채화 물감이 적절할 수 있고 튜브형의 물감은 붓을 사용하지 않는 작업에 더욱 적절하게 적용될 수 있다.

수채화 물감은 물과 만났을 때 쉽게 녹고 매우 유동적이어서 통제가 어렵기 때문에 우연의 연상 자료를 제공한다는 장점이 있다. 그러나 산만하고 공격적이거나 통제 능력이 부족한 구성원이 사용했을 경우 장소를 지저분하게 만들 수 있어서 공간 사용을 고려해야 한다. 또한 쉽게 번져서 나타나는 우연적 효과가 원하지 않는 것이었다면 좌절감을 주기도 하므로 대상의 특성에 따라 유의하여 재료 선택을 해야 한다.

아크릴 물감

아크릴물감은 유화물감의 단점을 보완한 것으로 수채화물감처럼 다양한 종류를 쉽게 구할 수 있다. 아크릴은 수채화물감처럼 번지는 효과가 적고 쉽게 통제되어지므로 유연성이 갖는 특성이 불편할 수 있는 대상에게는 아크릴물감이 도움이 될 수 있다. 그러나 아크릴 물감은 수채화물감처럼 자연스러운 혼합성이 부족하고 빨리 마르므로 사용범주가 정확해야 한다는 제한성이 있으나 색상이 선명하여 시각적인 어려움이 있는 구성원들과 작업하기에 적절하다.

아크릴 붓은 수채화 붓에 비해 단단하고 둥근 것과 납작한 것과 평붓이 있다. 붓은 가능한 화방에서 전문가용을 구입하여 사용하는 것이 작업의 기쁨을 느낄 수 있어서 참여자들의 만족감에 도움이 된다.

아크릴물감을 사용할 때에는 붓을 항상 물에 담구어 사용해야 한다. 이유는 수채화와 달리 마르면 그대로 굳어서 물로 씻을 수가 없기 때문이며 사용이 끝난 후에는 사용된 용기와 붓은 곧바로 깨끗이 씻어 놓아야 다음에 사용할 수 있다.

템페라, 유화, 동양화 물감

템페라는 가루 형태와 튜브형이 있고 수채물감처럼 유동적이고 색상이 매우 선명하다. 가루 형태는 본인의 선호도에 따라 다양한 색을 만들 수 있다는 장점이 있지만 사용자가 물감을 만들어 사용해야 한다는 불편감이 있다. 만약 물감을 만드는 그 자체를 치료적으로 사용하겠다면 적절할 수도 있다. 튜브형은 일반적으로 12색의 템페라가 시중에 판매되고 있지만 가격이 비싸고 화방이 아니면 쉽게 구입하기 어렵기 때문에 치료 상황에서 사용하기에 일반적인 재료는 아닌 것 같다. 유화물감은 빨리 마르지 않고 냄새가 강하므로 특별한 목적을 가진 작업 이외에는 사용에 제한성이 있다. 동양화 물감도 구입과 비용에 제한성이 있으므로 특별한 경험을 제공하기 위한 치료 상황이외에는 보편적으로 사용할 수 있는 재료는 아닌 것 같다.

제소

제소는 캔버스 표면을 칠하여 그림 작업을 용이하게 하기 위해 사용된다. 치료상황에서는 제소를 시용하여 그림을 그리기 어려운 화면을 가능한 것으로 만드는데 유용하다. 예를 들면 플라스틱 박스, 금속, 나무, 천 등에 제소를 바르고 그 위에 그림 작업을 하거나 콜라주를 할 수 있다. 나의 임상에서는 구성원으로 하여금 작가가 된 특별한 느낌을 제공하기 위하여 종이 대신에 광목천에 제소를 바름으로써 캔바스의 느낌을 제공하기도 한다. 집단에서는 광목천을 적당한 크기로 잘라 미리 준비해 둔다면 필요할 때 적절하게 사용할 수 있으리라 본다.

2) 물감 사용 전에 고려해야 할 사항

- 물감의 예측할 수 없는 상황들을 담아 낼 수 있는 자유로운 공간이 있는가
- 구성원들이 물감을 사용할 정도로 통제능력이 있는가
- 구성원들이 붓의 사용방법을 아는가
- 색을 구별하고 분리할 수 있는가
- 팔레트 사용 용도의 구분이 가능한 인지 능력이 있는 집단인가

3) 낮은 수준의 인지기능 집단

여기에 소개되는 기법들은 인지기능이 낮은 대상에 초점을 두었으나 지시방법의 변형을 통해 어떠한 목표로 의미부여를 하느냐에 따라 다양한 모든 대상에 적용될 수 있다. 그럼에도 여기에서 "낮은 수준의 인지기능 집단"이란 명시를 한 것은 어떠한 이유로 인해 장애를 가진 경우 대상의 필요에 적절한 작업을 선택해야 한다는 의미를 함축하고 있다. 인지능력이 낮은 집단의 구성원들에게는 상황에 따라서는 치료자의 적극적인 도움이 필수적일 수 있으며, 개인적인 심층을 다루거나 자기반성에 초점을 두기보다는 감각과 완성도에 초점을 두거나, 교육적 접근에 포함되어야 하기도 한다. 경험이 부족한 치료사들의 경우 자신이 구성원들을 잘 도울 수 있을지에 대해 매우 당혹해하고 힘들어하는 경우를 흔히 볼 수 있다. 그러나 치료사 자신이 그 집단을 받아들이고 함께 해 보겠다는 마음과 의지가 있는 한 가능하다. 낮은 인지 기능의 구성원을 돕기 위해 치료자가 갖춰야 하는 것은 치료자로서의 자기 확신이 먼저 앞서야 하며 사람에 대한 신뢰와 믿음이 있다면 그리고 돕기 위한 준비의 노력이 있다면 구성원들과의 진정한 만남은 충분히 가능하리라 본다.

기법 41 : 만남

- **효과성** : 화선지와 화장지에 물감이 번져서 우연의 조화를 이루는 과정을 통해 즐거움과 만족감을 성취할 수 있으며, 인간의 기본적인 욕구인 조화의 원리를 체험하고 그로 인해 관계의 조화를 배우게 된다.(미술치료의 발달적, 심리학적 매체선택과 적용, 2013, "그림 4-2~그림 4-6" 참조)

준비물 : 화선지, 구긴 도화지, 질 좋은 화장지, 물감, 켄트지, 붓, 스프레이, 스포이드

방　법 : 1. 화장지는 힘이 없어 잘 찢어질 수 있으므로 집단 시작 전에 켄트지에 붙여둔다.
2. 화선지는 미리 적당한 크기로 잘라둔다.
3. 구성원들로 하여금 화선지와 구겨진 도화지 또는 화장지를 선택하도록 한다.
4. 각자가 좋아하는 색에 대한 느낌과 떠오르는 기억에 대해 공유한다.
5. 화선지나 화장지 위에 붓으로 물을 칠한다.
6. 각자가 원하는 색의 물감을 사용하여 선을 긋거나 스포이드로 물감을 떨어뜨린다.
7. 물감이 번져 색들이 서로 섞인 우연의 효과에 대한 느낌을 공유한다.
8. 제목을 붙인 후 원하는 장소에 전시한다.

- **치료자의 역할** : 이해능력에 따라 재미 자체로 적용될 수 있으며 색과 색이 번져서 조화를 이루어 무언의 형상을 드러낸 결과물에 대한 만족감에 초점을 둘 수 있다. 관계에 대한 이해수준에 따라서는 우연의 결과물을 구성원들의 관계성으로 연결하여 안내함으로써 관계에서의 만족감을 보다 강화시킬 수 있으리라 본다.

[기법 41] 멀리서 본 작은 마을의 노을진 강가

기법 42 : 계절 이미지 작업

- **효과성** : 인지 기능이 낮은 특히 혼돈된 구성원들은 색의 움직임을 매우 즐거워하며 추상적인 사고를 자극하여 사회 현상에 가까이 다가가도록 도울 수 있을 것이다. 또한 계절의 변화에 대한 현실감을 자극하므로 개인과 세상에 대한 통찰을 제공한다. 심한 정신적 혼란상태에서는 물감의 유연성이 혼돈을 자극할 수도 있으나 커피필터의 담을 수 있는 주머니와 작은 지면과 계절의 경험에 대한 지시문이 구조성을 제공하므로 큰 무리 없이 작업이 가능할 것이다.

준비물 : 커피필터, 다양한 색상의 물감, 색표지, 물병, 스포이드, 쟁반이나 비닐시트

방 법 : 1. 필터를 구성원들에게 나눠준다.

2. 좋아하는 계절과 관련된 색, 경험에 대하여 이야기한다.

3-1. 원하는 색을 선택하고 각자가 가지고 있는 필터 속에 스포이드로 물감을

뿌리거나 부분적으로 농축 물감을 바를 수도 있다.

3-2. 또는 반으로 접은 필터 표면에 원하는 물감을 뿌린다. 이 과정에서 치료자는 제3의 손의 역할을 잊지 않아야 할 것이다.

4. 필터를 열어서 보도록 한 후 어떠한 이미지가 떠오르는지 또는 그 계절과 관련된 것을 생각해 보도록 안내할 수도 있다.
5. 필터가 마르면 색표지 위에 각자의 것들을 올려놓고 느낌을 공유한다.
6. 제목을 붙인 후 원하는 곳에 전시한다.

- **치료자의 역할** : 계절마다 경험적 기억을 공유함으로써 현실감을 자극한다. 계절마다에 스스로 선택한 색의 상상여행을 통해 자율성에 대한 개인의 권리를 인식하도록 지지하고, 자존감을 촉진하는데 초점을 둔다. 이때 치료자는 추상 작가들의 이름을 연결함으로써 구성원들의 만족감을 강화시킬 수 있다. 이러한 작업은 4계절동안 다양한 방법으로 지속적으로 적용할 수 있다.

[기법 42] 계절에 담긴 내 안의 소리에 귀기울이고

4) 낮은 수준의 신체기능 집단

이러한 집단과의 작업은 추상적인 생각과 능력에 도전할 기회를 제공하기 위해 준비된다. 신체기능의 제한성 때문에 좌절할 수 있는 구성원들에게 희망과 가능성을 느낄 수 있도록 치료자의 지지와 배려가 요구된다. 수채화 물감을 사용한 이 방법은 물감이 가진 유연성을 활용함으로써 신체움직임의 기능적 이동성을 강화하고 지원하기 위함이다. 쉽게 흐르는 물감의 특성은 신체움직임에 부자유한 구성원의 자연스러운 공간확장을 자극하고 기능향상을 강화한다. 뿐만 아니라 흐르는 매체의 경험은 신체기능과 관련한 정서적 문제를 포함하여 일상생활에서의 제한성에서 벗어나 적극적인 참여를 격려하는 효과를 제공해 준다. 기법과 매체선택에서 신체장애의 개인차에 따라 주의 깊은 선택은 개인의 기능향상과 자존감에 중요한 영향을 미치게 된다. 따라서 치료사의 기법선택은 장애에 대한 이해가 우선되어야 하며 기능을 자극하기 위한 기법연구 또한 고려되어야 할 것이다.

기법 43 : 틈새 메우기

- **효과성** : 이 과정은 신체기능에 한계가 있는 구성원들에게 색의 움직임과 찢겨진 곳에 색을 채워넣음으로써 부족함 속에서도 나름대로 무언의 가능성을 느끼게 한다. 치료자는 양극의 대비와 통합적 의미에 대해 이해함으로써 구성원들의 심리적 조화에 보다 가까이 다가갈 수 있으리라 본다.

준비물 : 수채화 종이, 물감, 고무찰흙, 여러 모양의 종이조각, 붓, 스프레이, 색지(한지), 종이 접시

방　법 : 1. 구성원들이 모이기 전에 줄과 점이 생기게 하기 위해 찢긴 자국 위에 열을 가하여 죽이된 고무 찰흙을 떨어뜨려 말려둔다.

2. 각자가 앉을 자리에 미리 종이접시와 준비된 종이를 올려 놓는다.

3. 구성원들이 입고 있는 옷의 색과 좋아하는 색에 대한 느낌과 경험에 대해 공유한다.

4. 원하는 색의 물감과 색지, 조각 종이들을 선택하도록 한다.

5. 고무 찰흙이 붙어있는 구성원 각자의 종이 위에 물을 뿌리고 조각종이들을 원하는 곳에 붙이도록 한다.
6. 그 위에 다시 색지를 올리거나 붓으로 원하는 색의 물감을 칠한다. 이때 부분별로 몇 가지 색을 사용할 수 있다.
7. 색칠이 끝난 후 종이를 말린다.
8. 고무 찰흙을 손가락이나 지우개로 문지른다.
9. 지우개 가루와 고무찰흙가루, 떨어진 조각 종이들을 종이 접시에 털어내어 제거한다.
10. 색과 어우러진 형태를 보면서 어떠한 느낌과 생각과 경험이 떠오르는지 이야기하도록 한다.
11. 제목을 붙인 후 작품을 원하는 곳에 전시한다.

- **치료자의 역할** : 치료자는 외상과 신체장애 그리고 인간의 내적상처와 심리의 틈새에 대한 이해를 하고 있어야 하며 결손으로 인한 구성원의 감정과 욕구를 이해해야 한다. 기능향상을 위한 지지와 구체적인 도움 도구를 찾고자 하는 욕구를 불러 일으키고 변화를 시도하도록 지지한다.

5) 중간수준 이상의 인지기능 집단

중간수준 이상의 인지능력을 가진 대상으로 구성된 집단에서는 대부분의 기법을 적용할 수 있다. 특히 고기능의 인지능력을 가진 구성원 집단에서는 재료와 기법과 주제면에서 보다 복잡하고 깊은 작업으로 안내할 수 있다. 집단의 특성과 능력에 적절한 접근은 구성원들에게 더 많은 만족과 효과를 가져다 줄 것이다.

[기법 43] 이젠 괜찮아질거야

고무찰흙과 색지만을 사용하여 표현한 작품으로, 깊은 곳으로부터 빠져나가 아물어가고 있는 고통의 그림자와 이미 아물어 자국만 있는 상처부위같다며 스스로를 위로한 어느 여성의 틈새 메우기.

기법 44 : 회상

- **효과성** : 세월의 흐름에 직면하지 않는 사람은 없다. 계절이 바뀌고 나이가 들어가고 살아있는 모든 생명체들이 죽어가고 아이들이 태어나고 자라는 것을 보면서 끝없이 순환하는 시간의 흐름을 직면할 수 밖에 없다. 지금 이 시점에서 구성원들 각자가 자신의 삶을 돌아본다는 것은 앞으로의 삶을 보다 자기다운 삶으로 채울 수 있도록 안내받는 기회가 될 것이다.

준비물 : 수채화 종이, 물감, 붓, 물통, 조용한 음악

방 법 : 1. 눈을 감고 봄, 여름, 가을, 겨울, 계절마다의 세월을 돌아 본다.

2. 무엇이 떠올랐는지 기억들을 집단에서 공유한다.

3. 기억의 세월을 색과 그림으로 표현한다.

4. 그림에 표현된 것을 집단에 소개하고 공유한다.

- **치료자의 역할** : 치료자는 이 과정에서 세월을 멈추고 싶은지 세월이 더 빨리 가길 원하는지에 대해 질문할 수 있다. 구성원들이 자신이 지난 삶에서 얻었던 경험이 현재의 나에게 어떠한 의미로 다가오는지 앞으로 어디로 향해야 할지 생각하고 계획해 보도록 안내한다.

[기법 44-1] 후기청소년이 표현한 방황의 시간들

[기법 44-2] 후회의 날

기법 44-1을 그린 청소년의 후속작업

기법 45 : 비 오는 날

- **효과성** : 비가 주는 느낌은 개인마다 다르며 다양한 경험을 떠올리게 한다. 물감의 색과 움직임을 통해 비와 관련된 감정을 놀이적으로 다루고 놀이에서 드러난 우연적 표현의 느낌을 심리적 보상으로 안내하게 된다.

준비물 : 수채화 용지 또는 두꺼운 전지, 물감, 스포이드, 스프레이, 붓, 다양한 유형의 비 내리는 소리 또는 태풍과 관련된 소리 음악

방　법 : 1. 전지를 벽에 붙이거나 바닥에 움직이지 않도록 붙인다.

2. 스프레이에 몇 가지 색의 물감을 미리 물에 희석하여 준비해두고 스프레이, 붓 등의 재료들을 불편함이 없도록 작업 공간 가까이에 가져다 둔다.

3. 비와 관련된 느낌, 경험, 주변 환경에 미치는 영향 등에 대해 이야기한다.

4. 비와 관련된 소리나 음악을 들으면서 전지에 뿌리기 기법과 흘리기 기법을 사용하여 비에 대한 느낌을 표현한다.
5. 작업 과정이 끝나면 경험과 연상된 이미지에 대한 느낌을 공유한다.

- **치료자의 역할 :** 나눔 과정에서 치료자는 구성원들이 표현한 비의 느낌을 구성원 자신의 정신과 신체에 연결하고 비로 인해 취할 수 있는 비유적 정신 에너지를 자극하고 안내할 수 있어야 하며, 이를 위해 치료자는 충분히 창의적인 제 3의 기술을 제공해야 한다.

[기법 45-1] 어두운 마음의 고통이 비에 씻겨져내리고

작업 후 아주 작지만 조금의 빛이 보인다며 안도의 숨을 쉰 어느 한 여성의 물감 흘리기와 뿌리기기법

[기법 45-2] 내리는 비에 내 마음 씻겨 고요를 찾고
기법 44-1을 그린 여성이 두번째 그린 비오는 날

기법 46 : 강함과 약함

- **효과성** : 환상적으로 번져가는 물감의 시각적 만족감 이외에 붓의 종류에 따라서 느껴지는 힘의 강약이 주는 정도가, 일상에서 표현되고 사용되는 구성원 자신의 에너지를 탐색하고 통합적으로 사용될 수 있도록 안내할 수 있다.

준비물 : 수채화 종이, 화선지, 평붓, 둥근붓, 물감, 사인펜 또는 네임

방 법 : 1. 자신이 생각하는 강함과 약함이 주는 의미와 느낌 그리고 자신이 원하는 어떤 힘이 있는지 이야기한다.

2. 종이에 물을 바르고 사인펜 또는 네임으로 그림을 그린다.

3. 그 위에 다시 수채물감으로 칠하되 다양한 크기의 붓을 사용해보거나 또는 색칠의 강도를 바꿔본다.

4. 완성이 되면 말려서 가는 붓으로 형태를 따라 가필하여 완성한다.
5. 연상되는 이미지에 대해 이야기한다.

- **치료자의 역할** : 치료자는 강약의 표현이 구성원들로 하여금 어떠한 느낌으로 경험하게 하는지, 강약의 에너지 중에서 어떠한 것이 마음에 드는지 더 마음에 드는 이유는 무엇때문인지 이야기할 수 있도록 지지하며, 구성원 자신이 가진 강함과 약함의 힘을 통합적으로 사용할 수 있도록 안내한다.

[기법 46] 불구덩이가 연상되는 팔팔끓는 주전자의 물과 뜨거운 물을 받아들이는 유리컵을 표현한 어느 예술가의 표현

세상의 가장 강한것도 가장 약한 것도 사실은 모두가 강함이며 때로는 약함이기도 하다. 자신들이 잘난척하지만 알고보면 사막의 모래알보다 작고 약한 존재가 인간이며 그 인간이 나이기도하다. 그럼에도 나는 포기하지않는 끈기로 나를 세우고자한다. 뜨거운 주전자를 사용하는 것도 "나"이듯...

기법 47 : 자화상

- **효과성** : 이 작업은 구성원이 선택한 물감의 색이 주는 연상을 통해 그 의미가 일상과 어떻게 연결되는지 자기 탐색으로 안내된다.

준비물 : 수채화 종이, 붓, 물감

방　법 : 1. 행복, 슬픔, 분노 등 자신이 경험한 감정을 살펴보고 각각의 감정을 색으로 표현한다면 어떤 색에 비유할 수 있을지 이야기한다.

2. 각자 자신을 나타낼 수 있는 색을 선택하고 표현하도록 한다.

3. 색으로 표현된 자기 이미지에 대해 이야기하고 다른 구성원들이 느끼는 이미지와 자신이 표현한 이미지가 같은지 다르다면 어떻게 다르게 느끼는지 함께 공유함으로써 자기 탐색으로 안내된다.

4. 자화상을 원하는 위치에 전시한다.

- **치료자의 역할** : 전시는 구성원들의 동의에 의해 이뤄져야 하며 작품에 불편한 느낌이 없는지 배려해야 한다.

[기법 47] 여전히 딱딱한 껍질속에서 드러내지못하고 있는 내 모습

세상이 너무 광범해서 피하고 싶지만 이제 나의 빛을 발견하고 새롭게 태어날 수 있을것 같다며, 씨앗은 자기이고 빛도 자신이 가진 재능이라고 표현한 한 청년기 여성의 자기이미지

기법 48 : 파장

- **효과성** : 어떤 사람에게 누군가 비난을 하거나 상처가 되는 피해를 주었을 때 그 사람은 어떠한 감정이 될지에 대해 생각해 봄으로써 대인 관계에서의 자기 모습과 관계패턴을 탐색해 볼 수 있는 기회가 된다.

준비물 : 수채화 종이, 물감, 붓

방　법 : 1. 물고기들이 떼를 지어 가고 있거나 한가롭게 놀고 있는 호수에 자신이 조약돌을 던졌다고 상상해 보는 시간을 갖는다.

2. 그 호수에 어떠한 일이 일어났는지 서로 이야기한다.
3. 호수에서 일어난 일이 자신과 어떠한 관련성이 있는지 또는 어떻게 하고 싶은지 생각해 본다.
4. 마음이 가는 도화지 한 부분에 검정색으로 중심점을 표기한 후 물결의 파장을 표현하고 색칠을 한다.
5. 완성 후에는 각자가 그린 물결의 파장이 어떠한 느낌으로 다가오는지 이야기한다.

- **치료자의 역할** : 이 과정은 구성원들이 자신의 부끄러운 부분과 아픈 감정 또는 분노를 드러낼 수 있는 작업이므로 치료자의 충분한 지지와 안아주기 환경이 절대적이다. 이때 치료자는 자신의 역전이로 인해 구성원에게 부정적 영향이 미치지 않도록 스스로를 관찰하고 유의해야 한다.

[기법 48] 마블링기법을 사용하여 표현한 파장
내 가슴에 던져진 작은 돌멩이 하나 건드러진 마음 속 밑바닥으로부터 헤집고 올라오는 상처들을 애써 다독이고...

6. 점토를 사용한 기법

흙의 다양한 조직에 대한 느낌과 반죽을 하면서 경험하는 압력이 긴장된 의식을 완화시켜 주며, 점토를 만지는 신체를 자연스럽게 역동적이게 하여, 자율성과 자기감의 감각을 촉진시킨다. 이러한 매체와 기법의 장점이 구성원들에게 보상적인 경험을 제공해준다. 점토를 주무르고 치고 뒤섞고 결합하는 과정은 특히 관계적 탐구 매체로 억압된 정서의 표출과 신체적 친밀감을 느끼게 한다. 더불어 흙을 다루면서 느끼는 관심사에 대한 소통을 적극적이게 하여 집단 특성이 갖는 상호작용의 효과성을 더욱 강화시켜 준다.

1) 재료와 용도

다양한 점토 가운데 선택되는 재료는 집단구성원의 개인적 발달과 특성에 반응하므로 그 선택된 재료에서 다뤄지고 반응되는 주제는 내면의 자료와 관련된 메시지이다. 그러므로 흙과의 접촉은 자연스럽게 개인의 막혀 있던 감각을 일깨우고 집단역동의 창조적 생산을 더욱 높이게 된다.

식용점토

식용재료로 만든 점토는 유아나 발달장애 또는 노인집단에서 더욱 적절하다. 밀가루가 점토로 만들어지기 이전에 가루를 만지고 흘리고 섞고 반죽하는 것은 그 자체만으로도 매우 즐겁고 근육 발달에 도움이 된다. 식용가루와 색소를 혼합하면 다양한 색 점토로도 활용 가능하므로 시각적 즐거움도 더해지게 된다. 결과물을 오븐에 굽거나 기름에 튀겨내거나 팬에 굽고 찜통에 찌면 과자와 빵이 되어 놀이와 더불어 먹는 즐거움까지 제공하게 된다.

퇴적점토

바람과 물의 침식 작용에 의해 생성된 점토로서 가소성이 약하고 오염 물질들 때문에 조각과 소성작업에 어려움이 있으나 흙의 질감 자체를 느끼고 경험하는 데는 적절할 수 있다. 만약 퇴적 점토를 채취하여 집단에서 오염물질을 제거하는 과정 자체를 치료적으로 사용한다면 그 또한 의미가 있을 것이다.

도예점토

치료환경에서 주로 사용하는 점토는 낮은 온도에서 구울 수 있는 토기가 적절하다. 치료적으로 가장 좋은 점토는 잘 갈라지거나 깨지지 않는 충분히 가소성 있는 점토로서, 매우 부드러운 것과 모래가 섞인 것 등 치료목표에 적절한 점토를 공방에서 쉽게 구입할 수 있다. 사용시에는 충분히 반죽하여 점토속의 기포를 제거해야 성공적인 조각과 물레성형이 가능하며 만족감이 더해질 수 있다. 도예점토는 건조와 소성과정과 유약을 바르는 과정들을 거치므로 많은 시간과 번거로움이 따른다. 하지만 작품의 심미적 만족감과 예술가다운 멋스러움이 더해져 흥미로움을 느낄 수 있으며 소성과정을 제외시킨다 해도 일반 점토와는 다른 기쁨을 느끼게 하는 장점 또한 있다.

가공된 다양한 점토

문구점이나 화방에서 판매하는 다양한 점토들을 구입할 수 있다. 가격도 다양하고 질감도 거친 느낌에서 매우 부드러운 느낌까지 가벼운 것에서 공처럼 탄력성 있는 것까지 쉽게 굳는 것에서 굳지 않아 다시 재생될 수 있는 것까지 다양하다. 그리고 색상도 흰색과 흙색 이외에 다양한 색으로 가공된 점토들이 있으므로 구성원의 흥미와 특성을 고려하여 선택할 수 있겠다.

기타

점토 이외에 작업을 구체화하기 위한 재료들이 필요하다. 조형틀, 분무기, 밀대, 가위, 고무장갑, 자연물, 가마, 점토 기구들

2) 점토 사용 전에 고려해야 할 사항

- 도예점토를 사용하는 경우 가마사용에 대한 사전조사가 필요하다.
- 점토 작업을 위한 도구를 미리 준비하여 구성원들의 작업에서 있을 수 있는 좌절감을 사전에 예방해야 한다.
- 일부 점토는 독성물질이 있을 수 있기 때문에 사전에 확인해 보아야 한다.

3) 낮은 수준의 인지기능과 신체기능 집단

점토 작업의 과정은 모든 신체감각을 자극하므로 많은 경우 치료적 퇴행을 경험하게 된다. 특히 인지적 발달적 제한이 있거나 신체적 기능의 제한이 있는 구성원으로 형성된 집단에서는 점토가 가지는 마음대로 뜯고, 치고, 조합하고 분류할 수 있는 특성과 언제라도 파괴시키고 다시 수정할 수 있는 전체 과정이 구성원의 정서를 배출하고, 변형시키고, 기능을 자극하고, 통합하는 과정으로 안내해 준다.

기법 49 : 혼적

- **효과성** : 안전한 퇴행을 제공하고 느낌, 억압, 혼돈, 형태 등 다양한 경험을 할 수 있도록 모든 감각적 자극을 돕는다.

준비물 : 불순물이 제거된 퇴적점토 또는 물에 녹인 청자토, 낮고 넓은 대야 또는 60~80cm정도 넓이의 긴 매트, 조형도구

방 법 : 1. 집단 시작 전에 큰 대야에 부드러운 점토를 탑처럼 쌓아 준비해둔다.
2. 구성원들을 점토 주변에 앉도록 하고 점토를 보는 순간 무엇이 떠오르는지 이야기하도록 한다.
3. 점토를 허물고 문지르고 주무르며 대야바닥에 펼친다.
4. 손이나 조형 도구들을 사용하여 점토를 찍고 자국을 만들고 낙서하듯 그려본다.
5. 전체 경험에 대한 느낌을 공유한다.

- **치료자의 역할** : 흙에 대한 느낌 자체를 안내하고 편안한 분위기를 제공함으로써 마음놓고 퇴행할 수 있도록 도우며 자유로운 놀이 공간으로 안내할 수 있어야 한다.

기법 50 : 창조적인 놀이 음식

- **효과성** : 특히 발달장애를 가진 구성원 집단에서는 식용점토 작업을 통해 원초적인 욕구를 해소할 수 있게 할 뿐만 아니라 발달적 적응요소의 방법이 될 수 있다.

준비물 : 밀가루, 소금, 식용오일, 식용색소, 과자모양 틀, 음식을 차릴 수 있는 쟁반이나 매트

방 법 : 1. 밀가루 자체에 대한 느낌을 가질 수 있도록 밀가루를 만지고 흘리고 즐긴 후 가루의 느낌을 이야기하도록 한다.
2. 밀가루에 소금과 물을 넣어 반죽한다. 이때 식용오일을 첨가하여 반죽을 하

면 점토가 손에 묻는 것을 방지해 준다.

3. 반죽에 대한 느낌을 이야기한다.
4. 과자모양 틀을 사용하거나 원하는 형태를 만들고 무엇을 만들었는지 이야기 나눈 후 오븐에 구워낸다.
5. 완성이 되면 자신을 위한 상을 차리고 서로를 대접하는 역할 놀이를 한다.

- **치료자의 역할** : 밀가루를 만지는 과정에서 눈에 들어가거나 밀가루를 먹는 구성원이 있을 수 있으므로 주의를 기울여야 한다. 발달장애 집단에서는 치료자의 적절한 개입이 있다면 과정 전체가 사회적응의 학습 기회가 될 수 있으므로 발달 수준에 따른 재료 선택에 신중한 배려가 필요하리라 본다. 점토 작업 후의 정리과정도 치료의 연속선상에서 안내될 필요가 있으며 마무리되지 못한 감정이 있었을 경우 이 정리과정의 적절한 안내는 현실생활의 적응적 기능과 학습에 도움이 된다.

기법 51 : 내안의 공간

- **효과성** : 물레의 자극과 연상 경험은 구성원의 촉각적 · 시각적 감각의 자극제가 되며 치료의 목표인 자기 문제의 탐구로 안내할 수 있다.

준비물 : 도예점토, 물레, 작업을 위한 도예도구들

방 법 : 1. 집단 전에 구성원 각자의 테이블 위에 점토를 한 덩어리씩 준비해둔다.

2. 점토를 접한 느낌을 이야기한 후 점토를 굴리고 반죽하는 시간을 가짐으로써 반복동작에 대한 자극을 경험한다.
3. 반죽과정의 경험에 대한 느낌을 이야기한다.
4. 물레에 점토를 올려놓고 구멍을 만들어 형태를 만들어낸다. 이 과정에서 치료자의 도움이 필요할 수 있다.
5. 물레를 중단하고 형태가 드러난 결과물에 나이프로 이미지를 조각하거나 그림을 그려 완성한다.

6. 느낌을 나누고 제목을 붙여본다.

- **치료자의 역할** : 물레의 경험은 간혹 구성원으로 하여금 대상경험과 관련된 공감적 경험을 느끼게 할 뿐만 아니라 왜곡된 불안을 경험하게도 한다. 이때 치료자의 안정된 자세와 배려는 치료적 탐구로 나아갈 수 있는 큰 힘으로 작용하리라 본다.

4) 중간수준 이상의 인지기능 집단

점토치료는 앞에서도 이야기했듯이 풍부한 감각 경험을 끌어내고 자극하여 잠재된 정신 내면의 창조성을 일깨우는 특성이 있다. 높은 기능을 가진 구성원 집단에서의 점토치료는 자아와 중요한 사람들과의 관계에 더 많은 초점을 두고 표현된 자아를 해석하고 자신의 내적 정신세계의 통합적 기회를 만나도록 돕는 것이라고 볼 수 있다.

[기법 51] 예술치료사들의 손길이 담겨 전해준 마음이야기들

최근 10여년동안 그리고 더 오랜 세월 내가 만난 귀한 인연들이 나의 공간에 함께하고 있었음을 새삼 감사하며 그리움을 담아 실어본다.

기법 52 : 내안의 나

- **효과성** : 가면작업을 통해 구성원 자신의 긍정적인 페르조나와 내면의 자기를 발견할 수 있도록 안내할 수 있을 뿐만 아니라 타인과 자신의 다름을 이해하고 개별성의 가치를 배우는 기회가 된다.

준비물 : 점토 또는 종이죽, 가면, 스프레이, 랩 또는 은박지, 아크릴물감, 스프레이, 페인트, 콜라주 재료, 천, 실, 한지, 글루건, 접착제, 그외 다양한 오브제들

방 법 : 1. 집단 시작 전에 구성원들의 작업 공간 가운데에 재료를 펼쳐 놓는다.

2. 다양한 가면 가운데 원하는 형태를 선택하고 어떠한 느낌 때문에 그 가면을 선택하게 되었는지 이야기한다.
3. 가면을 랩으로 싼 후 그 위에 점토를 붙여서 본을 뜬다. 이때 스프레이로 물을 뿌리면서 본뜨기 작업을 하면 가면의 표면이 더욱 매끄럽게 표현된다.
4. 가면 본뜨기가 완성되면 원하는 색의 아크릴 물감이나 스프레이 페인트로 가면에 색을 표현하거나 한지로 마무리 한다.
5. 다양한 재료로 얼굴과 머리를 장식한 후 가면이 모두 완성되면 그 과정에 대한 느낌과 작업 전에 선택한 가면의 이미지와 완성된 가면의 유사성과 차이점에 대해 이야기 나누고 자신과의 관련성에 대해서도 공유한다.

- **치료자의 역할** : 이 과정에서 구성원들의 가면에 대한 분석적 태도는 금물이다. 구성원 개인의 느낌을 존중함으로써 각자가 생각하는 자신은 어떠한 사람인지 탐색해보는 기회가 될 수 있도록 안내할 필요가 있다. 그럼으로써 보다 성숙한 자기로 발전해갈 수 있도록 구성원을 돕게 된다.

[기법 52] 나...

숙명여대 미술치료전문과정 1단계 심층워크샵에서 한 수강생이 표현한 가면과 나만의 옷 그리고 신체화(표현예술로 만나는 정신건강이야기 그림 9-4 인용)

기법 53 : 내 안의 가족

- **효과성** : 가족 관계는 인간의 삶에서 가장 중요하다. 집단에서의 가족에 대한 개방은 간접적 가족에 대한 감정 경험을 가능하게 하므로 구성원 각자의 가족에 대해 이해하고 자기 자신에 대한 통찰경험을 가능하게 한다.

준비물 : 점토, 종이죽, 스프레이, 페인트, 아크릴물감, 접착제

방　법 : 1. 각자 가족의 특성, 감정, 역할, 사건 등에 대해 생각하는 시간을 갖는다.
2. 눈을 감고 적당량의 점토를 굴려 공처럼 둥글게 만들고 가족을 생각하면서 느낌따라 형상화한다.
3. 눈을 뜨고 만지던 점토를 보면서 연상되는 가족이 있는지 떠올린 후 보완 작업을 통해 가족의 특성을 구체화한다.
4. 위의 방법으로 또 다른 가족상을 만든다.
5. 모두 완성이 되면 가족 각자의 목소리를 흉내 내어 그 가족이 주로 하는 이야기들을 표현하고 그 가족에게 하고 싶은 이야기를 한다. 구성원들은 각자의 느낌에 대해 함께 공유한다.

- **치료자의 역할** : 이러한 작업의 나눔 과정은 구성원들의 감정 깊은 곳에 내재된 상처와 관련하여 예측할 수 없는 강한 감정을 불러 일으킬 수도 있다. 치료자는 구성원들의 감정을 존중하고 그들의 가족에 대한 비판적인 태도는 절대 배제되어야 한다. 간혹 경험이 부족한 치료자들은 긍정적인 지지체계로서 가족관계를 이해시키려는 동기로 구성원의 행동과 생각에 조언을 하거나 가족을 이해시키려는 태도로 인해, 구성원으로 하여금 이해받지 못한다는 오해를 만들 수 있다. 그로 인해 집단경험에 저항을 일이키거나 침묵하는 상황으로 이끌어 갈 수도 있으므로 이 점에 유의해야 한다.

[기법 53] 가족워크샵에서 표현된 한 가족의 작품

기법 54 : 내 안의 집단

- **효과성** : 구성원들은 이 작업을 통해 집단의 소속감을 강화하고 관계 경험의 기회를 제공받게 되며 치료자는 집단에 대한 구성원들의 감정을 이해할 수 있는 기회가 된다.

준비물 : 큰 덩어리 점토, 점토 조각도, 점토 회전판, 아크릴 물감, 크레파스 등

방 법 : 1. 큰 덩어리 점토를 구성원들 가운데에 두고 둘러앉는다.

2. "지금-여기"에서의 집단에서 느껴지는 느낌을 나눈다.
3. 나눈 이야기를 종합하여 집단을 표현한다. 이때 덩어리 점토를 회전판 위에 올려놓고 돌려가며 공동 작업을 할 수도 있고 조각으로 나누어 각자의 개별 작업이 집단으로 모아지게 할 수도 있다.
4. 완성이 되면 과정에 대한 느낌을 나누고 하나의 이야기로 통합해 본다.
5. 제목을 붙인다.

- **치료자의 역할** : 집단 점토작업은 점토의 특성과 집단의 독특성이 합해져 각자의 감정이 더욱 쉽게 집단에 투사될 수 있다. 경우에 따라서는 의존성과 저항, 힘과 지배성이 두드러지기도 하는데 이것은 치료자에게 보다 구체화되고 투사되어 드러날 수도 있다. 따라서 치료자는 이 과정의 상징적 의미와 긍정적 또는 부정적으로 나타날 수 있는 표현들을 보호함으로써 지탱해주는 모성과 안전한 울타리로서의 심리적 환경을 제공할 수 있어야 할 것이다.

7. 직물을 사용한 기법

직물은 인간이 태어나면서부터 가장 친숙한 재료라 해도 과언이 아니다. 따라서 인지적 수준이 낮거나 감각에 손상이 있는 사람들에게는 회상적 자극을 가져다주며 시각에 손상이 있는 사람들에게는 친숙하고 편안한 느낌으로 만날 수 있는 재료이다. 또한 직물은 우리들 가장 가까이에 존재하므로 특별히 원하는 것이 있지 않는 한 언제든지 재활용품을 구입할 수 있다. 자투리 직물 또한 쉽게 얻을 수 있다는 장점과 친숙함 때문에 나의 치료

적 재료에서 늘 등장하는 재료 중의 하나이며 가장 아끼는 재료이기도 하다. 직물의 사용 용도는 워밍업과 동작 기법에서, 깊은 내면 작업의 안정된 공간으로 천연 염색과 바느질 등 다양한 방법으로 사용된다. 여기에서는 보편적인 접근의 몇 가지 방법만 소개하기로 하겠다.

1) 재료와 용도

직물

구입할 수 있는 직물은 무엇이든 모두 다 사용할 수 있다. 특히 광목은 그림의 화면으로도 유용하며 철 지난 직물 샘플 책자와 자투리 가죽 조각도 훌륭한 재료가 된다. 다양한 직물은 그림 작업에서 화면으로도 콜라주 재료로도 사용이 된다.

염색재료

과거 나의 임상작업에서는 천연 염색만을 고집해왔으나 천연염색은 치료 상황에서 쉽게 적용하기 어렵고 보편적인 방법은 아니므로 일반 염료를 사용한 홀치기 염색과 잉크를 사용하여 우연의 환상적인 효과를 경험할 수 있다. 일반염색 재료는 화방에서 쉽게 구할 수 있고 사용 방법도 쉬워서 경험이 없는 사람에게도 무리 없이 적용할 수 있다.

바느질 재료

바느질할 수 있는 다양한 색실과 바늘을 준비하고, 바느질을 못하는 구성원을 위해서는 글루건을 준비하는 것도 가능하다.

그 외에도 가위, 스프레이, 신문지, 고무장갑 등이 있다.

2) 직물 사용 전에 고려해야 할 사항

- 직물의 유형에 따라 바느질의 다른 특성이 있으므로 집단 전에 미리 천의 특성을 확인함으로써 작업에 불편함이 없도록 도울 수 있다.
- 염색을 위한 직물은 사전에 풀을 먹이지 않은 워싱이 된 것인지 확인해야 한다.

3) 낮은 수준의 인지기능과 신체기능 집단

직물의 다양한 디자인과 색감, 재질의 차이는 구성원들의 촉각적 자극과 감각 자극에 도움을 주며 미학적 기쁨까지 경험하도록 돕는다. 특별히 부드러운 직물은 안정감을 가져다주어 치료적 퇴행으로 안내하기도 한다. 하반신 신체기능의 제한으로 목발을 집거나 휠체어를 탄 구성원에게 대형 광목천과 같은 직물은 휠체어 바퀴와 목발에 물감을 묻혀 천위를 지나가는 자체만으로도 만족스러운 대형 벽화작업이 된다. 목발과 휠체어는 자기 신체의 연장선상의 의미를 담고 있으므로 점과 선과 다양한 색으로 형성된 벽화는 구성원 자신의 일부로서 경험되며 자신감을 북돋운다는 장점이 있다.

기법 55 : 직물조각 벽걸이

- **효과성** : 이 과정을 통하여 다양한 질감을 경험함으로써 인지적 · 감각적 자극뿐만 아니라 자신들의 창조성과 잠재력에 관여될 수 있을 것이다.

준비물 : 다양한 크기와 다양한 재질의 직물, 화면 용도의 천, 바늘과 실 또는 글루건, 접작체, 다양한 오브제

방 법 : 1. 재료를 구성원들 앞에 배열하고 직물의 질감을 느껴보고 마음가는 직물을 선택하도록 안내한다.
2. 선택한 직물의 색은 무슨 색이고, 촉감은 어떤지, 생각나는 것에 대해 이야기한다.
3. 화면에 선택한 직물의 디자인 형태를 오려내거나 원하는 형태로 바느질한다. 바느질을 못하는 구성원에게는 접착제로 붙일 수도 있다고 설명한다.
4. 완성이 되면 다양한 형태로 변화된 직물의 형태를 감상하고 느낌을 교류한다.

- **치료자의 역할** : 색과 형태, 재질의 인식, 촉각 등의 변화를 사용함으로써 구성원들의 단계별 인식과 감각을 증진시킬 수 있을 것이다.

[기법 55] 자연의 소리

광목에 조각천과 가죽조각 및 자연재료와 다양한 오브제를 사용하여 콜라주기법으로 표현한 벽걸이

기법 56 : 기억나는 사람

- **효과성** : 이 작업은 특히 인지기능과 감각 손상이 심한 치매나 노인집단에 유용한 기법으로 쉽고 간단한 방법이며 빠른 시간 안에 여러 개의 인형을 만들어낼 수 있다. 이 과정은 잠재해 있는 정서와 관계 경험들을 회상시키고 반응을 자극하여 현실에 직면하고 적응적이 되도록 안내할 수 있는 기회가 되리라 본다.

준비물 : 부드러운 천 조각, 융 시트, 가위, 목공 본드, 기본색의 마커펜, 다양한 오브제, 다양한 성과 포즈를 취한 인형모형

방 법 : 1. 집단 전에 미리 천을 반으로 접어 인형의 본을 뜬 재료와 기타 재료를 구성원들 앞에 놓아둔다.

2. 다양한 인형본이 그려진 천을 만져보고 마음에 드는 형태를 선택한 후 어떠

한 느낌이 드는지, 무엇이 마음을 끌었는지 등에 대해 이야기한다.

3. 준비된 인형의 모형을 가위로 오려낸다. 이때 신체기능이 자유롭지 못한 구성원들에게는 치료자의 도움이 필요할 수 있다.
4. 원하는 인형들을 융 시트 위에 붙이고 마커로 얼굴을 그리거나 주변의 배경을 그리도록 한다.
5. 완성이 되면 각자가 표현한 인물에 대한 설명과 함축된 내용들에 대해 공유한다.

- **치료자의 역할** : 인지기능이 낮은 구성원들은 쉽게 좌절감을 느끼므로 구성원들에게 재료를 선택하게 하거나 색에 대해 다룰 때 기능수준을 고려하여 지시해야 한다. 한 번에 여러 가지를 제시하지 않고 한 번에 한 가지씩 제시해야 선택의 혼돈으로 인한 상실감을 예방할 수 있다. 또한 재료를 제공할 때도 일관성있게 순서대로 분배함으로써 왜곡된 사고와 부정적 감정을 자극하지 않도록 해야 한다. 부드러운 재료를 선택적으로 제공함으로써 미적 · 감각적 자극에 더욱 도움이 될 수 있다.

기법 57 : 만남

- **효과성** : 수채물감이 번지듯 우연에 의한 색감과 형태가 구성원들의 흥미를 자극할 뿐 아니라, 방법이 쉬워서 미술 작업을 처음 시작한 구성원이나 미술작업에 대해 불편감을 느끼는 구성원들에게 적절한 기법이다.

준비물 : 염료(또는 수채화물감), 8절지 정도 크기의 염색할 직물, 스프레이, 용기, 가위, 실, 바늘, 테이블 보

방 법 : 1. 집단 전에 미리 염료가 바닥에 스며들지 않도록 작업대 위에 테이블보를 깔고 준비된 재료를 펼쳐 놓는다.

2. 좋아하는 색의 염료를 선택하도록 하고 그 색과 관련된 어떠한 경험들이 있는지 어떠한 느낌들이 있는지 이야기 한다.

3. 천을 바늘로 꿰매거나, 묶거나, 나무 막대로 천을 감거나, 꼬아 비틀거나 해서 염료에 부분적으로 담근 다음 들어내어 펼쳐보면 우연의 문양과 색감들이 환상적인 아름다운 모습으로 드러나는 것을 볼 수 있다. 이때 보완그림을 위해 스프레이로 염료를 뿌릴 수도 있고 붓으로 그림을 그려 넣을 수도 있다.
4. 완성이 되면 색들의 만남에서 무엇이 떠오르는지 이야기한다.
5. 각자의 작품을 전시하고 제목을 붙여본다.

- 치료자의 역할 : 염색 방법을 안내하는 준비과정에서 제3의 손인 치료자의 역할이 적절하게 제공될 수 있어야 할 것이다. 만남이라는 이 과제가 구성원들에게 침범이 아닌 즐겁고 편안한 관계로 확장될 수 있도록 돕기 위해서는 치료자의 여유롭고 따뜻한 배려가 더욱 요구되리라 본다.

[기법 57] 흐르고 만나고 지키기 위해 섬이 된 사람들

광목천에 감물을 사용하여 찍고 흘리고 뿌리기 등의 기법으로 표현된 이미지에서 다양한 표정의 사람들이 보이고...

기법 58 : 우리 그리고 나

- **효과성** : 함께 하는 이 과정을 통해 구성원들의 집단 소속감과 응집성을 강화하고 신뢰할 수 있는 사회적 관계로 안내하는데 도움이 된다.

준비물 : 워싱된 광목천, 염료, 용기, 붓, 테이블 보

방 법 : 1. 염료가 바닥에 스며드는 것을 방지하기 위해 집단 전에 테이블 보를 깔고 재료를 주변에 배열한다.

2. 구성원들로 하여금 원하는 색의 염료를 선택하여 준비하도록 한다.
3. 구성원들 각자 옆 사람과 손바닥을 마주하고 접촉을 시도하여 이완과 신뢰된 공간을 확인하게 한다.
4. 손바닥의 접촉 느낌에 대해 좋거나 싫거나 따뜻함 등의 느낌을 서로 공유한다. 이때 치료자가 긍정적인 역할 모델로서 공감적 태도를 보이는 것은 작업의 지지적 지원을 위해 매우 중요하다.
5. 원하는 색의 염료를 묻힌 붓으로 손바닥을 칠하고 구성원 자신의 앞에서 부터 가운데 또는 양 옆으로 손바닥 찍기를 확장한다. 구성원들이 원하면 발바닥 찍기로 확장할 수도 있다.
6. 완성이 되면 재미있었는지 다른 사람이 가까이 갔을 때 또는 다른 사람의 손이 자신의 손과 겹쳤을 때의 느낌 등에 대해 공유한다.
7. 구성원들이 잘 볼 수 있는 곳에 전시하고 제목을 붙여 본다.

- **치료자의 역할** : 이 과정은 집단활동을 통해 자기인식과 타인과의 관계를 안내하는 작업이다. 따라서 치료자는 구성원 개인이 자신의 손자국과 다른 사람의 손이 겹치고, 나란히 가고, 혼자 가는, 그리고 색감의 풍경들이 보호받고 지지받고 초대된 느낌을 가질 수 있도록 충분히 지지적인 심리적 환경을 제공해야 한다.

4) 중간수준 이상의 인지기능 집단

이러한 집단에서 직물은 좀 더 복잡하고 특별한 작업으로 삶의 깊은 측면을 다루도록 안

내될 것이다.

기법 59 : 내가 여기에

- **효과성** : 치료공간 자체가 신성한 공간으로서의 상징성을 갖지만, 자기만의 공간 또는 집단의 안정감 있는 공간은 초기 집단에서 집단의 소속감과 각자의 개별성을 존중받음으로써 자기 가치감을 느끼게 한다. 이 과정은 또한 개인들의 특성을 충분히 보여주므로 초기 집단의 자기소개 작업으로도 매우 적절하다.

준비물 : 광목(그 날의 재료와 도구를 가져다 두고 작업을 위한 개인 공간이 될 만한 크기의 천), 바느질 도구, 가위, 아크릴 물감 또는 염료, 다양한 조각천, 글루건

방 법 :
1. 구성원들이 집단에 들어오기 전에 재료들을 작업 공간 가운데에 미리 가져다 둔다.
2. 구성원 자신의 소개와 함께 집단에 대한 기대, 욕구, 시작에 대한 느낌 등을 이야기한다.
3. 집단에 대한 기대와 자기를 집단이라는 신성한 공간에 들여온다는 의미를 부여하면서 자기 공간 또는 전능적인 자기만의 방을 상상해 보도록 한다.
4. 작업공간이 될 만큼 충분한 크기로 광목천을 자르고, 그림이나 바느질 또는 글루건을 사용하여 자기를 상징하는 표현을 하거나 조각천으로 상상한 디자인을 광목천에 표현한다. 이때 반드시 자기 이미지 표현을 해야 하는 것은 아니며 집단참여에 대한 기대를 표현할 수도 있고 생각나는 무엇이든 가능하다고 전달한다.
5. 완성이 되면 집단이라는 또 하나의 삶의 경험을 담을 시작점에 대해서 그리고 표현된 자기만의 공간에 대한 느낌과 그 과정에서 얻게 된 경험을 소개하도록 한다.
6. 결과물은 이후의 집단 작업에서 항상 자기가 앉을 공간에 놓여지도록 안내하고 회기 시작 전 여유시간에 그날의 시작 느낌이나 원하는 무엇이든 계속 채

워갈 수 있다. 만약 책상과 의자를 사용하는 치료실이라면 원하는 벽의 공간에 전시함으로써 매 회기마다 빈 공간에 추가 작업을 할 수 있도록 하는 것도 의미있는 방법일 수도 있다.

- **치료자의 역할** : 구성원들이 자기 정체성을 확고히 하도록 "내가 여기에 있다"는 상징적 표명을 할 수 있도록 지지하고 격려하여야 한다. 이는 치료자가 인간에 대한 진정한 존중과 신뢰와 가능성에 대한 확신을 가지고 다가갔을 때 더욱 가능하리라 본다.

[기법 59] 비어있어 평안하고 쉴 수 있을 것 같은 나의 시작공간

집단워크샵에 참여한 한 여성이 첫날 감물과 쪽물로 염색된 천을 선택하여 원형의 작업공간을 구성하였다. 가장자리 한켠에 홍화와 쪽물로 염색된 천을 사용하여 꽃밭을 표현하여 쉼터라고 하였고, 이날의 표현을 시작점으로 앞으로 이어질 매회기의 작업때마다 채워져갈 계획없는 시작에 기대를 담았다.

기법 60 : 우리 함께

- **효과성** : 맘껏 뿌리고 문지르며 신체적인 접촉을 통해 친숙함과 통제성 없는 자유로운 에너지 발산을 가능하게 한다. 따라서 과정 자체가 개인의 억압되고 막혀있던 방어막을 내려놓게 하며 집단소속감과 응집력을 더욱 강화시켜 준다.

준비물 : 두께감 있는 광목천(가로, 세로 120cm 정도의 크기), 아크릴 물감, 음악(대상 따라 선택), 콜라주 재료, 신문지

방　법 :
1. 바닥에 물감이 스며드는 것을 방지하기 위해 신문을 깔고 그 위에 광목천을 펼친 후 구성원들을 광목천 주변에 둘러앉도록 안내한다.
2. 어린 시절 놀이터에서, 갯벌에서, 모래위에서의 경험을 이야기한다.
3. 광목천 위에 붓으로 손으로 발로 어떠한 방법으로든 원하는 대로 놀이터라고 생각하고 맘껏 낙서하며 놀 수 있다고 설명한다.
4. 조용한 음악으로부터 시작하여 구성원들의 작업 분위기에 따라 음악을 제공한다.
5. 놀이가 끝나면 신문지로 징검다리를 만들어 세면실까지 옮겨가서 손과 발을 씻도록 한다.
6. 놀이터가 되었던 작품을 가운데 두고 주변을 순례하며 마음을 끄는 곳에 잠깐 머물러본다.
7. 즐거웠는지 불편한 점은 없었는지 느낌과 경험에 대해 공유한다.
8. 작품에 나타난 형태와 색감에서 연상되는 것을 찾고 콜라주 재료와 물감을 사용하여 형태를 수정하고 보완하여 마무리 한다.
9. 벽에 전시하고 전체적인 느낌과 경험을 교류하고 제목을 붙인다.

- **치료자의 역할** : 이 작업은 마음껏 퇴행하게 하고 충분한 이완 경험을 가능하게 한다. 반면에 정신적인 혼돈이 있거나 지나치게 산만하거나 조증적 징후나 성향을 가진 구성원의 집단에서는 증상을 더욱 강화시킬 수 있으므로 유의해야 한다. 지나치게 강박적이고 소극적인 구성원에게는 매우 위협적인 작업이 될 수도 있으므로 관계형성이 어느 정도 가능해졌을 때 그리고 치료자의 환경에 대해 구성원들이 신뢰할 수 있을 때 이 작업

을 제공할 수 있을 것이다. 치료자는 최대한 통제하지 않고 안전한 환경과 분위기를 조성하고 지지적인 경험으로 안내해야 한다. 마무리 단계에서는 안정적인 분위기로 내적 작업과 집단 경험을 정리할 수 있도록 느낌교류와 보완작업을 안내함으로써, 카타르시스 뿐 아니라 치유적 경험으로서 구조화시키고 현실로의 복귀를 돕고 사회적 관계 또한 강화할 수 있으리라 본다.

[기법 60] 엉망진창 난장판에서 찾은 꽃길과 생명의 숨길

기법 61 : 인형

- **효과성** : 이 과정은 일상의 생활과 관계 뿐 아니라 자기 불안과 정서적 감정을 무의식적으로 인형에 투사하게 되므로 자기의 실체를 받아들이고 자신의 내면과 외면의 대극적 요소를 통합하는데 도움이 된다.

준비물 : 면 또는 융 종류의 직물, 다양한 천, 바느질 도구, 가위, 솜, 털실, 악세사리

방　법 : 1. 재료들은 집단시작 전에 구성원들이 사용하기 쉽게 준비해둔다.

2. 기억나는 사람들, 자신의 성장 과정들을 돌아보며 떠오르는 사람이 있는지, 자신의 어떠한 모습이 가장 기억나는지, 어떠한 모습이고 싶은지에 대해 이야기한다.
3. 원하는 재료를 선택하여 신체형태를 디자인하고 몸체를 오려낸 다음 바느질하고 솜을 넣어 몸체가 완성되면 옷과 머리와 기타 장식을 하고 얼굴표정을 완성한다.
4. 인형을 유기체로서의 자기와 동일시하고 투사적 기제를 사용하여 이야기한다.
5. 과정에서의 느낀 점과 자신에 대해 알게 된 점에 대해 나누고 그 느낌을 연극화 할 수도 있다.

- **치료자의 역할** : 겪어온 삶의 여정을 돌아보고 인형의 모습으로 투사된 자신의 정서와 감정이 어떻게 반영되는지 직면할 수 있도록 돕는다. 가능하다면 인형에 투사된 자신의 정서가 현실관계에 어떠한 영향을 미치는지, 원하는 자기 모습은 무엇인지, 앞으로의 방향에 대해서도 공유할 수 있도록 지지한다.

[기법 61] 가족

기법 62 : 집단 만다라

- **효과성** : 집단과정은 구성원들을 둥근 원형이라는 형태가 가지는 통합공간으로 안내하고 심리적 집단 융합을 강화한다. 그러한 경험은 구성원 간에 보다 지지적이고 신뢰로운 집단의식 뿐 아니라 자기 인식을 가능하게 한다.

준비물 : 가로, 세로 180cm 이상 크기(또는 참여 구성원 개인당 전지 1장 정도로 인원수만큼 모은 크기의 원형)의 워싱된 광목천, 아크릴 물감, 다양한 오브제들, 붓, 접착제, 가위, 움직임을 돕기 위한 다양한 색의 사각천, 음악

방 법 :
1. 광목에 원형을 미리 그려서 집단 가운데에 펼쳐두고 주변에 그 외의 재료를 준비해둔다.
2. 구성원들은 필요에 따라 명상 음악을 제공하거나 원하는 색의 동작용 천을 선택하도록 제시하여 원형의 둘레에 서서 시계방향을 따라 걸으며 느낌(또는 음악의 흐름)에 신체를 맡긴다.
3. 원을 돌다가 마음이 닿는 곳이 있으면 그곳에 멈춰서고 모두가 움직임을 멈추면 원을 향해 선다.
4. 안내자의 지시에 따라 반대편의 대각선 지점에 있는 마주보고 선 두사람으로부터 원 안을 돌며 편안한 공간을 탐색하고, 한사람이 나가면 다른 한 사람이 같은 경험을 하여 모두가 이 과정을 경험하도록 안내한다. 이 과정이 끝나면 원 안의 경험에서 편안함을 느꼈던 공간에 들어가 앉거나 서서 안내에 따라 명상을 통해 자신이 그곳에 뿌리내리고 성장해가는 과정을 상상한다.
5. 필요한 재료를 선택해 4의 경험에서 선택한 그 공간으로부터 떠오른 연상을 그림 그려가면 된다. 이때 다양한 재료를 덧붙이고 천을 붙이거나 바느질하여 만다라를 완성한다.
6. 개인작업이 끝나면 전체적으로 균형감이 있는지 살펴보고 서로 합의하여 부족한 부분을 채운다.
7. 창작과정에 대한 느낌과 경험된 정서를 나누고 자신에 대해 알게 된 것들에 대해 공유한다.

8. 나눔에 대한 느낌을 통합하고 합의하여 제목을 붙인다.

- **치료자의 역할** : 구성원들의 특성에 따라서는 형태를 무시하고 자기 공간을 벗어나 전체가 경계를 벗어난 혼돈의 융합으로 갈 수도 있다. 이때 치료자는 당황하지 않고 스스로 방향을 찾아갈 수 있도록 기다려 줄 수 있어야 한다. 충분히 작업이 끝나면 그 상태에서의 경험을 교류하면서 연상의 길을 따라 조화를 찾도록 지지함으로써 중심과 균형의 통로로 안내할 수 있으리라 본다. 이때 개인적인 작업으로 움직임과 그림작업을 반복적으로 사용할 수 있다.

[기법 62] 2006년 숙명여대 미술치료전문과정 1단계 심층워크샵에서 수강생들의 집단만다라와 소망의 병

(표현예술로 만나는 정신건강이야기 "그림 21-3" 인용)

이 작품은 1박 2일 심층워크샵을 진행한 그 해 여름에 KEAPA 전시회에 출품되었으며, 집단만다라 아래에 색 천으로 엮어 장식된 형식은 전시효과를 위해 표현된 것이다. 소망의 병은 심층워크샵에서 집단만다라 후에 진행된 작업물이며 역시 전시효과를 위해 함께 출품되었다.

8. 콜라주를 사용한 기법

1900년대 초기에 시작된 콜라주(또는 파피에콜레)의 표현 양식은 자연물이 모티브가 되어 제작되는 것으로부터 이탈되어 예술가의 자립정신을 확립하려는 유럽의 미술운동에서 시작되었다 파피에콜레(papiercolle)의 어의는 종이붙이기 작품이라는 뜻으로 여러 가지 종이재료를 물감과 같은 표현 소재와 함께 사용하여 상상의 작품을 만드는 것이다. 콜라주(collage)는 프랑스어로 풀 바르기 또는 붙여 바르는 것을 의미하며 일상생활에서 만날 수 있는 여러 재료를 자유롭게 붙이거나 조립하여 시각 공간을 만드는 것이다.

이러한 콜라주 기법은 그림 작업에 불편감을 느끼는 집단에서 매우 유용한 방법이다. 콜라주는 시작 과정에서 접착제를 사용하게 되는데 치료자는 기능의 수준과 관심의 수준에 적절한 재료와 도구 선택과 사용방법에 특히 유의해야 할 것이다.

1) 재료와 용도

접착시트지 : 인지기능 또는 신체기능이 낮은 집단에서 쉽게 사용이 가능하다.

글루건 또는 접착제 : 재료를 접착시킬 때 사용된다.

전지, 도화지, 천, 캔바스, 우드락 등 : 콜라주의 배경화면으로 사용된다.

복사기 : 연속물을 만들기 위해서 사용된다.

아크릴 물감 : 채색을 위해 또는 콜라주 재료로 사용된다.

이외에 다양한 결이 있는 종이, 금속제품, 목제품, 유리제품, 석재, 풀, 포장지, 호일, 끈, 천, 실, 곡식류, 나무껍질, 나뭇잎, 열매, 깃털, 장난감, 사진, 잡지책, 조개껍질, 돌, 모래, 깨진 그릇조각, 모든 폐품과 잡동사니, 재활용품 등이 사용될 수 있다.

2) 콜라주 재료 사용 전에 고려해야 할 사항

- 글루건이나 접착제 사용이 가능한 집단인가
- 통제되지 않은 공격성의 위험은 없는가
- 다양하고 충분한 재료가 준비 되었는가
- 위험성 있는 재료는 어떻게 다뤄질 것인가

3) 낮은 수준의 인지기능과 신체기능 집단

일반적으로 아동의 경우는 그림 작업에 쉽게 참여하는 것을 볼 수 있다. 그러나 청소년과 성인기에 있는 구성원들은 그림에 대한 거부가 있을 수 있으며 인지 기능이 낮은 경우 더욱 어려움을 느낄 수 있다. 따라서 인지적으로나 신체적으로 낮은 기능수준에 있는 집단을 위해서는 복잡하지 않고 단순하며 쉽게 접근할 수 있는 미술재료 선택과 방법이 매우 중요하다. 공격성이 노출되는 구성원 집단에서는 재료의 안전성이 고려되어야 하며 신체적 기능에 어려움이 있는 경우에는 쉽게 재료를 붙일 수 있는 화면과 재료를 선택해야 할 것이다. 시각적 제한성이 있는 구성원들에게는 검정색의 화면을 제공하는 등 아주 작은 부분에까지 배려하지 않으면 좌절감을 안겨줄 우려가 있으므로, 치료자는 항상 구성원의 특성을 고려하여 최선의 선택을 위해 노력해야 한다.

기법 63 : 생활 속의 이야기

- **효과성** : 일상생활에서 만날 수 있는 자유롭고 편안한 재료가 주는 창작의 재미와 즐거움을 갖게 한다. 치료자의 적절한 주제선택과 집단 역동 사용이 가능하다면 구성원으로 하여금 관계성의 만족을 더욱 가능하도록 안내할 수 있을 것이다.

준비물 : 접착시트(전지 2장 정도의 크기), 다양한 오브제, 가위

방 법 : 1. 집단이 시작되기 전에 미리 접착시트를 벽에 붙여두고 온갖 재료는 사용이 용이하도록 시트 가까이에 옮겨 놓는다.
2. 일상생활에 연속되는 이야기들과 관계 맺는 사람들에 대한 이야기를 나눈다.
3. 벽에 붙어 있는 시트에 원하는 재료들을 붙인다.
4. 연상되는 이야기들과 느낌을 나누고 제목을 붙인다.

- **치료자의 역할** : 이 과정에서 치료자는 참여하지 못하는 구성원들과 한 곳에만 머무는 구성원을 다른 구성원과 함께 상호작용 할 수 있도록 지지하고 협력적인 관계로 안내할 수 있어야 한다. 필요에 의해서는 사회기술 훈련으로서 역할놀이를 연결할 수도 있다.

기법 64 : 틈새의 조화

- **효과성** : 창의적인 배열과 자유로운 평면의 분할은 구성원들의 현실감각을 자극하고 적극적인 창의력을 자극한다.

준비물 : 8절지 크기의 판지, 글루건(또는 본드), 콜라주 재료들(색유리 조각, 금속, 단추, 곡식, 병뚜껑 등)

방 법 : 1. 판지와 재료들을 작업대 위에 올려놓는다.

2. 재료를 보고 무엇이 가장 먼저 눈에 띄고 신경이 쓰이게 하는지 또는 어떤 형태와 색상이 유난히 마음을 끄는지 어떠한 느낌과 경험의 기억이 떠오르는지 등에 대해 함께 공유한다.
3. 각자의 앞에 놓인 판지 위에 떠오른 느낌과 생각을 토대로 배경을 색과 형태로 채워간다.
4. 판지 전체가 메꿔지도록 형태 주변을 돌려가며 글루건을 사용하여 재료들을 붙인다. 이때 구성원들이 글루건에 화상을 입지 않도록 유의해야 한다.
5. 완성이 되면 느낌을 공유한다.
6. 제목을 붙인다.

- **치료자의 역할** : 치료자는 구성원들이 자신의 작품에서 예술가적 창조성을 느끼도록 지지함으로써 기능의 분열을 극복하기 위한 생생하고 조화로운 공간으로 안내할 수 있으리라 본다.

[기법 64] 바닷 속 이야기

예술치료사들의 매체연구에서 한 치료사가 다양한 오브제를 사용하여 표현한 틈새의 조화

기법 65 : 나와 닮은 점과 다른 점

- **효과성** : 유사한 관심과 다른 관심에 대한 구성원들 간의 공감적 유대를 기대할 수 있으며 자신의 신체상에 대해 자존감을 강화하고 존재감과 긍정적 자기인식의 기회가 될 수 있다.

준비물 : 도화지, 풀, 신체부분 사진(눈, 코, 입, 손, 발, 머리, 몸 등)

방　법 : 1. 신체부분을 미리 잘라서 부분 별로 준비해둔다.

2. 사진들 가운데 관심가는 것을 선택하고 도화지에 붙인다.
3. 각자의 완성품을 집단에 개방하고 같은 부분을 붙인 구성원 간에 각자가 선택한 것의 유사점과 차이점에 대해 공유한다.

- **치료자의 역할** : 이 과정에서 치료자는 구성원들이 작업을 통해 느끼는 감정을 다룰 수 있도록 도우며 집단의 지지체계를 통해 긍정적인 자기상을 확인하는데 초점을 두고 안내해야 한다.

[기법 65] 이제는 더 새로워진 내 모습을 보여줄거야

기법 66 : 기억의 성

• **효과성** : 일반적이지 않으면서 쉽고 다채로운 재료의 경험을 통해 예술적 창작의 재미와 조화로움을 느낄 수 있으며 내적 세계를 표현하고 탐구하는 기회와 카타르시스를 경험할 수 있다.

준비물 : 판지 또는 캔바스, 핸디코트, 나이프, 색구슬, 색돌, 색실, 자연물, 폐품 등 다양한 오브제

방　법 : 1. 재료를 구성원의 가운데에 가져다 둔다.

2. 원하는 크기의 캔바스(또는 합판)를 선택하도록 하고 핸디코트를 두껍게 바른다. 이때 치료자가 시범을 보임으로써 익숙하지 않은 재료에 대해 두려움

을 감소시켜 줄 수 있다.

3. 캔바스 위에 재료들을 붙인다.(피부가 약한 경우 핸디코트를 직접 손으로 만지지 않고 비닐장갑 등을 사용하도록 주의를 주고 사용후 충분히 손을 씻어 피부자극으로 인한 피해가 없도록 유의해야 한다)
4. 완성이 되면 과정에서 어떠한 감정을 떠올렸고 무엇이 표현되었는지에 대한 느낌을 나눈다.

- **치료자의 역할** : 작업과정의 감정적 흐름에 대한 치료자의 반영적 자세는 구성원들에게 보다 만족스런 경험을 가능하게 할 것이다.

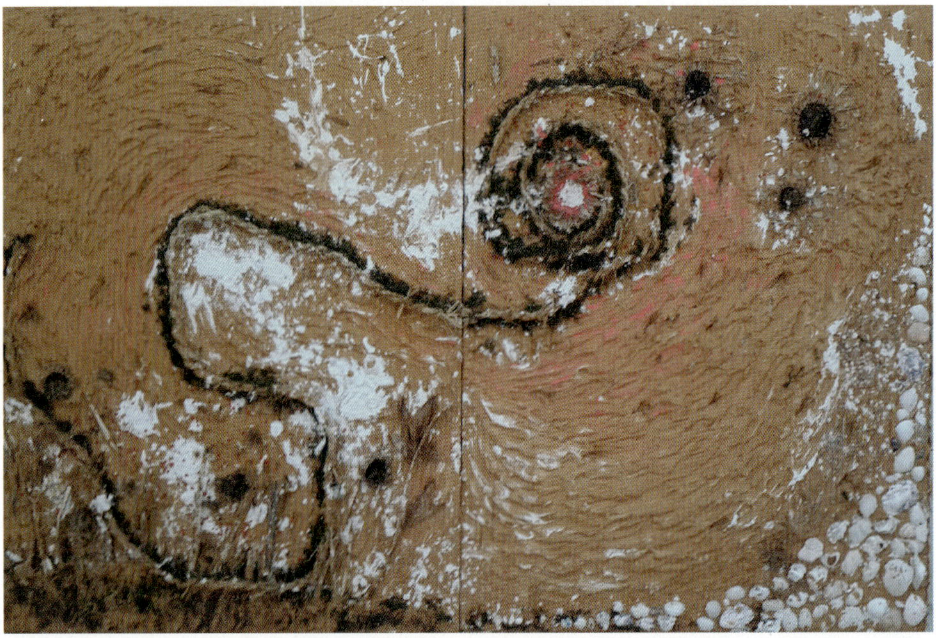

[기법 66] keapa 광주지부 치료사들의 핸디코트와 자연재료를 사용한 집단작품

4) 중간 수준이상의 인지기능 집단

중간 정도의 인지능력이 있는 구성원들의 작업에서는 작업 수준을 자신의 내면과 외면의 반영과 조화에 중점을 두고 접근함으로써 자기탐구와 적극적인 사회적 상호작용으로 안내할 수 있다.

5) 높은 수준의 인지기능 집단

고기능의 인지적 수준에 있는 집단에서는 보다 불규칙적이고 추상적인 개념을 상징화하는 주제의 콜라주 작업도 가능하므로, 다양한 재료와 자유로운 연상작업으로 집단참여의 목표를 직접적이고 구체화 하도록 돕는다.

기법 67 : 탯줄

- **효과성** : 끈과 관련된 재료들의 조화로운 연결작업은 예술가다운 창작경험의 만족감을 제공한다. 이 과정을 통해 구성원들은 개인마다 이미 가지고 태어난 창조성과 초기발달에서의 반영경험을 회상하고 느끼게 된다. 이 과정에서 치료자의 적절한 안내는 구성원들로 하여금 집단이 보다 편안하고 안전한 공간으로서 자유로운 경험을 가능하게 한다.

준비물 : 다양한 끈과 색실, 판지 또는 캔바스, 구슬, 색돌, 색유리, 나뭇가지, 천 등의 콜라주 재료

방 법 : 1. 판지와 재료를 담은 바구니를 구성원 각자의 자리에 미리 준비해 둔다.
2. 끈이 주는 느낌을 공유하는 시간을 갖는다.
3. 판지에 마음가는 재료들을 배열하고 느낌을 가져본다. 이때 치료자가 시범을 보임으로써 익숙하지 않은 작업에서 오는 두려움을 줄여줄 수 있으나 모델을 제시하는 것은 배재되어야 한다.
4. 충분히 느끼고 연상한 후 캔바스에 원하는 실과 끈을 어느 시작점에서 연결하여 배치하도록 한다. 이때 구성원의 기능에 따라 치료자의 도움이 필요할 수도 있다.
5. 다양한 재료를 사용하여 끈의 각 지점에서 느껴지는 경험을 표현하거나 또는 의도적인 욕구의 반응에 따라 무엇이든 표현할 수 있다.
6. 완성되면 느낌을 공유하고 제목을 붙인다.

- **치료자의 역할** : 이 과정에서 실과 끈의 흐름에서 어떠한 소리가 들리는지, 어떠한 느

낌을 갖게 하는지, 어떠한 기억을 떠올리게 하는지 등에 대한 질문과 함께 제공되는 치료자의 적절한 중재와 무조건적인 수용적 자세는, 구성원들의 생애 초기에 경험했을 무의식의 기억들을 자극하고 성장의 욕구를 강화시키며 방향을 찾고 확인하는 기회를 제공해 준다.

[기법 67] 끈과 직물을 사용하여 표현하다 만나게 된 모성 그리고 방향

기법 68 : 나의 장점

- **효과성** : 치료공간으로 들어오는 많은 사람들이 진정한 자기가치에 마음을 집중하지 못하고 자신의 부정적인 부분에 더 마음을 두고 고통스러워 하는 것을 볼 수 있다. 신체상을 사용한 콜라주 작업은 구성원들로 하여금 신체화가 자신의 감정을 안전하게 담아내는 용기로서 사용되게 한다. 뿐만아니라 자신에게 필요한 것에 도전하게 하고 자기의 갈등이슈를 다루도록 도움으로써 진정한 자기 존중을 인식하게 한다.

준비물 : 신체의 부분적인 사진, 풀, 도화지

방 법 : 1. 머리부터 발끝까지 자신의 신체 각 부분을 구석구석 충분히 만져보고 느낌을 갖는 시간을 가진다.(이때 명상음악을 조용히 제공해도 도움 된다.)

2. 도화지에 자신의 마음에 드는 신체부분을 붙여 원하는 모습으로 표현한다.(기법 65와 유사한 방법이나 이 작업은 자신의 장점 수용에 초점을 두고 긍정적인 자기발견과 자기존중을 강화하는데 목표를 둔다.

3. 작업에 대한 경험과 느낀점에 대해 집단에 소개하고 공유한다.

- **치료자의 역할** : 치료자는 구성원들이 서로에 대해 긍정적인 피드백을 할 수 있도록 지지함으로써 긍정적인 자기 이해와 자존감을 강화하도록 도와야 한다. 실제적인 신체표현을 거부한다면 변형된 방법 또한 수용되어야 한다.

[기법 68] 청소년이 신체상을 변형시켜 추상적인 내면의 장점을 표현한 모습

나의 신체는 늘 무거운 돌에 짓눌려 있는 어둠의 용기라고 생각했었다. 이 작업을 통해 내 안의 밝음을 발견할 수 있었다.
이것을 발견할 수 있는 능력 또한 나의 장점이고 이제 나는 나의 가능성을 찾아 떠날 준비가 되어있다. 서서히...

기법 69 : 나의 상자

- **효과성** : 우리 모두는 긍정과 부정의 양측면을 가지고 있지만 어느 한 면을 인정하거나 수용하지 못하여 자유롭지 못하고 힘들어 하면서 숨기고 분노하게 된다. 이 작업은 고기능의 인지적 집단에서 더욱 적절할 수 있다. 여러 측면의 상자로 꾸며진 자기 이미지들을 통해 일상에서 자기 안에 어떠한 그림자들이 자기를 억압하고 있고 그에 사로잡혀 자유롭지 못했는지 직면하도록 돕는다. 그럼으로써 안전하게 자기의 그림자를 인정하고 성숙으로 향할 수 있는 용기를 갖게하는 기회로 제공될 수 있다.

준비물 : 다양한 크기의 상자들, 글루건, 목공본드, 다양한 오브제, 몇 가지 색의 스프레이

방 법 : 1. 자기 이미지를 표현할 3개 이상의 상자를 선택하도록 한다.
2. 상자는 펼칠 수도 있고 그대로 전체를 막을 수도 있으며 그 상태로 사용할 수도 있다. 각각의 상자에 숨기고 싶은 자기, 다른 사람들이 말하는 자기, 원하는 자기, 현재의 자기, 또는 알 수 없는 자기와 관련된 무엇이든 상상하여 각각의 상자에 또는 한 개의 상자에 이미지를 표현하도록 한다.
3. 완성 후 각각의 상자들은 포개어질 수도 있고 붙일 수도 있다. 어떠한 방법으로도 가능하며 자기만의 경험을 가질 수 있도록 안내하면 된다.
4. 완성이 되면 자기의 상자를 집단에 소개하고 어떠한 이유로 그 상자를 선택하게 되었는지, 무엇을 표현했는지, 느낌은 어떠한지 등에 대해 공유한다.
5. 자신의 상자에 제목을 붙인다.

- **치료자의 역할** : 이 작업은 구성원들 자신의 어두운 측면을 만나도록 자극하므로 개인에 따라서는 매우 편치 않은 작업일 수 있으므로 치료자의 무조건적인 수용과 공감적 태도가 중요하다.

이 기법은 하나의 상자만으로 자신의 그림자와 콤플렉스와 페르소나를 다룰 수가 있다. 이 과정이 한 개의 상자를 사용하는 것과 다른 점은 몇 개의 상자를 사용하여 상자가 겹치

고, 숨겨지거나 보호되면서, 언어로 표현할 수 없는 다양한 감정들을 집단에 내어 놓음으로서 보다 적극적으로 새로운 통찰을 가능하게 한다는 점이다. 그러므로 치료자의 인간에 대한 심층적 이해와 감정에 대한 공감 능력이 함께 한다면, 안전한 홀딩환경에서 구성원들이 자신의 두려움을 만나고 극복할 수 있는 힘을 갖게하는 기회로 제공될 수 있으리라 본다.

[기법 69] "표현예술치료로 만나는 정신건강이야기" 사례에 제시된 비구름의 셀프박스

기법 70 : 내 모습

- **효과성** : 이 방법은 "기법 65"와 "기법 68"과 유사한 몽타주 기법으로 초현실주의에 입각하여 다양한 인물사진을 합성하여 붙임으로써 현실에는 없는 기묘한 풍경과 이미지를 구체화하는 것이다. 다양한 재료들이 구성원들의 창의성을 자극하며 심미적 즐거움을 제공할 뿐만 아니라 내면과 외면의 자기탐색을 위한 통로를 제공한다.

준비물 : 두려움과 슬픔 또는 기쁨과 다정함을 느끼게 하는 신체 각 부분의 사진, 다양한 오브제들, 도화지, 접착제

방 법 : 1. 구성원들에게 재료탐색 시간을 제공함으로써 자신의 감정을 충분히 느껴보는 시간을 제공한다.

2. 원하는 신체 부분을 선택하고 이어서 한 사람을 완성한다.
3. 다양한 장식과 재료들을 사용하여 사진 속의 그 사람을 위해 필요한 것들로 공간을 채운다.
4. 완성이 되면 그 사람이 어떠한 직업을 가지고 있고, 무엇을 하는 사람인지, 행복한지, 두려운지, 무엇을 말하고 싶어하는지 등에 대하여 집단에 소개하는 시간을 갖는다.
5. 그림의 그 사람이 자신과 유사한 점이 있는지 다른 점은 무엇인지 생각해보고 구성원들이 동의하면 함께 토의하도록 하고 자신을 위해 앞으로 무엇을 할 수 있는지 이야기한다.
6. 그림에 제목을 붙이고 원하는 장소에 전시한다.

- **치료자의 역할** : 이 과정은 구성원들의 흥미를 자극하기도 하나 개인에 따라서는 분열적 감정을 경험하게 할 수도 있다. 치료자의 적절한 개입은 해체된 감정을 통합으로 안내할 수 있는 좋은 기회가 되기도 한다. 따라서 치료자는 안정된 심리적 공간을 제공함으로써 분열적 혼돈을 예방하고 재미와 통찰의 기회로 안내할 수 있으리라 본다.

기법 71 : 여기에 내가 있네

- **효과성** : 거울을 사용한 접근 방법으로서 거울이 우리에게 주는 현상적인 효과는 내 모습을 그대로 볼 수 있도록 비춰준다는 점 이외에 거울의 의미를 초심리학적인 측면으로 안내할 수 있다는 점이다. 거울 작업을 통해 구성원의 정신내면과 외면의 두 세계를 조화롭게 재창조할 수 있는 기회가 될 수 있으며 콜라주기법을 통해 더욱 자유로운 투사와 구체적인 자기인식이 가능해진다.

준비물 : 다양한 거울 재료들, 다양한 색과 크기의 매트를 붙인 틀, 천, 물감, 글루건, 다양한 장식과 콜라주 재료들

방 법 : 1. 재료를 구성원들의 공간 가운데에 펼쳐 놓는다.

2. 각자가 원하는 거울을 선택하고 자기만의 공간에서 거울을 통해 자기와의 만남 시간을 갖도록 한다.
3. 거울과의 만남에서 떠오른 생각들과 느낌, 예를 들면 거울이 나를 평가하는 것 같은 느낌을 받았는지, 내가 누구라고 말하는 것 같은지, 편안함을 느끼게 하는 위로가 있었는지, 무엇을 알려주는 것 같았는지 등에 대하여 이야기 한다.
4. 원하는 색과 크기의 틀을 선택하고 거울속에서 느낀 자신의 내적 이미지를 상징화하여 콜라주 한다.
5. 완성이 되면 거울을 틀 안의 원하는 위치에 붙인 후 작업과정과 결과물에서 각자의 무엇을 볼 수 있었는지, 현재 모습인지, 원하는 모습인지, 알 수 없는 무엇인지 등에 대해 공유한다.
6. 결과물에서의 느낌으로 제목을 붙여본다.

- **치료자의 역할** : 이 과정은구성원들의 문제 분석이 아니라 각자가 자신의 가능성을 발견하고 진정으로 자기를 사랑할 수 있는 힘을 갖는 기회가 되도록 안내하는 것이 초점이라는 점을 잊어서는 안 된다. 그러므로 구성원들이 거울과의 만남 경험을 솔직하게 표현하지 못하더라도 그대로 수용할 필요가 있으며, 또한 긍정적인 모습과 이미 각자가 가지고 있는 개인의 에너지를 찾아 연결해주는 지지적인 역할을 잊지 않아야 한다. 이러한 과정을 통해 구성원들은 자기 보호와 함께 내적 통찰의 힘을 갖게 되며 진정한 참 자기를 향하는 안전한 통로로서 집단을 사용할 수 있게 된다.

[기법 71] 덤불속에서 찾은 나만의 보석

좋은것도 나쁜것도 더 나쁘게 변해버린 그래서 찾기도 어렵지만 거울이 한치의 오차도 없이 내 모든것을 비추어주고 있다. 헝클어지고 엉망이되어버린 덤불속에 감추어져 잘 보이진 않지만 마음의 거울로 발견한 나의 장점들이 내게 희망으로 온다. 작업 후 이제 나를 찾아갈 수 있을 것 같다고 한 어느 여성의 내적이미지이다.

기법 72 : 나의 꿈과 희망

- **효과성** : 우리들 삶의 과정은 때로는 희망을 때로는 좌절을 느끼게 하면서 무언가를 향해 간다. 어떤 이들은 적절한 목표를 구체화하고 그것을 향해 노력하지만 구체화 할 수 없는 생각만의 꿈을 향해 끝없는 공상과 좌절을 반복하는 이도 있다. 이 작업은 우리에게 꿈의 가치와 삶의 목표와 희망을 갖게 하고 구체적인 초점을 제시해 줄 것이다.

준비물 : 다양한 크기와 형태의 투명한 병이나 상자, 화려한 색과 다양한 장식물, 다양한 오브제, 색연필, 금색과 진주빛 종이들, 가위, 끈

방 법 : 1. 다양한 색의 용지와 펜과 준비된 병들을 구성원들 각자의 가까이에 두고 필요에 따라서는 음악을 제공할 수도 있다.

2. 어린 시절부터 지금까지 또는 미래의 꿈에 대해 생각하는 시간을 가진 후, 그

꿈들이 어떠한 과정을 거치면서 지금의 자기를 있게 했는지 기록하는 시간을 가진다.

3. 원하는 색의 종이에 구성원 각자의 꿈과 희망을 기록하여 준비된 병에 넣는다.
4. 투명한 병속의 꿈들을 들여다보며 자신의 꿈이 어떻게 보이는지 느끼고 희망과 목표들이 어떠한 모습으로 내 삶에 전개되는지 상상해 본다.
5. 충분한 느낌을 가진 후 다양한 재료들을 사용하여 자신의 꿈을 상징하는 이미지들로 채운다.
6. 마음에 드는 색 끈을 병에 넣은 후 한쪽 끝의 끈은 병 밖으로 노출되도록 하여 장식하고 포장한다. 병의 입구를 막고 완성이 되면 꿈이 담긴 소망의 병을 집단에 공개하여, 구성원들이 동의한다면 옆사람에게 돌려가면서 서로의 꿈을 들여다보는 시간을 제공할 수 있다.
7. 구성원 각자는 도화지에 이 과정의 느낌을 색이나 형태로 콜라주한 후 시계방향으로 돌려서 모든 구성원이 그 사람의 종이에 전해주고 싶은 메시지를 콜라주하거나 그림 또는 글을 사용하여 전해주도록 한다.
8. 종이가 자기 자리로 돌아오면 꿈 작업의 느낌과 구성원들이 전해준 메시지에 대한 느낌과 앞으로의 계획 등에 대해 느낌을 공유한다.
9. 제목을 붙인다.
10. 이 과정의 7과 8은 집단에 따라서 적용할 수도 있고 아닐 수도 있다. 또는 개인의 과정에 대한 느낌을 그림작업으로 마무리 할 수도 있다.

- **치료자의 역할** : 이 과정에서 어떤 구성원들은 초기에 기록했던 꿈의 내용이 상징물들로 인해 가려지거나 의도적으로 숨기기도 한다. 이때 치료자는 무시나 자랑스러움과 관련된 구성원들의 감정을 이해하고 어떠한 꿈도 가치있고 아름다우며 우리와 함께하며 자신의 성숙을 돕는 에너지이자 자원이라는 것을 받아들이도록 지지함으로써 구체적인 도움이 되도록 안내한다.

[기법 72] 2014년 숙명여대 미술치료전문과정 6단계 종강워크샵에서 한 수강생의 소망의 병과 내마음의 정원

9. 다양한 기법

치료집단에서 사용할 수 있는 작업은 정해진 기법이 있는 것이 아니라 다양하고 창의적인 모든 방법이 가능하다. 여기에서는 나의 임상에서 집단치료와 특별 워크샵에 사용했던 방법들을 소개하고자 한다. 이 장에서 안내하는 기법은 인지기능이 중간수준 이상인 일반적인 구성원 집단에서 사용하기 위한 방법이지만 앞에서 소개한 방법의 정도를 참조하면 다소 변형되고 축소된 재료와 방법으로 낮은 수준의 기능을 가진 집단에서도 충분히 가능하리라 본다.

나의 삶, 나의길 (기법 73~75)

- **효과성** : 구성원 개인의 내면에 잠재되어 있어 현재 생활에 영향을 미치는 삶의 이슈를 다루고 집단에서 지지받으면서 자유와 성숙으로 안내된다.

- **치료자의 역할** : 이 과정은 개인이 거쳐 온 삶의 역사를 다루는 작업이므로 편안하지만은 않을 수 있다. 슬픔을 느낄 수도 있고 고통과 불안이 노출될 수도 있으므로 치료자는 구성원들의 정서적 흐름에 함께 참여하고 지켜봐 주며 기다려주고 지지함으로써 작업에 집중할 수 있도록 도울 수 있을 것이다.

기법 73 : 책 만들기

준비물 : 다양한 종이들, 천, 판지, 콜라주 재료들, 가위, 펀치, 글루건, 끈

방　법 : 1. 지금까지 살아온 삶의 전 과정을 돌아본다(이때 조용한 음악이나 명상시간을 제공할 수 있음). 특정 사건의 경험과 기억들을 살펴본다.

2. 현재의 나를 상징할 수 있는 색과 원하는 모습을 생각해 보고 자신의 이미지와 닮은 재료들을 선택하도록 한 후 표지와 속지내용을 채우는 방법에 대해 안내한다.
3. 표지는 현재의 자기를 표현하거나 미래의 원하는 자기를 표현할 수 있고, 속지에는 가장 초기 기억부터 미래의 모습까지(또는 현재에서 과거로, 과거에서 다시 현재, 미래로 향하도록 안내) 중요한 사건들을 이미지로 표현하거나 글로 기록할 수도 있고 콜라주할 수도 있다(이 방법의 다른 변형기법은 "표현예술치료로 만나는 정신건강 이야기", 제7장, 제12장 참조).
4. 완성이 되면 책이 마음에 드는지, 표지와 속지 중 어느 곳에 마음을 집중했는지, 상징과 내용은 어떠한 의미를 담고 있는지 알리고 싶은 만큼 소개하도록 한다.

[기법 73] 2004년 1박 2일 동안 진행된 예술치료사들의 나만의 책만들기 워크샵에서

기법 74 : 인생곡선

준비물 : 미리 준비한 두루마리 종이, 크레파스 또는 색연필, 마커, 물감, 색지, 잡지, 풀, 가위

방 법 : 1. 다양한 색과 재료의 두루마리 화면을 각자 선택하고 채색재료를 작업공간 가까이에 펼쳐놓는다.

2. "기법 73"의 책만들기 "방법 1"과 동일한 방법으로 안내한다.

3. 두루마리를 펼치면서 초기 기억부터 각 삶의 단계마다의 특징적인 사건과 경험의 느낌 및 감정을 상징적인 이미지나 색으로 표현하거나 잡지에서 유사한 내용을 찾아 콜라주 한다. 이때 종이의 중간선을 중심으로 경험의 느낌과 감정의 수준을 위 아래 높낮이로 표현한다.

4. 완성이 되면 느낌과 과정에 대해 소개하고 공유한다.

[기법 74] 살아온 40년 삶이 귀하기만한데

중년기여성을 위한 워크샵에서 한 참여자가 자신의 삶을 돌아보며 표현한 이미지

기법 75 : 길

준비물 : 4절지 종이, 크레파스, 파스텔, 잡지사진, 색지, 음악

방　법 : 1. 재료를 구성원들의 중앙에 제시하고 원하는 재료를 선택하게 한 후, "기법 73"의 책만들기 "방법 1"과 동일한 방법으로 안내한다.

2. 크레파스를 사용하여 도화지에 시작 지점과 마지막 지점을 상상하여 점을 찍고, 시작지점에서 부터 시작하여 자신의 삶의 길이 넓고 편안한 길인지, 구불구불한 힘든 길인지, 빠른 길인지, 가다가 막혀서 갈 수 없는 길인지 회상해보며 선으로 마지막 지점까지 연결한다.

3. 각 길마다에 삶의 특정 기억과 사건을 색과 사진 그리고 그림 또는 글로 표현한다.

4. 완성이 되면 과정에 대해 소개하고 이 길이 앞으로 또 다른 길로 바뀔 수 있는지 등에 대해 공유한다.

[기법 75] 정신차려보니 이미 현실과 너무 멀어진 지금나는
청년기에 있는 대상을 위한 워크샵에서 한 참여자가 표현한 내가 살아온 길

기법 76 : 상상의 공간

- **효과성** : 자기만의 사적인 공간이 필요할 때 복잡함에서 탈출할 수 있는 침묵의 공간에 대한 자기표현을 다룬다. 뿐만 아니라 구성원들의 두려움의 그림자를 다룸으로써 극복의 기회로 안내하기도 하는데 결과적으로 그 과정은 집단의 응집성을 강화하는 긍정적인 효과로 작용하기도 한다.

준비물 : 다양한 문그림, 4절지 또는 8절지, 크레파스, 마커, 가위, 풀, 음악

방 법 : 1. 재료를 구성원들 앞에 펼쳐둔다.

2. 눈을 감을 수도 있고 뜰 수도 있으며, 음악과 함께 이완 작업 후 자기만이 들어갈 수 있는 특별한 곳으로 향하는 문이 있다고 상상하도록 안내한다.
3. 적극적인 안내를 위해 "그 곳에는 우리들이 있고 다양한 문들이 있다. 조심스럽게 문을 열고 들어간다. 어떤 문은 열리지 않아 들어갈 수 없는 방도 있고 어떤 방은 따뜻하고 어떤 방은 두려움을 느끼게도 한다"는 메시지를 전하고

구성원들이 충분히 상상의 방을 경험한 후 눈을 뜨도록 한다.

4. 문 안에 있는 상상의 장소에 대해 느낀 점과 연상된 환경을 도화지에 표현한다.
5. 상상의 문 안에서 본 환경은 익숙한 곳인지 어떤 곳인지 이야기하고 경험에 대해 공유한다.
6. 열리지 않는 문이 있었다면 구성원의 선택에 의해 그 문을 잘라서 열도록 안내함으로써 두려움을 극복하는 데 도움이 될 수 있다.

- **치료자의 역할** : 모든 개인은 어떠한 상황도 극복해 낼 수 있는 나름대로의 능력을 가지고 있으므로, 치료사의 중재역할은 개인이 가진 긍정적인 가능성에 초점을 맞추어야 한다. 그럼에도 이 기법은 자아가 약하고 정서가 혼란한 상태에 있는 집단에서는 부적절한 방법일 수 있으며, 구성원에 따라서는 "문"이라는 주제 자체가 예측하지 못한 두려움을 자극할 수도 있으므로 선택적으로 사용해야 한다.

제10장

집단미술치료의 실천모형

집단미술치료를 운영함에 있어서 치료사 나름의 이론적 근거를 지니고 있어야 한다는 사실은 선장이 항해를 하기위해 지도를 참조하는 것과 마찬가지로 지극히 당연한 일이다. 지금까지의 전반적인 내용은 2장과 3장에서 간략한 집단역동이론을 시작으로, 기본적인 집단이론의 기초이해와 집단을 어떻게 운영할 것인지 방법론에 초점을 맞추었다. 다양한 집단치료 이론들이 있으나 이 장에서는 몇몇 주요 이론들 가운데 미술치료사들이 선호하거나 이해할 필요가 있는 정신분석적 접근과 인간중심접근 그리고 행동주의적 접근 등의 이론을 요약함으로써 미술치료 집단운영에 도움이 되고자 한다. 집단치료사는 자신의 관심에 따라 하나의 이론을 근거로 접근하든지 아니면 관련 이론을 통합하여 자신의 관점으로 발전시킬 필요가 있을 것이다.

1. 정신분석접근의 집단미술치료

정신분석치료에서는 유년기 또는 아동기에 좌절된 무의식의 갈등에 초점을 맞추고 심리내적으로 뿌리 깊은 감정들이 현재의 관계 속에서 어떻게 작용하고 왜곡되는지 탐색하는데 있다. 따라서 정신분석적 접근의 집단치료에서 집단은, 구성원이 어린 시절의 경험들로부터 해결하지 못한 갈등을 행동으로 나타내는 가족상황의 장으로서 사용된다. 집단치료사는 구성원들에 의해 자아이상으로 동일시되며 구성원은 어린 시절의 경험에 기초하여 치료사와 구성원 서로에게 전이반응을 일으키게 된다. 그러므로 치료사는 전이반응을 사용하여 구성원들의 과거 행동패턴을 탐색하고 현재행동과 관련시킴으로써 구성원개인으로 하여금 미해결된 갈등을 해결할 수 있도록 돕는다.

집단치료의 과정은 과거경험의 재창조, 분석, 논의, 해석 그리고 무의식의 수준에서 작용하는 방어와 저항을 다룸으로써 무의식이 현재의 자기에게 어떠한 영향을 미치는지 자신의 행동에 대한 통찰을 얻게 한다(표현예술치료로 만나는 정신건강이야기, 제14장-18장 참조). 최근의 정신분석치료에서는 전통적인 정신분석이론을 수정하여 집단 상호작용의 "지금-여기"에 많은 비중을 두기도 한다. "지금-여기"에서 구성원의 관심사를 다루고 행동분석에 의해 치료사는 구성원의 미해결된 과거의 갈등을 재 구축하도록 도울 수 있다. 직접적이고 상호적인 소통을 통해 구성원들은 대인관계 기술과 적응능력과 자아의 힘을 구축하며 행동에 대한 통찰력을 얻게 되는데, 이때 중요시 다루어지는 것은 집단의 응집성이며 그러한 응집적분위기로 인해 구성원들은 개인의 사적인 이야기를 구체화하도록 돕는 안전하고 지지적인 경험이 가능해진다.

주요개념과 기법

정신분석적 접근은 성격 구조에 대한 이해로부터 시작하므로 집단에서는 구성원들의 무의식 혹은 심층에 숨어있는 문제의 원인을 분석하고 그것을 의식의 밖으로 노출시킴으로써 자아기능을 촉진시키고자 하는데 목표를 둔다. 집단과정은 초기경험의 탐색, 방어기제, 저항, 전이, 자유연상, 해석 및 통찰에 의한 현실검증을 통해 이루어진다.

성격의 구조

정신분석적 치료는 인간심리에 대한 구조적 가정과 여러 형태로 나타내는 부적응적 행동에 대한 역학적 이해에 이론적 기초를 두고 있다. Freud(1923)에 의하면 적응적이고 건강한 성격이란 자아(ego)가 초자아(superego)와 원초자아(id)의 기능을 조절할 능력이 충분히 있어서 적절한 균형을 유지하고 그럼으로써 사회적 관계에 적응하는 것을 말한다. 이러한 건강한 성격발달은 각 발달단계마다의 성공적인 성취에 의하며 인생의 초기경험을 중요시하게 된다. 따라서 이 이론적 접근의 주된 관심은 개인의 내면에 숨어있는 문제요인을 분석하여 의식으로 노출시키고 자아기능을 변화시키고자 하는데 있다. 그러므로 정신분석적 접근에서 집단경험 역시 구성원 개인들의 자아기능을 변화시키기 위해 과거의 경험을 재 경험하게 함으로써 무의식의 갈등을 의식화하고 그 갈등을 해소하는 경험을 제공하는데 있다.

원초자아는 성격형성에서 최초의 체계이자 심리에너지의 최초 원천이며 본능이 있는 곳이다. 이 본능의 원초아는 조직화가 안 되어 있으므로 즉각적이고 맹목적이며 비논리적이고 쾌락원리에 지배를 받지 않으며 대부분 무의식적이다. 반면에 초자아는 도덕원리로서 현실보다는 이상을 추구하며 쾌락보다는 완벽을 추구한다. 초자아는 양육환경이나 사회적 표준의 요구가 내면화된 것으로서 심리적 보상이나 처벌이 관련되어 있어서 그 처벌은 죄책감과 열등감으로 성격안에 자리잡으며 보상은 자부심이나 자기애로 발달하게 된다. 자아는 현실원리에 의해 양극단의 특성을 가진 원초아와 초자아를 조절하며 논리적인 사고로 욕구를 만족시키고 현실적응을 위해 취해야 할 행위를 계획하는 역할을 한다. 자아는 원초아의 맹목적인 충동을 견제하고 초자아의 이상을 향한 주관성을 조절하게 하여 정신적 심상과 외부세계의 현상을 구분하여 통제하고 조절하는 기능을 가진다. 집단치료에서는 다양한 기법을 사용하여 초기발달에서의 갈등을 탐색하고 갈등을 의식화하여 해소할 수 있도록 자아기능을 촉진하며 적응적 기능을 사용할 수 있도록 돕게 된다.

초기갈등 탐색

이 이론에 의하면 인간행동의 기초는 초기 6년 동안의 경험에 의해 결정된다고 보므로 어떠한 개인의 문제에 접근할 때 무엇보다 현재의 갈등원인이 되는 과거경험의 영향을 중요시한다. 즉 성장 후의 문제를 다룸에 있어서 문제의 근원은 초기에 있다고 보기 때문에 본질적인 초기학습을 변화시킬 수는 없으나 성격구조에 초기경험이 어떠한 영향을 미쳤는지를 통찰하게 함으로써 그 영향을 변화시킬 수는 있다고 본다. 따라서 집단과정에서 다루어질 수 있는 갈등문제는 지나친 밀착관계에 대한 분리, 적응적 상호관계의 능력결여, 자기감정의 인식과 분노감정의 조절, 죄책감 및 성 정체감의 수용문제, 방어기제로 나타나는 특성적인 태도와 관계패턴의 인식 등을 들 수 있다.

자아방어기제

방어기제는 자아가 현실을 직면할 때 생기는 심각한 불안으로부터 자기보호를 위한 적응적 해결방법이다. 집단에서는 구성원들 개인이 가진 방어들이 무의식적으로 노출되므로 집단치료사나 구성원들에 의한 피드백을 통해 자신의 방어패턴을 인식하게 된다(방어기제에 대해서는 “표현예술치료로 만나는 정신건강이야기” 제11장을 참조하기 바란다).

저항

저항이란 치료집단의 과정에서 일어나는 구성원들의 무의식에서 나오는 자료를 의식수준으로 끌어올려 다루고자 할 때 방해가 되는 모든 요인들을 의미한다. 집단에서 흔히 나타나는 저항의 형태는 늘 지각하거나, 침묵하거나, 도전적이고 반대적인 표현과 태도, 매사에 무관심하거나 방관적인 자세, 다른 구성원을 지나치게 돌보려는 태도, 비협조적인 태도, 집단을 독점하려는 태도 등이다. 저항은 변화와 자기자극에 대한 불안으로부터의 자아보호를 의미하며 그러한 저항행동은 자기도 모르는 사이에 자기문제가 의식되고 반사적으로 두려움이 등장하여 나타나는 것이다. 그러므로 치료사는 구성원의 표현들에 주의를 기울이고 그 구성원이 받아들일 수 있는 수준과 깊이에서 다루어줌으로써 새로운 통찰을 가능하게 한다.

전이

과거의 중요한 대상과의 경험으로부터 온 비논리적이고 현실적 근거가 없는 사고나 감정 또는 태도 등을 전이라고 한다. 이것은 개인의 부정적인 경험이 전이라는 모습으로 오늘의 관계패턴에서 재현되는 것으로서 개인이 현실생활에 적응하려는 것에 방해역할을 한다고 볼 수 있다. 집단에서 전이현상은 구성원들의 미해결된 유아기적 감정과 욕구 및 기대와 관련하여 부모, 자녀, 배우자, 과거의 연인, 상사, 동료에게서 느끼던 감정이 자극될 때 집단 치료사나 다른 구성원들에게 자기감정을 투사함으로써 반복하려는 것으로 나타난다. 이때 집단과정에서 작업은 이러한 구성원의 투사현상을 구체화하고 분석하여 인식하고 해결하도록 돕는다. 따라서 치료사의 역할은 구성원들이 다른 구성원에게 나타내는 반응을 발견하도록 돕고 해석을 통해 그러한 행동과 감정이 자신의 고착요소와 박탈된 경험속의 사건이 현재의 관계에 어떠한 방해로 영향을 미치는지 통찰하도록 돕는 것이다.

역전이

앞에서 설명된 전이와 관련하여 집단구성원들에 대한 치료사의 무의식적 정서반응을 역전이라고 한다. 전이와 역전이로부터 치료사가 완전하게 자유로울 수는 없지만, 구성원을 돕기 위한 역할과 관련하여 중요한 것은 치료사가 집단의 의미있는 기능을 방해할 수 있는 자신의 미해결 갈등과 욕구충족을 위한 상황을 이용하지 않아야 한다. 역전이는 단순히 인식될 수 있는 것은 아니나 치료사가 구성원으로부터 오는 감정의 반응을 관찰하고 그에 따른 자신의 갈등을 이해하고 인식하여 치료적으로 처리함으로써 보다 효율적인 집단운영이 가능해진다. 치료의 지름길이라고 할 수 있는 치료사의 이러한 역전이 인식은 구성원에 대한 공감적 이해 외에도 치료사자신이 치료를 통해 자기내면의 역동을 인식하고 구성원들로부터 오는 감정에 좌우되지 않아야 한다는 사실에 근거한다.

자유연상

집단경험에서 구성원들이 개인의 무의식적 감정과 동기에 대해 통찰을 얻도록 돕기 위해서는 어떠한 이야기든 제한없이 자유롭게 떠오르는 대로 표현할 수 있어야하는데, 이를 위해 사용되는 기본적인 기법이 자유연상이다. 자유연상은 “go-round” 기법(Wolf & Schwartz, 1962)을 사용할 수 있으며 이것은 구성원들이 어떤 한 사람에 대한 느낌과 연상을 그림이나 잡지사진을 사용하여 표현하게 하고 차례대로 돌아가면서 이야기하는 방법이다. 이것을 통해 구성원은 자신이 다른 사람에게 어떻게 보이는지에 대한 통찰을 얻는 기회를 가지게 된다. Foulkes & Anthony(1965) 역시 집단에서 떠오르는 생각이나 감정을 자유롭게 표현하고 교류할 수 있도록 돕기 위해 자유집단연상이라는 방법을 활용했다. 이 기법은 집단주제의 전후관련성이나 논리성에 무관하게 어떠한 생각이나 느낌 및 감정을 자유롭게 표현하고 나눌 수 있도록 허용하고 격려하는 것이다. 즉 자유연상은 구성원들로 하여금 더욱 자발적으로 무의식의 내용을 노출하고 능동적으로 집단에 참여함으로써 통찰을 획득할 수 있게 한다는 것이다.

해석

집단치료사와 구성원은 집단과정에서 드러나는 여러 행동에 함축되어 있는 의미에 대한 해석을 통해 통찰을 얻게 된다. 해석은 주로 전이에 대한 해석과 저항에 대한 해석을 다루게 된다. 저항에 대한 해석은 집단과정에서 구성원들이 자신의 의식적 자료를 내어놓지 않기 위해 사용하는 모든 언행에 대한 해석으로서, 계속적인 질문과 합리적인 집단의 근거에 대한 도전 및 참여거부 그리고 지각과 결석 또는 침묵 등이 이에 해당한다. 전이에 대한 해석은 집단에서 가장 중요한 기술 중의 하나이며 전이행동에 대한 통찰과 해석이다. 전이행동은 개별접근에서보다 집단접근에서 더욱 유용하게 적용될 수 있으며 많은 구성원들이 참여할수록 더욱 의미 있는 경험이 가능해지며 통찰에 도움된다.

적절한 해석의 시기는 구성원들이 해석의 가치를 이해하고 수용할 수 있는 준비가 되어 있을 때이다. 이 때의 치료사 역할은 구성원의 구체적인 갈등에 접근하기보다는 방어나 저항에 대한 표면적인 것으로부터 먼저 접근하고 정서적으로 감당할 수 있을 만큼의 깊이까지만 다룬다.

통찰

앞에서 계속 언급해왔지만 집단에서 통찰은 구성원으로 하여금 집단경험을 통해 자신의 현재 어려움이 무엇인지 깨닫게 되는 것을 의미한다. 다시 말해서 구성원에게 현재의 문제로 다가온 것이 과거의 경험과 어떠한 관련성이 있었는지에 대한 인식이, 지적으로나 정서적으로 수용되고 그것의 의미에 대한 새로운 이해를 하게 되는 것을 말한다. 이와 관련하여 집단치료사의 역할은 구성원으로 하여금 집단경험을 통해 그러한 통찰의 이해변화를 실제행동으로 연결할 수 있도록 돕는 것이다. 이러한 경험에 의한 개인의 변화는 흔히 집단의 마지막에 나타나며 결과적으로 구성원들은 자기에 대한 의식의 증가와 자아통합을 성취함으로써 집단참여의 목적을 성취하게 된다.

집단치료사의 역할과 기능

정신분석적 접근의 집단에서 중요한 치료사의 역할은 전이와 저항에 대해 주의를 기울이고 해석해주는 것이다(Corey & Corey, 1977). 구성원의 과거갈등이 현재관계에서 재현되는 정서와 행동과 무의식의 자료에 직면하기를 회피하는 언행에 대해 적절한 시기에 해석해주고 언어화를 통해 통찰을 도우며 구성원들로 하여금 어린 시절의 경험을 표현할 수 있도록 지지하고 돕는다. Wolf(1969)에 의하면 집단치료사는 자신에게 향한 구성원들의 전이행동을 자각하고 잘 처리할 수 있어야 한다. 즉 구성원들이 치료사를 권위대상으로 보고 칭찬이나 적개심을 드러낼 때 충분히 감당할 수 있어야 하며, 집단과정에서 나타나는 구성원들의 갈등을 이해하고 해결을 안내하는 기술도 있어야 하며, 또한 문제의 심층에 있는 역할과 반응에도 이해와 적절한 해석을 할 수 있어야 한다.

집단치료사의 기능에 대해 Slavson(1964)은 지도적 기능, 자극적 기능, 확충적 기능, 해석적 기능 등 네 가지 기능에 대해 제시했다. 예를 들면, 지도적 기능은 집단이 목적을 잃고 불안정한 상태에 있을 때 치료사의 지도적 기능을 사용하여 집단이 내포하고 있는 숨은 주제를 찾아내고 그 주제에 초점을 맞추어 해결해갈 수 있도록 돕는 기능이다. 자극적 기능은 집단과정에서 구성원들이 억압, 저항, 정서적 피로 등에 의해 무감각하거나, 또는 별 의미 없는 사소한 내용에 매달림으로서 집단에 대한 흥미를 상실했을 때, 치료사는 이전에 논의했던 주제를 환기시켜 주거나 질문을 던져줌으로써 활기있는 집단분위기를 되찾도록 돕는 기능을 의미한다. 확충적 기능은 집단구성원간의 의사소통이나 상호작용이 어떤 한 영역에 고착되어 더 깊은 소통을 하지 못하고 있을 때, 치료사의 확충적 기술을 사용하여 구성원들의 의식적 자아와 무의식적 자아의 연결을 지지할 수 있어야 한다. 해석적 기능은 구성원들의 무의식을 의식화하도록 돕는 기능으로서 가장 중요한 치료사의 역할이라고 볼 수 있다. 해석을 위해 치료사는 구성원들의 자유연상과 꿈 그리고 저항과 전이 등을 해석함으로써 개인이 자각하지 못한 언행의 의미를 인식하도록 돕게 되는데, 이 해석적 기능을 사용하는 시기는 구성원이 충분히 자신의 억압과 저항을 극복했거나 통찰을 위한 준비가 되었다고 평가되었을 때여야 한다.

집단치료의 과정

정신분석적 접근의 집단에서는 일반적인 집단발달의 단계를 설정하지 않는 것이 기본이며, 반면에 집단 그 자체보다는 집단에 참여한 구성원개인들에 더 많은 관심을 두므로 치료사의 집단진행은 집단과정에서 등장하는 개인의 이슈에 초점을 맞추게 된다. 정신분석적 접근의 집단은 Freud와 Bion의 연구를 토대로 무의식적이고 원시적인 집단역동을 다룰 수 있는 새로운 체계의 틀이 발달되어 왔다. 더불어 Erikson(1963, 1982)은 Freud의 개념을 확장시켜 심리사회적 측면의 발달을 강조하면서 심리성적발달과 심리사회적발달이 함께 일어난다고 본다. 그럼으로써 집단치료자에게 발달과 각 집단의 단계에 성취해야 하는 과업과 위기 및 갈등을 일으키는 요인 등에 대한 이해를 제공해준다. 그러므로 집단의 과정 또한 학자마다의 관점에서 고유한 이론적 개념을 적용하여 과정의 발달을 언급하고 있다. 그럼에도 기본적이고 공통적인 내용은 인간의 발달수준을 심리내적 체계의 과정으로 도식화하고 다양한 개인과 집단행동 모두의 발달적 노선에 유사한 단계들을 제시하고 있다.

2006년에 이 책이 첫 발행되고 2007년에 수정판이 나온 후, 그 상태에서 몇 차례 재발행이 되다가 2014년에 다시 재수정을 하게 됨으로써 지나치게 확장될 수 있는 이 내용을 제공할지에 대한 갈등이 컸다. 생각 끝에 정신분석접근의 집단은 차후에 다양한 관점에서 새로운 책을 발간하고자 하므로 이 장에서는 앞에서 제시한 집단에 적용될 수 있는 정신분석적 접근의 집단운영을 위한 주요개념과 기법에 초점을 두고 기초 지식을 전달하는데 제한하였다.

정신분석 집단치료의 특성과 제한점

정신분석접근의 기본개념은 구성원 개인들과 집단전체에 작용하는 역동을 이해하는데 도움이 된다. 구성원들이 집단에 노출하는 갈등의 대부분이 초기경험에 원인이 있다고 보므로 집단과정에서 구성원이 자신의 과거를 탐색하는데 도움이 되며 정신분석적 접근의 집단이 그 역할을 담당할 수 있다고 본다. 집단속에 흐르는 모든 감정은 전이와 역전이를 이해하는 단서가 되며 이것이 집단에서 효과적으로 다루어진다면 구성원들에게는 이 경험이 자기탐색을 위한 기본전제가 되며 통찰의 길로 들어서게 한다. 반면에 정신분석접근의 집단은 개인의 문제에 다가가기 위해 장기간이 소요되므로 모든 사람에게 집단경험을 제공할 수 없는 한계가 있다. 또한 이 접근방법은 개인의 문제를 초래하는 가족이나 밀접한 관계 체계가 아닌 사회적 또는 문화적 요인을 나타내지는 못한다는 점이다.

2. 인간중심접근의 집단미술치료

인간중심 집단치료는 Rogers(1930-1940)의 치료대상중심의 원리를 집단과정에 적용하여 Hobbs & Gordon(1951)이 발전시킨 이론이다. 인간중심이론의 관점은 인간이 가진 자발성과 잠재능력에 근거를 두고 있으며 어떠한 경우에도 개인은 최소한의 도움을 받게 되면 자신의 능력을 발휘할 수 있다는 가정으로부터 시작한다. 따라서 치료에서도 일차적인 책임이 구성원 개인에게 있다고 믿으며 그 구성원은 능동적인 존재이므로, 치료사 역시 권위적이지 않으며 구성원이 자신의 해결책을 스스로 알고 있다고 믿기 때문에 책임의 진행을 구성원에게 맡긴다. 즉 인간중심 접근에서는 치료사의 능숙한 상담기법보다는 인간적인 면이 더 강조된다. 그러므로 치료적 분위기 또한 공감적 이해와 수용적이며 신뢰할만한 분위기가 되면 방어벽을 허물고 스스로 의미있는 목표를 행해 가고 그 과정에서 자연스럽게 긍정적인 행동변화가 가능해진다고 본다. 이러한 맥락에서 인간중심의 미술치료는 창작과정의 무조건적인 수용과 공감을 통해 구성원 스스로 자신의 내적이야기를 듣고 자기만의 독특한 잠재력을 발견하는 기회를 만나면서 자기탐색의 길에 들어서게 된다(미술치료 프로그램 매뉴얼-아동청소년의 부적응 예방을 위한, 2015; 표현예술치료로 만나는 정신건강이야기, 2009 참조). 아래에서는 인간중심접근의 집단운영을 위해 필요한 기본요소를 이해하는데 초점을 두었다.

주요개념과 기법

인간중심이론은 인간본래의 잠재능력이 활성화되도록 하는데 초점을 두므로 집단에서 구성원 개인이 자신에 대해 주관적으로 수용되고 자기를 표현해 내도록 돕는 것을 목표로 한다.

집단에 대한 신뢰감

구성원들이 가진 성장에 대한 잠재능력과 인간본성에 대한 기본적인 신뢰에 토대를 두고 있다. 구성원은 집단이 지향하는 방향으로 나아가기 위해 자신의 잠재된 부분을 드러내고 발전시켜가게 된다. 치료사는 구성원들의 집단능력에 대한 신뢰에 토대를 두고 온정적인 자세로 자기발견을 위한 안내자로서 구성원들이 불확실성과 모호함에서도 더 개방적이 되도록 수용적인 분위기를 제공해야 한다.

집단치료사의 진실성

집단과정에서 전문가로서의 치료사 권위보다는 한 개인으로서 구성원들에게 다가가는 진솔한 자세는 구성원들로 하여금 변화하고 싶은 욕구를 불러 일으키고 더불어 성장의 가능성은 더욱 높아진다고 가정한다. 따라서 치료사의 시기적절한 자기노출은 구성원들의 자기개방을 더욱 가능하게 하나 유념해야 할 점은, 아무리 치료사의 자기개방이 집단에 도움이 된다 하더라도 무조건적인 치료사의 자기개방은 무의미하다는 사실이다. 거기에는 구성원에 초점을 둔 치료사의 자기노출이 아니라 치료사의 자기과시와 자기불안이라는 함정이 있다는 사실이며 따라서 치료사의 자기개방은 구성원의 문제를 탐색함으로써 그에 적절한 시기여야 한다는 사실을 반드시 기억해야 한다. 이와 관련하여 치료사는 자기탐색과 자기수용 그리고 자기신뢰에 토대를 둔 자기인식이 유지됨으로서(Natiello, 1987) 구성원들의 집단신뢰에 대한 촉진자역할을 할 수 있으며 단순히 기술적인 접근은 무의미하다는 점 또한 기억해야 할 것이다.

공감적 이해

구성원의 주관적 세계를 이해하는 치료사의 공감적 이해는 구성원 자신이 존중받고 있고 관심 받고 있으며 자기가 집단에서 수용되고 있다는 사실을 느끼게 하므로 집단과정에서 더욱 깊은 자기탐색을 가능하게 한다. 집단치료에서 공감적 이해를 활용하는 것은 인간중심 집단치료의 핵심으로서 구성원의 집단경험에서 오는 자기인식을 위해 치료자가 전인적으로 이해하는 것이며(Natiello, 1987), 집단을 성공적으로 이끌기 위해 수용과 신뢰의 분위기를 조성하는 것이 집단치료사의 필수요소이다. Rogers(1975)는 집단치료자에게 있어서 공감은 가치판단을 하지 않는 것이며 공감을 통해 학습과 자기변화를 일으키는 것은 구성원이 가진 힘이 있기 때문에 가능해진다는 것이다. 공감적 이해는 세심하게 듣고 이해하는 것이라기보다는 전체적인 존재로서 구성원이 전하는 메시지를 듣는 것이다. 진실성과 수용적 태도와 공감적 이해는 구성원이 변화하고 성장할 수 있도록 돕는 치료적 토대로서 인간중심 접근의 집단치료사가 가져야 할 조건이다.

무조건적 긍정적 존중의 태도

구성원을 판단하거나 평가하지 않고 무조건적으로 수용하고 존중하며 긍정적으로 돌보는 분위기를 유지하는 것이 인간중심 접근의 집단치료사 역할이며, 그로 인해 구성원들이 자유롭게 표현할 수 있도록 분위기를 창출하고자 하는 것이 집단치료의 목표이다. 무조건적 존중은 구성원이 집단에서 성장을 위해 잠재된 능력이 표출되기 위한 요소이며, 긍정적 존중은 구성원을 평가하지 않고 무조건적인 애정적인 태도를 취함으로써 치료적 변화가 일어날 수 있다는 것이다. 무조건적이고 긍정적인 존중이란 진실한 애정이 느껴지지 않음에도 인위적인 온정을 제공한다는 의미가 아니다. 우선되어야 하는 것은 치료사의 자기수용이 먼저여야 하며 그럼으로써 구성원을 수용하고 진정으로 존중하고 관심을 가질 수 있는 능력을 사용할 수 있게 된다. 그럼으로써 구성원은 치료사가 제공하는 존중을 통해 최대한의 자기변화 기회로서 변화의 촉진이 가능해 진다는 사실을 명심할 필요가 있다. 다시 말하면 치료사의 진정한 성숙이 따르지 않고서는 구성원들이 진정한 자기 경험을 할 수 없으며 충분히 잠재능력을 발휘할 수도 없으며 변화를 기대할 수도 없다는 사실이다.

집단치료사의 역할과 기능

인간중심 접근의 집단치료사는 지시자로서의 역할보다는 집단구성원의 한 사람으로서 구성원의 자기발견을 돕는 여행의 안내자로서 역할을 한다. 작품해석은 배제되고 구성원들간에 상호작용을 촉진하기 위한 분위기를 만드는 것을 강조하며, 치료사의 해석적 언급은 집단을 자기 의식화로 이끌고 집단과정을 지연시키고 방해하므로 주의해야 한다. 매체를 사용하여 자유롭게 창작과정을 즐기고 안전하게 자신의 내면세계를 여행하는 그 자체가 통합적인 사람이 되어가는 과정이다. 따라서 치료사는 구성원들의 자유로운 여정을 위해 주의깊게 귀 기울이고, 공감적 이해로 수용하며, 안정적인 집단 환경을 마련하기 위해 모든 역할을 한다. 구성원들의 집단경험을 "지금–여기"에서 판단하지 않고 이해하고 존중하며, 적절한 시점에서 피드백하고 직면시키며, 구성원들의 행동에 어떠한 영향을 받는지 말해줌으로써 솔직하고 의미 있게 상호작용할 수 있도록 치료적 분위기를 만드는 것이다. 특히 미술치료에서는 미술치료만이 갖는 장점이 많으나 치료사의 성숙도와 전문적 개입 수준에 따라 해석의 침범가능성이라는 위험요소가 잠재하므로 더욱 유의해야 한다.

집단치료의 과정

인간중심 집단미술치료는 일반적인 구조화된 집단과는 다르게 집단의 회기를 정하지 않고 일정만 정하여 워크샵형식으로 진행할 수 있다. 전체과정에 대한 특정한 규칙이나 절차도 없으며 다만 그 회기에 대한 규칙만을 설정하나 그 역시 구성원들에 의해 만들어진다. 집단을 진행하는 과정에서 일어날 수 있는 변화 형태들에 대해서 Rogers(1970)는 15가지 유형을 제시하고 그것은 집단발달의 순서에 따라 일어나기보다는 집단의 특성에 따라 다르게 나타날 수 있다고 했다.

심리적 탐색

집단시작에서 치료사는 구성원들에게 여기에는 치료사가 직접적인 책임자가 아니라는 언급으로부터 시작한다. 집단을 진행해 가는데 있어서 구성원들이 만들어가는 것 이외에는 이미 설정된 어떠한 규칙도 없으며 목적도 모른다고 전하므로, 구성원들은 이 집단에서 자신이 무엇을 할 수 있을지에 대한 의문과 어색함과 불안으로 침묵상태에 들어가기도 하며, 저항적인 태도와 일관성 없는 이야기들이 오가면서 혼란을 야기하기도 한다. 즉 인간중심 접근의 집단에서 초기단계는 집단의 목적이 무엇인지, 안내자는 누구인지, 자신이 왜 여기에 와 있는지 등 집단과 자기에 대한 의문의 질문이 특징적인 모습이다.

개인적인 자기노출에 대한 저항

초기에 구성원들은 책임자도 규칙도 없는 이 집단에서 자기가 집단에 수용될 수 있을지에 대한 불안이 있다. 그러므로 자기이야기를 개방해도 괜찮을지에 대한 염려를 하게 되며 자기노출을 두려워하고 저항하게 된다.

과거의 자기감정에 대한 표현

구성원들은 집단에 대한 의심과 자기표현 및 자기노출의 위험에 대한 불안에도 불구하고 서서히 자기 이야기를 개방하기 시작하나, 대부분은 "지금-여기"에서가 아니라 집단 밖에서의 상황이나 과거의 감정을 기술할 뿐 현재의 감정을 털어놓지 않는 경향이 있다.

부정적 감정표현

집단이 진행되어가면서 구성원들은 "지금-여기"에서의 감정들을 드러내기 시작하는데, 이는 직접적인 책임성을 가지고 안내해주지 않는 치료사에 대한 공격적 형태의 감정표현이 대부분이다.

의미있는 개인적 표현과 탐색

치료사에 대한 부정적 형태의 감정표현들이 수용되어 집단환경이 신뢰할 수 있는 안전한 공간이라고 생각되면, 구성원들은 위험을 감수하고서라도 개인적인 자기문제를 드러내기 시작한다. 이 과정에서 구성원들이 집단은 자신들이 만들어가는 것이라는 의미를 깨닫기 시작하고 집단의 자유를 경험하게 된다.

집단 내에서 구성원들 상호간의 감정표현

집단에 대한 신뢰와 자유를 경험해 가면서 구성원들은 서로에 대한 일련의 감정들을 표현해 간다.

집단 내 치유능력 발달

지금까지의 이러한 변화들이 일어나면서 구성원들은 서로에 대해 관심을 가지기 시작하며 지지하고 이해하고 관계를 맺기 시작한다. 이 단계에서 구성원들의 관계경험들은 집단 밖에서의 적극적이고 적응적인 삶을 유지하도록 돕는 힘이 된다.

자기수용과 변화 시작

이 단계에 이르면서 구성원들은 이전의 자기모습을 수용하기 시작하고 있는 그대로의 자기모습을 인정하기 시작한다. 그러므로 방어를 내려놓고 자기의 감정과 장점과 약점을 있는 그대로 수용하면서 변화를 시도할 수 있게 된다.

가면 깨뜨리기

자기수용과 변화를 시도하게 되면서 구성원들은 자기보호를 위해 쓰고 있던 가면과 겉치레에서 벗어나 집단의 요구에 반응하기 시작하게 된다. 이러한 변화는 자기개방에 대한 위험을 감수하고 깊은 자기를 드러내는 것이 진정한 만남을 가능하게 한다는 것을 인정할 수 있게 되었기 때문이다. 따라서 집단은 더욱 깊이 있는 진정한 교류의 방향으로 발전해 가게 된다.

피드백

집단과정에서 일어나는 구성원 간의 피드백은 다른 구성원이 자기를 어떻게 경험하였고 자기 또한 다른 구성원으로 인해 어떠한 영향을 받는지에 대해 알게 한다. 그 결과 구성원들은 변화되고자 하는 자신의 모습을 결정하는 통찰을 얻게 된다.

직면

구성원들의 자기문제에 대한 직면은 피드백을 포함한 강한 정서적 과정에 의해 일어나며 그로 인해 구성원 간의 상호작용을 더욱 용이하게 한다고 볼 수 있다.

집단 밖에서의 조력관계

이 단계에 이르면서 구성원들은 집단에서 만이 아니라 외부와 접촉하기 시작하는데 이는 집단내의 치유능력이 확장된 결과라고 할 수 있다.

인간관계의 참 만남

구성원들은 집단경험을 통해 일상생활에서의 관계보다 서로에게 더 가까이 가고 직접적으로 접촉하기 때문에 진정한 인간관계를 형성하게 된다. 이러한 맥락에서 집단구성원들은 공통의 목표를 위해 함께하고 공동체 의식을 가질 때 보다 더 의미있는 관계가 형성된다는 것을 경험하기 시작한다.

친밀감정의 표현

집단이 진행되어감에 따라 구성원들은 서로에 대한 감정표현이 진실됨을 느끼기 때문에 친밀감은 더욱 증가하게 된다. 이러한 구성원간의 친밀감정은 집단경험의 치유적 결과를 가져오는 중요한 요소이다.

행동변화

집단을 진행하다보면 구성원들의 감정과 행동 및 습관적인 태도들이 표현되어가고 얼굴의 표정이나 옷차림까지 변화하는 것을 볼 수 있다. 더불어 구성원들은 더욱 개방적이 되고 다른 구성원에 대한 깊은 감정을 표현하며 타인에 대한 이해와 자신에 대한 이해가 높아지게 된다. 그러므로 자연스럽게 구성원들은 더 효과적으로 타인과 함께 더불어 살아가는 방법을 찾게 되고 자신의 새로운 이해와 변화된 행동은 연속선상에서 자신의 일상생활로 연결되어간다.

인간중심 집단치료의 특성과 제한점

인간중심 집단미술치료의 중요한 장점은 집단의 효과적인 결과를 결정짓는 주요변인으로서 집단치료사의 인간성을 중점으로 두었다는 점이며, 제한점은 특정 집단에서는 구성원들의 자기탐색을 위해 적극적인 지지와 중재가 필요할 수 있음에도 치료사의 전문적인 지식과 기술이 중요하지 않다는 점이 지나치게 강조된다는 점이다. 즉 이 이론에서 강조되는 미술치료사의 인간성을 기초로, 창작과정은 구성원들이 자기개방을 할 수 있도록 수용적인 분위기를 창조하고, 경청하고, 스스로 창작과정에 이르러 해결책을 찾도록 지지하며, 상징 해석을 배제하고, 감정을 이해하는 것이다. 이러한 인간중심의 접근기법은 이 이론에서 특히 강조되는 요소인 반면에 치료의 기본전제이다. 뿐만 아니라 구성원들이 자기문제에 대해 스스로 변화할 수 있는 능력을 가지고 있다는 전제로 시작하므로 치료자의 적극적인 기술이나 조언은 사용되지 않는다. 모든 치료의 기본전제는 인간이 가진 기본적인 잠재력을 믿는 것이며 그럼으로써 변화가 가능해진다는 치료원리로부터 시작하므로 대부분의 기본적인 치료적 자세와 다를 바 없다. 따라서 구성원들의 자기탐색을 촉진하기 위해서는 적극적인 지지와 직접적인 중재가 필요할 수 있으며 때로는 문제해결에 필요한 직접적인 중재가 필요할 수도 있다.

그럼에도 인간중심의 접근은 특히 모든 개인의 자기표현이 존중되고 평가를 배제하는 것이 우선시 된다. 누구나 창조적인 개인이며 창작은 다양한 정서와 독특성을 가진 자기를 수용하도록 돕고 자기인정과 타인수용이라는 공감적 과정이라는 점에서 의미를 가진다. 따라서 여기에서는 인간중심 접근이 가진 특성이 미술치료가 요구하는 기본원리이며 치료자의 자세이자 인간에 대한 기초이해라는 맥락에서 의미를 두었다.

3. 행동주의 접근의 집단미술치료

이 접근은 여러 가지 학습이론에 근거를 둔 다양한 기법과 절차를 집단에 적용시킨 접근법으로, 기본가정은 부적응을 일으키는 대부분의 행동과 인지 및 정서는 학습된 것이며 새로운 학습경험을 통해 변화될 수 있다고 보는 관점이다. 행동주의 접근에서는 통찰이 없이도 변화가 일어날 수 있다고 보므로, 문제의 증상이 중요한 것이 아니라 행동자체가 문제이며 문제행동이 성공적으로 해결되면 개인의 문제도 해결되고 자기이해도 증가한다고 보는 입장이다. 행동주의적 접근을 하는 치료사들은 학습이론에서 비롯한 강화, 모델링, 인지 재구성, 둔감화, 이완훈련, 지도, 행동연습, 자극통제, 변별훈련 등과 같은 다양하고 광범위한 중재를 한다.

이러한 행동주의 접근의 장점은 치료목표와 절차를 정확하게 구체화한다는 장점이 있으나, 반면에 문제행동에 대한 요인을 무시하고 행동자체에 초점을 두므로 잠재적인 내면문제를 다루지 못하므로 문제가 반복될 수 있다는 제한성이 있다. 나의 임상적 경험에 의하면 행동주의 접근방법은 인지기능이 제한적이어서 사회기술이 결여되었거나 혼돈이 있는 정신문제를 가진 경우 그리고 문제행동 또는 변화가 필요한 어떠한 행동이나 특정장애에 부분적으로 사용될 수 있으며 다른 이론적 접근과의 접목으로 더욱 의미 있는 결과를 기대할 수 있으리라 본다.

주요개념과 기법

행동주의적 접근의 주된 관점은 인간행동이 예측 가능하고 현재의 모든 행동은 선행조건에 의한다고 보며, 인간의 의식은 믿을 수 없기 때문에 과학적 자료가 될 수 없고 관찰 가능한 표출된 행동만이 과학적 자료가 될 수 있다고 본다. 따라서 치료계획을 세울 때도 먼저 문제행동을 평가하고 그에 따른 구체적인 계획을 구조화하며 명확한 치료목표를 설정하고 진행과정을 객관적으로 평가한다. 이러한 맥락에서 행동주의적 집단치료의 원리에 의하면 대부분의 인간행동은 학습된 것이므로 수정이 가능하다는 견해로부터 시작하며, 구성원의 행동을 변화시키기 위해 특정 환경을 변화시키고 강화와 모방과 같은 사회학습 원리가 접근방법으로 적용된다. 치료의 효과성에 대한 결과는 외부에 보여지는 구성원의 행동변화로 평가된다. 이러한 행동주의적 접근은 많은 집단미술치료에서 자연스럽게 병행되어 사용되어 오고 있다는 것을 독자들은 이해할 수 있을 것이다.

행동평가

집단을 시작하기 전에 치료사는 각 구성원의 특정행동에 맞는 치료계획을 설정하고 집단 후에는 그 효과성을 평가해야 한다. 그 첫 단계의 행동평가는 대부분 먼저 문제행동을 확인하고 행동의 빈도와 강도 및 기간을 평가하며, 두 번째는 능력과 에너지를 평가하며, 세 번째는 수집된 정보를 문제행동이 일어나는 상황 속에 적용하여 행동의 원인과 결과를 서술하고, 네 번째는 발견한 문제행동을 측정할 수 있는 방법을 찾아 치료적 중재의 효과성을 결정하는 기준으로 삼으며, 다섯 번째에는 구성원의 변화를 위해 개입하고 종결 후의 효과성을 유지하기 위해 도움이 될 자원으로서 주요 대상과 활동 등을 확인하며, 마지막에 집단치료의 목표를 공식화하는 등 6단계의 행동평가(Kuehnel & Liberman, 1986)로 이루어진다. 치료자와 구성원은 문제 상황을 효과적으로 다루기 위해 함께 협력하여 대안을 계획한다. 이러한 평가과정들은 인지적, 행동적, 대인관계적 기능의 모든 영역에서 구성원의 기능을 포함한다.

목표설정과 치료계획

행동주의적 집단에서는 초기단계부터 평가의 마지막단계까지 구성원들 각자가 성취하고자하는 개인목표를 구체화하며, 이를 위해 치료사는 구성원들이 성취가능하고 평가 가능한 목표로 세분화하여 체계적으로 진행해갈 수 있도록 돕는다. 구성원들이 자신의 행동을 변화시키기 위한 목표를 구체적으로 설정하고 나면, 다시 목표를 성취하기 위한 치료계획을 세우게 된다. 행동주의적 접근에서는 직접적인 행동변화를 기대하므로 흔히 사용되는 기법은 모델링, 반복적인 연습, 지도하고 과제주기, 피드백, 훈련, 정보주기 등이다. 단기간 운영되는 대부분의 집단형태들은 어떠한 이론으로 접근했든 부분적으로는 이러한 행동주의적 접근을 포함하고 있다고 볼 수 있다.

객관적 평가

변화가 필요한 행동에 대한 정보 확인과 목표가 설정되고 그에 대한 절차를 어떻게 진행할 것인지 결정되면 치료결과를 객관적으로 평가할 수 있게 된다. 최근에 우리사회에 발표되고 있는 집단치료연구의 대부분이 그러한 형식으로 운영되고 있는 것을 볼 수 있다. 예를 들어 어떠한 특성을 가진 구성원들을 대상으로 12주간의 집단치료를 진행할 경우, 첫 만남에서 구성원 개인들의 특성에 따른 변화욕구의 평가를 위한 기저선이 파악되고 이후의 회기에서 행동평가를 하여 구성원들은 어떻게 목표를 달성해 갈 것인지를 결정하게 된다. 목표달성을 위해 치료사는 다양한 기법을 사용하며 그러한 기법들을 사용한 목표달성의 결과를 어떻게 객관화하여 효과성을 검증할 것인지가 매우 중요시 된다.

효과성을 강화하고 결과를 검증하기 위한 주요기법

행동주의접근의 집단치료에서는 구성원들의 긍정적인 행동을 활성화하고 강화하는 방법과 부적절한 행동을 약화시키고 빈도를 감소시키는 다양한 방법들이 적용되며 그 결과를 검증하기 위한 대처에 중요한 의미를 둔다. 여기에서는 그러한 기본적인 기법에 대해 살펴보기로 하겠다.

긍정적인 행동을 촉진하기 위한 강화기법

행동주의적 집단치료에서 가장 기본적으로 사용되는 방법은 긍정적인 행동을 강화하여 구성원으로 하여금 바람직한 행동을 하게 하는 방법이다. 따라서 치료의 시작은 긍정적인 행동변화를 위해 요구되는 규칙과 조건을 지키겠다는 약속으로부터 시작되며 구성원이 자신의 문제행동을 이해하고 있고 변화에 대한 욕구가 있을 때 적극적인 도움이 될 수 있다. 긍정적인 행동 강화를 위한 기법은 모델링사용, 행동시연, 자기주장훈련, 인지재구성 등의 기법을 예로 들 수 있으며, 미술치료에서는 창작활동을 통해 이러한 기법이 적용되고 이야기접근과 과제기법을 활용하여 적극적인 행동변화를 기대할 수 있다.

긍정적 강화와 강화물사용

행동주의적 집단치료에서 강화는 가장 핵심적인 기법이다. 치료사는 시작단계에서 부터 성공가능성을 강조하고 각 회기마다에 개인이 경험한 성공사례를 보고하는 것을 중요시한다. 강화를 위한 기술은 앞으로 강화시키고자 하는 행동을 구체화하여 설정하고, 그 다음에는 구성원들이 원하는 보상적 자극물을 선정하며, 행동 강화를 위한 보상에 대한 기본방침을 준비한다. 집단에서 흔히 사용되고 있는 토큰제나 스티커사용 등은 즉각적으로 보상물을 제공하기에 부담스럽거나 환경과 상황적인 이유로 즉각적 충족이 어렵다고 판단될 경우 사전약속에 의해 사용될 수 있는 방법이다. 이러한 접근방법은 집단의 목표달성을 위해 구성원들이 직접 참여할 수 있다는 장점과 시각적으로 관찰할 수 있다는 장점이 있다.

모델링사용

이 기법은 집단치료사가 사용할 수 있는 행동변화의 가장 유력한 학습적도구이다. 집단치료요인에서 설명되었듯이 집단의 장점은 구성원들에 의한 다양한 사회적모델과 역할모델이 상호간에 제공된다는 점이다. 뿐만 아니라 집단치료사의 바람직한 행동이 모델의 본보기가 되며 구성원으로 하여금 그 행동을 모방하고 학습하게 한다. 이러한 자연스러운 모델링 이외에도 치료사의 의도적인 모델링기술로서 특정 상황을 연출하고 역할시연을 통해 일상에서 요구되는 모델링을 제공하거나 실제의 상황을 녹음이나 녹화를 통해 제공하여 활용할 수도 있다. 이 기법을 사용함에 있어서 주의해야 할 점은 시연의 경우 모델링의 행동이 집단의 특성에 적절하고 현실적이어야 하며 온정적이고 지지적이어야 한다. 실제 행동의 녹화를 활용한 관찰학습의 경우 시행착오의 실패경험을 통해 변화될 수 있는 가능성을 강조하여 긍정적인 행동을 강화하게 되는데, 이때 지지와 승인 그리고 칭찬 및 주의와 같은 강화기법을 동시에 사용할 필요가 있다.

행동시연과 계약

모델링 사용에서의 시연과 같은 직접 시범을 보이는 기법으로서, 스스로 하고자 하는 행동이 어려울 때 구성원의 시연을 활용하여 변화하고자 하는 행동을 준비시키는 학습기술이다. 연습한 이 행동을 특정 약속하에 실생활에서 연습할 수 있도록 하는 방법을 행동계약이라고 한다. 이러한 계약에는 성취 가능한 것을 토대로 수행에 따르는 책임과 적절한 규칙이 따르며 누구를 위해 어떠한 조건하에 무엇을 한다는 내용이 분명하고 구체적이다.

자기주장 훈련

Pavlov의 고전적 이론을 응용하여 Salter가 개발한 이 이론은 집단구성원이 다른 사람의 감정을 상하게 하거나 지배하는 경향 없이 자연스럽게 자기를 표현하도록 훈련시키는 기술이다. 이 기법은 인간관계에서 불안으로 인해 자기감정을 숨기고 자신의 감정과 행동을 억제하는 반면에 표면적으로는 지나치게 수용적이며 겸손한 태도를 보이는 구성원들에게 도움된다.

인지적 재구성

개인이 가진 인지수준이 어떠한지는 표면화되는 행동에서 많은 시사점을 발견할 수 있다. 집단에 참여한 구성원들에게 흔히 발견되는 비합리적인 사고와 표현을 통해 치료사는 그 구성원이 현재 어떠한 스트레스상황에 노출되어 있다는 것을 이해하게 된다. 따라서 치료사는 인지적 재구성을 사용하여 구성원이 자신의 인지패턴을 확인하고 어떠한 사고로 인해 일어난 행동인지 이해하게 하며, 그러한 인지를 보다 현실적이고 합리적인 사고로 전환할 수 있도록 학습을 돕는 체계적인 기법이다. 인지적 재구성을 위한 과정의 마지막은 매 회기마다 과제기법을 사용할 수 있으며 다음 회기에서 확인하고 변화가능한 행동에 대한 과제를 사용하는 과정으로 진행하게 된다.

부적절한 행동을 약화시키기 위한 차별 강화기법

긍정적인 행동과 부정적인 이상행동이 동시에 노출될 경우 긍정적인 행동을 강화시킴으로써 부정적인 행동을 약화시키는 기법이다. 이 기법을 사용할 경우 주의해야할 점은 구성원의 긍정적인 행동과 부정적인 행동의 기준선을 어디에 두어야할지 행동과 개인적 특성을 관찰하고 고려하여 결정해야 한다. 그러한 관찰과 기준을 토대로 긍정적인 행동을 강화하게 되면 자연적으로 부적절한 행동은 소거될 수 있다고 보는 기술로서 소거, 체계적 둔감, 혐오기법, 포화상태와 체벌 등의 기법을 예로 들 수 있다.

미술치료에서는 양립될 수 없는 행동에 직접적인 차별강화기법을 사용하지 않아도 창작활동에 행동수정이론의 원리를 결합하여 노출된 문제행동을 수정하는 접근법이 가능하다. 예를 들면 문제행동이라는 직접적인 표현이 없이도 창작품의 결과물에 대한 부적절한 부분을 찾아내어 구체화하고 수정하여 변화시켜가는 과정이 일어나므로 그 자체의 경험들이 자연스러운 행동변화를 가능하게 한다(표현예술치료로 만나는 정신건강이야기, 제20장 참조).

소거

강화이론을 반대로 바람직하지 못한 행동에 적용하여 부적절한 행동의 출현빈도를 감소시키거나 소멸시키는 기법이다. 집단초기에는 흔히 부적절한 행동을 사용하여 주의의 관심을 유도하는 구성원이 있을 수 있는데, 그러한 경우 그 구성원의 행동에 관심을 기울이지 않고 무시함으로써 부정적 행동으로 관심을 집중시키려는 행동을 멈출 수 있다. 이러한 경우 지속적이고 일관적인 태도로 대하는 치료사의 자세가 중요하며 부적절한 행동을 하지 않을 때는 일상적인 태도로 대하는 자세 또한 중요하다.

체계적 둔감

이완상태에서는 구성원들이 불안상태를 상상하더라도 불안해하지 않는다는 이완 원리에 기초를 둔 기법이다. 이 기법을 사용하기 위해서는 먼저 구체적이고 광범위한 구성원의 행동에 대한 분석이 필요하다. 행동분석 이후에 이완훈련을 실시하고, 불안수준을 도표화하여 수치화하고 가장 낮은 수치의 불안장면을 상상하도록 하는 것으로부터 시작하여 점차 높은 수준의 불안상황으로 옮겨가도록 함으로써 불안을 감소시켜가거나 소거시키는 작업을 한다.

혐오기법

특수상황에 대한 불안을 제거하기 위해 흔히 사용되며 부정적인 이상행동이 사라질 때까지 고통스러운 자극을 제공하여 행동을 감소시키거나 소거시키는 기법이다. 이 기법은 구성원이 자신의 행동을 변화시키고자 기대하나 변화가 없을 경우에 전문기관에서 간혹 사용될 수 있는 방법이며 일반적으로 흔히 사용하는 방법은 아니다. 이 기법은 우선 윤리적 측면을 고려하여 선택되어야 하며 혐오감을 일으키는 약물을 사용하거나 전기충격법 또는 불쾌한 소리나 정신적 또는 시각적 심상을 활용하기도 하며, 소거시키고자 하는 행동 특성에 따라 다른 행동기법과 복합적으로 사용하기도 한다.

심적 포화상태와 처벌

포화상태는 혐오기법과 관련하여 이상행동을 가져오게 하는 특정행동을 지속적으로 제공하여 혐오감을 느끼게 함으로써 부적절한 행동을 없애는 기법이다. 이 기법은 반드시 윤리적인 측면을 고려해야 하며 대부분 다른 행동기법과 함께 사용되며 단독으로 사용하는 경우는 거의 없다. 처벌은 행동수정을 위해 과거부터 흔히 사용되어온 방법이다. 물리적인 체벌은 즉각적인 행동감소에 도움이 되나 지속성이 매우 제한적이며 습관성과 이차적인 문제를 가져올 수 있는 부정적 결과의 경향성이 강하므로 선별적으로만 사용되어야 한다.

집단치료사의 역할과 기능

행동주의접근의 집단미술치료에서 치료사는 다른 이론적 접근의 집단에서보다 더욱 적극적이고 직접적인 역할을 하게 된다. 즉 모든 집단치료에서 가장 중요시 다루어지는 치료사의 역할은 구성원과의 신뢰관계가 필수적이듯 행동주의 접근에서도 예외는 아니나 좋은 관계가 변화를 위한 충분조건은 아니다.

행동주의 접근에서 집단을 위한 치료사의 일차적인 역할은 집단구성원의 사전평가와 오리엔테이션을 위한 초기면접이다. 이 과정에서 치료사는 구성원에게 집단에 기대할 수 있는 것과 그에 대한 방법을 전달하고 목표를 설명하며 회기마다 가능한 활동과 구조에 대한 이해를 돕고 개인의 유용성에 대해 다룬다. 치료사는 집단과정에서 구성원의 문제에 대해 지속적인 평가를 하게 되며, 목설달성을 위해 체계적인 계획과 다양한 기법을 사용한다. 치료사의 주요기능 중 하나는 적절하고 적응적인 행동과 가치관을 가진 모델이 되며 특정 상황에서 어떻게 반응하는지 역할놀이를 통해 학습할 수 있도록 구성원의 참여를 준비시키고 지도한다. 작은 성취에도 지지기법을 사용하여 변화행동을 개발하고 지속할 수 있도록 강화하며, 과제기법을 사용하여 집단 내에서 또는 집단 밖에서 실험하고 실천하도록 지지한다. 종결준비를 돕고 적절한 목표달성이 안될 경우 적절한 조언을 사용하기도 한다.

집단치료의 과정

행동주의적 접근의 집단미술치료에서는 치료자의 역할에서도 언급했듯이 먼저 구성원들의 자료수집으로 부터 시작한다. 치료사는 집단과정의 각 단계마다 구성원개인과 집단 전체과정의 계속적인 행동평가를 근거로 접근방향을 보완하게 되며 평가와 자문과 안내자 역할을 하게 된다.

초기단계

사전면담을 통해 집단이 어떻게 진행되는지 과정에 대한 정보를 제공하고 구성원개인의 집단참여욕구와 기대를 탐색하며 참여여부에 대한 결정을 돕고 참여계약을 한다. 구성원의 집단참여에 대한 욕구파악은 실제 집단의 첫 회기에도 연결된다. 집단 초기단계에서는 집단구조에 친숙해지는 것과 신뢰관계 및 응집력을 강화하고 더불어 변화되어야 할 행동을 확인하여 목표를 분명히 하고 치료계획을 세운다. 특히 행동주의접근의 집단에서 강조되는 것은 평가과정으로서, 평가내용은 구성원 개인의 인지능력, 개인의 문제해결능력,

집단에 방해되는 요소들이며 이러한 평가는 집단의 효율성을 위해 사전면담에서 확인될 필요가 있다. 면담상황에서 확인해야 하는 평가내용 이외에도 역할수행검사와 행동평가를 위한 진단을 사용할 수 있다. 미술치료에는 매체선택과 사용패턴 및 태도관찰을 통해 평가가 가능할 것이다.

중기단계

평가는 초기단계 이후에도 계속되며 과정의 효율성과 목표달성에 대한 계속적인 평가를 해 간다. 회기과정에서의 평가내용은 집단 활동관찰, 참여도, 출석, 만족도, 과제에 대한 실천수준 등의 정도를 평가한다. 이러한 평가에는 집단 내 문제가 있는지, 집단목표는 어느 정도 획득되고 있는지, 집단과정을 통해 구성원 개인의 변화행동은 어떠한지, 치료사의 전략은 효율적인지 평가함으로써 필요한 대안을 찾고 효과적인 경험을 안내할 수 있다. 이러한 평가결과에 의해 진행되어야하는 작업은 집단에서 사용될 수 있는 다양한 기법들이 활용된다.

종결단계

집단치료사는 구성원의 집단경험이 일상생활에서도 지속되는지에 일차적인 관심을 둔다. 따라서 집단과정은 구성원간의 피드백을 통해 새로운 행동이 실생활에서 실현되도록 지지받으며 새롭게 등장하는 문제를 스스로 효과적으로 처리하는 능력을 확인하고 독립을 향해가게 된다. 이 과정에서 집단치료자는 직접적인 치료사에서 조언자로 역할이 바뀌게 되며 집단과정과 프로그램의 효율성을 평가하기 위해 초기에 사용했던 평가도구를 사용하게 된다.

추후단계

추후과정은 집단경험을 통해 변화된 행동을 지속하고 계속해서 발전적인 성장을 하도록 돕기 위한 과정이다. 대개는 집단이 종결된 후 1~2개월쯤 후에 진행하며 4~6개월 후에 다시 집단에 참여하게 된다. 이 과정은 구성원들의 개인적 변화에 대해 또는 아직은 더 필요로 느끼는 부족감에 대해 이야기할 기회를 제공함으로써 성취한 변화행동과 행동방식을 새롭게 하도록 지지하고 안내하게 된다.

행동주의 접근의 집단치료 특성과 제한점

이 접근의 장점은 집단의 목표와 절차를 분명히 하고 구체화한다는 점이며, 구성원으로 하여금 문제해결을 위한 구체적인 행동변화를 가능하게 할 뿐 아니라 이후의 문제 가능한 발생요인을 예방할 수 있는 능력을 학습하게 한다는 점이다. 또한 발달적으로 특수한 장애를 가지고 있거나 우울, 공포, 불안, 물질남용 및 성적 장애 등의 특정문제를 가진 구성원들에게 사용할 수 있는 기법들이 다양하고 폭넓은 적용이 가능하다는 장점이 있다. 반면에 행동주의 접근은 드러난 행동문제의 원인적 접근이 무시되고 뿌리 깊은 내면의 요인에 접근하지 못한다는 제한성이 있다.

부록 1

집단치료 효과성에 영향을 주는 기관의 특성진단

다음의 질문지는 집단미술치료사들의 집단운영에 영향을 주는 기관의 특성을 이해하는데 도움이 되고 집단의 효과성을 위해 치료사가 숙지하고 노력해야하는 요소들에 적극적인 대처를 위해 사용될 수 있다. 이 내용은 "contemporary Group Work(Charles D. Garvin, 1988)"의 제2장 내용을 인용하였다(정진영외 역, 1998, p.43-82 참조).

목적에 대하여

1. 기관의 목적이 기관 문서에 분명하게 나타나 있는가
2. 이 집단의 목적이 기관의 본질적인 목적과 부합하는가
3. 이 기관에는 어떠한 유형의 사람들이 집단치료 프로그램에 참여 할 가능성이 높은가, 이것이 효과적인 집단을 구성하는데 어떠한 영향을 미치는가
4. 기관의 목적이 치료집단에 미치는 영향은 무엇인가, 이 집단의 구성원들은 기관이 자신들에게 어떠한 기대를 하고 있다고 생각하는가

기관의 의뢰과정은 어떻게 이뤄지는가

1. 이 기관에서는 집단구성원을 어떠한 방식으로 모집하는가
2. 집단치료자가 집단에 대하여 의논해야 할 담당 직원은 누구이며, 그 직원은 기관에서 어느 정도의 역할과 결정권을 가졌는가
3. 이 기관에서는 집단치료를 중요시 다루는가, 아니면 개별치료를 더 중요시 하는가, 그

이유는 무엇이라고 생각되는가
4. 집단구성원에 대한 치료개입은 집단에 한정되는가, 아니면 가족개입으로 확장되어 있는가
5. 구성원들의 집단참여는 자발적인가, 의무적으로 참여해야 하는가
6. 보다 전문적인 치료가 필요한 잠재적 구성원을 발견했다면 이에 대한 개입이 가능한가, 그 개입은 어떠한 방식으로 도움을 안내하는가
7. 만약 기관이 요구하는 개입방법이 부적절하다면, 이에 대한 치료사 자신의 대안이 있는가

기관에서 집단치료자의 위치는 어디인가

1. 치료사 자신은 이 집단만을 개입하고 있는가
2. 이 기관에서 치료사 자신의 역할과 위치는 어디인가
3. 집단 구성에 미치는 치료사 자신의 영향력은 어느 정도인가
   치료를 위한 치료사 자신의 요구가 기관에 충분히 받아들여지는가

기관에서 집단에 제공하는 자원은 어느 정도인가

1. 기관에서는 집단치료 대상과 특성에 적합한 공간을 제공하는가
   그 공간은 미술치료 집단을 위해 준비되었는가, 다른 프로그램과 공유된 공간인가, 시설이나 가구의 위치를 바꾸는 것을 허락하는가
2. 집단을 위해 필요한 재료와 물질적 자원들을 요청했을 때 충분히 받아들여지는가
3. 미술치료사는 기관전문가의 수퍼비전이나 그 기관에서 이뤄지는 사례회의에 참여할 수 있는가
4. 집단에 장애가 되는 기관의 어떠한 요소들이 있는가, 1~3까지의 자원이 집단구성원의 격려와 집단분위기에 미치는 효과는 무엇인가

집단 목적에 대한 기관의 인식도는 어느 정도인가

1. 기관에서는 집단의 목적이 구성원의 긍정적인 변화를 위해서라고 인식할 것이다. 그 변화의 초점은 구성원들의 자기 이해인가, 지식의 습득인가, 행동의 변화인가
2. 집단구성원들에 대한 기관의 태도는 어떠한가

기관과 직원과 집단의 상호관계는 어떠한가

1. 기관은 건물 환경을 장식하려고 노력하는가, 그러한 기관의 환경유지가 집단활동에 미치는 효과는 무엇인가
2. 집단구성원과 직원과의 특별한 사적인 관계가 있는가, 그 관계는 집단과정에 어떠한 영향을 미치는가
3. 기관의 어떤 결정에 구성원들이 영향을 미치는가
4. 집단과 관련한 기관의 어떠한 결정에 집단치료자가 참여 할 수 있는 자격이 있는가

기관이 선호하는 서비스 기술은 무엇인가

1. 특별히 기관이 선호하는 치료적 접근 방법과 이론이 있는가, 그것이 집단운영에 미치는 영향은 무엇인가
2. 기관이 선호하는 이론과 기술을 위해 전문적인 자문과 훈련이 제공되고 있는가
3. 기관이 선호하는 이론과 기술이 도움이 필요한 사람들의 욕구와 효과성에 부합되는 융통성과 적절성이 있는가

기관의 조직적 관계가 집단에 미치는 영향은 무엇인가

1. 집단치료자는 기관의 직원과 어떠한 상호관계를 맺고 있는가, 그 관계가 집단에 미치는 영향은 무엇인가
2. 기관의 전체적인 도덕성은 무엇인가, 이것은 집단에 어떠한 영향을 미치는가
3. 이상의 모든 것들이 집단치료자 자신의 가치 기준과 어느 정도로 부합되는가, 만약 치료자로서 갈등하게 하는 윤리적 어려움을 느낀다면 그것은 어느 정도 대처될 수 있는가

※ 기관 진단 후에는

이 기관에서 최적의 집단을 운영하기 위해 우선 필요하고 가능한 실천내용에 대한 제안목록을 작성하고 계획을 세워 순차적으로 실천해 간다. 이러한 과정을 거친 치료사의 자기훈련은 보다 적극적이고 전문적인 치료개입의 토대로서 모든 임상에 적용되고, 치료사 자기만의 방법론을 형성해가는 기초가 되어줄 것이다.

부록2

기관 제출용 집단미술치료 프로토콜

1. 치료사, 보조치료사

치료사와 보조치료사의 소속과 역할을 포함한 주요 약력에 대해 기술한다.

2. 집단미술치료 배경

1) 기간, 지원방법, 의뢰기관, 대상, 인원, 계약 등 치료집단 개입 결정까지의 배경.

2) 기관에서 보는 문제 정의

3) 구성원 및 지지체계가 보는 문제 정의

4) 치료사가 보는 문제정의

5) 치료사가 기관에 제안한 내용 등 1)~5)까지의 내용을 간략하게 서술한다.

3. 시간과 장소

1) 시간 : 결정된 시간을 기록한다. 이때 집단의 전후 프로그램이 집단미술치료 효과성에 부정적인 영향을 미치지는 않을지 고려되어야 하며, 전후 여유시간이 고려됨으로써 서두르지 않고 안정된 분위기를 준비할 수 있을 정도의 시간여유를 둔다.

2) 장소 : 계약된 장소를 기록하나 부적절한 장소라면 그곳을 사용할 수 밖에 없었던 사유도 간략하게 제시한다.

4. 치료의 필요성 및 목적

1) 예술매체가 갖는 장점을 기록한다.
2) 집단의 특성과 미술치료 집단의 연관성을 제시한다.
3) 기관의 집단 목적과 연결성 있는 미술치료 집단의 필요성과 당위성을 설득력 있게 제시한다.

5. 목표

목적을 달성하기 위한 구체적인 하위목표를 성취 가능한 내용으로 설정하며 단계별 목표를 제시한다.

6. 치료사의 역할

치료사와 보조치료사의 역할을 구체적으로 이론적 관점에서 제시한다.

7. 집단미술치료 과정

집단의 발달 단계별 목표를 제시하고, 목표에 근거한 집단 회기별 주제와 내용 및 준비물 등을 구체적으로 제시한다.

8. 임상감독

임상감독자의 경력과 자격, 소속기관을 제시하고 치료자의 감독 계약기간을 명시함으로써 치료자의 전문성에 대한 주장이 더욱 가능해진다.

부록3

집단구성원의 개인력 진단

이 내용은 집단구성원이 아동 청소년인 경우에 적용되며 가족을 통해 이뤄지고, 사전 부모 오리엔테이션에서 집단특성에 대한 충분한 설명 후에 사용된다. 성인집단인 경우 개인력 진단은 집단과정 초기에 은유적으로 작업 내용에 포함될 수 있으며, 아동청소년의 경우도 사전 부모오리엔테이션이 없을 경우 같은 방법으로 적용될 수 있다.

※ 아래의 질문 내용들은 앞으로 진행될 집단에서 보다 전문적인 도움을 제공하기 위해 중요한 참고 자료가 됩니다. 자녀를 위해 최대한 자세하게 기록해 주시기 바랍니다.

1. 일반적인 사항

이 름		성 별		생년월일	
전화번호				종 교	
주 소					

2. 이 프로그램에 참여하게 된 동기는 무엇입니까?

3. 도움 받고 싶은 내용을 자녀의 특성과 관련하여 기록해 주세요.(중요한 순서대로)

1)

2)

3)

4. 가족력 (각 가족 아래에 성격적 특성도 기록해 주세요)

1) 가계도

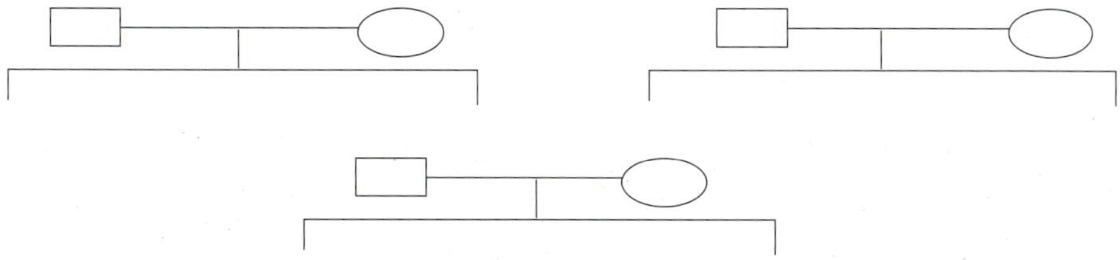

※ 관계 표시

좋은 관계 ——————

그저 그런 관계 ----------------

전혀 관계가 안됨

갈등관계

2) 가족사항

	부	모	형제 및 동거 가족
나이			
성격			
학력			
직업			
종교			
병력			
아이에 대한 태도 (양육, 관심)			
대인관계			
가장 기억에 남는 첫 기억			

3) 부모관계

결혼 연령 : 부 : 모 :

결혼 유형 : 중매( ), 연애( )

결혼 동기 :

부부 관계 :

4) 자녀의 특성(성격, 대인관계, 특정사건, 질병, 적응수준 등)은 효과적인 도움이 되기 위한 중요한 자료이므로 기억나는 대로 최대한 자세하게 기록해 주세요.

출생전후 :

유아기 :

유치원 시기 :

초등학교

1학년 :

2학년 :

3학년 :

4학년 :

5학년 :

6학년 :

중학교 :

고등학교 :

5. 자녀의 장점을 최대한 많이 최소 20개 이상 기록해 주세요.

6. 지금까지 자녀와 가족에 대해 소개하면서, 어떠한 것들을 생각하게 되었고 느낌은 무엇인지요? 특별히 부탁하고 싶은 내용도 말씀해 주세요.

7. 자녀의 집단 과정은 결과의 효과성을 위해 기록과 관찰을 위한 촬영을 할 수 있습니다. 그러나 그 내용들은 본 집단의 치료자(ex, 옥금자)만 보게 될 것이며 집단과정 이후에는 폐기처분 될 것입니다.
   만약 허락을 하신다면
   부분적으로 전문가들을 위한 교육 자료로 사용될 수도 있습니다. 전문가 교육에 사용될 경우는 익명으로 조작되어 가족과 본인의 동의하에 재 확인 후 사용될 것입니다.
   아래의 동의 여부에 ○표기를 해주세요.

   촬영 허락 : (예. 아니요)
   교육자료 사용 : (예. 아니요)

8. 이 집단의 과정과 관련하여 부모 교육을 원하시는지요? (예. 아니요)
   교육참여 시기는 언제가 적절하십니까? (주:　, 요일:　　, 시간:　　　)

9. 이 외에 하고 싶은 말씀이 있으시면 무엇이든 해 주시기 바랍니다.

성실히 답해주셔서 감사합니다.

부록4

집단미술치료 과정 기록지

집단명		일시/회기	
구성원			
목표			
주제 및 방법			
준비물			
집단 전 분위기			
과정특성 및 집단역동			
개인역동 및 특성			
평가 및 계획			

보조치료사 서명 : ____________________ 집단치료자 서명 : ____________________

※ 보조치료사 서명은 수련생의 경우 교육목적으로 기록지를 작성한 경우에 한하며, 수련생의 서명 아래에 치료자의 서명은 감독자로서 기록에 대한 책임성을 의미하므로 반드시 해야 하며, 여기에는 법적 책임성도 포함된다.

부록5

집단미술치료 개인별 과정 기록지

구성원 :

날 짜 :

회 기 :

주 제 :

방법 및 절차 :

1. 주어진 과제와 재료접근에 대한 태도

체계적인 ( )	집중하는 ( )	편안한 ( )
수용적인 ( )	배려하는 ( )	저항적인 ( )
산만한 ( )	충동적인 ( )	좌절된 ( )

연상 언어의 표현 내용을 기록한다 :

2. 집단참여 태도와 행동

협조적인 ( )	열정적인 ( )	확신있는 ( )
침착하지 못한 ( )	고분 고분한 ( )	내키지 않은 ( )
반대자적인 ( )	철회하는 ( )	집중하는 ( )
힘들어하는 ( )	파괴적인 ( )	강제적인 ( )
억제된 ( )	공격적인 ( )	수동적인 ( )
통제된 ( )	단언적인 ( )	불안한 ( )

3. 그림의 심상

전체 분위기 ( )	공허한 ( )	통합적인 ( )
보호적인 ( )	구상적인 ( )	창조적인 ( )
평이하고 상투적인 ( )	추상적인 ( )	경계가 결핍된 ( )

그림의 스타일 :

상세한 ( )	응집성 있는 ( )	유동적인 ( )
단편적인 ( )	불확실한 ( )	역동적인 ( )
억압된 ( )	연결성 없는 ( )	

그림의 표현 :

안정감 있는 ( )	풍요로운 ( )	충동적인 ( )
억압적인 ( )	편안한 ( )	경직된 ( )
완벽주의적인 ( )	폭발할 것 같은 ( )	

작업순서와 과정에서 파괴시킨 작업내용이 있다면 기록한다 :

4. 정서

불안한 ( )	혼돈스러운 ( )	무관심한 ( )
슬퍼보이는 ( )	분노적인 ( )	억압적인 ( )

비언어적인 태도와 심리반응 내용에 대해 기록한다 :

5. 치료사의 반응과 역전이

만족 ( )	관심 ( )	혼란 ( )
좌절 ( )	동정 ( )	혐오 ( )
불안 ( )	분노 ( )	협박 ( )
슬픔 ( )	압도 ( )	

반응을 기술하고 예측되는 가능한 역전이적인 주제를 포함시킨다 :

6. 집단구성원과의 상호작용

조화로운 ( ) 우호적인 ( ) 쾌활한 ( )

격려적인 ( ) 도움이 되고자하는 ( ) 지배적인 ( )

경쟁적인 ( ) 수동적인 ( ) 상반된 ( )

의존적인 ( ) 반대적인 ( ) 손끝으로 가리키는 ( )

언어적, 비언어적인 상호작용 내용을 기술한다 :

7. 집단치료자에 대한 태도

예의 바른 ( ) 보호하는 ( ) 신뢰하는 ( )

우호적인 ( ) 호감적인 ( ) 의존적인 ( )

숨기는 ( ) 저항하는 ( ) 부적절한 ( )

적의적인 ( ) 관계가 서먹한 ( ) 도전적인 ( )

고분고분한 ( ) 의심스러운 ( ) 억누르는 ( )

치료자에게 향한 은밀한 반응이 있다면 기록한다 :

8. 다른 집단으로의 전환에 대한 반응

적응하려는 ( ) 매우 안정적인 ( ) 기대하는 ( )

좌절하는 ( ) 분노하는 ( ) 불안정한 ( )

전환 이유와 방법 및 과정, 기간에 대해 기술한다 :

9. 목표 :

집단의 참여를 통해 자존감을 회복하고자 한다 ( )

문제해결 능력을 돕는다 ( )

집단과정을 통해 긴장과 불만을 해소한다 ( )

적극적인 자기표현을 돕는다 ( )

자기인식을 돕는다 ( )

긍정적인 관계형성을 돕는다 ( )

기타 :

구성원의 장점과 주로 사용하는 방어기제, 발달수준을 다룬다 :

10. 계획

다음 회기를 위한 계획을 제시한다.

보조치료사 서명 : ____________________

집단치료자 서명 : ____________________

※ 보조치료사 서명은 훈련생의 경우 교육목적으로 기록지를 작성한 경우에 한함.

부록6

집단미술치료 종결 보고서

1. 일반적 정보

집단목적 :

시작날짜 :

종결날짜 :

장소 :

치료사 :

구성원의 배경 :

이름(성별)	나이	종교	의뢰사유 및 개인적 특성	강점	가족관계 및 특성	이전의 치료경험 및 약물복용

2. 집단치료 프로그램의 구성내용

회 기	목 표	주 제	주요내용	소요시간

3. 집단치료 목표별 결과분석

(※아래의 서술내용 외에 한 눈에 볼 수 있도록 곡선 및 막대그래프로 결과지 첨부)

	구성원	기대 목표	결과
개인별 변화			
집단의 전체목표	집단목표	사전	사후
목표성취 제한성의 사유			

4. 사후계획 및 의뢰

사후문제의 예측범위 및 사후계획 :

의뢰에 대한 제언 :

종결보고서 작성일 : ____________________

종결보고서 작성자 : ____________________

부록7

집단미술치료 사례보고서

※ 이 사례보고서는 2014년부터 Keapa회원들의 수련과제로 제공된 내용임.

I. 기관진단 요약(이 책의 부록1 내용을 참조하여 필요요소 요약하여 별첨)

II. 구성원의 심리사회적 특성 요약 (※ 이름은 가명 사용)

이름(성별)	나이	종교	개인적 특성	가족관계 및 특성	강점 및 장점

III. 집단치료 배경과 계획

1. 집단의 배경

1) 집단의 필요성 및 목적

2) 집단의 유형 및 구조(*집단형성의 배경, 집단의 구조–개방성의 사유제시)

3) 진단(기관 진단, 기관에서 보는 문제, 지지체계(가족)가 보는 문제, 구성원이 보는 문제, 치료사가 보는 문제제시)

4) 집단발달(*이 책 제4장 제2절 참조– 오리엔테이션단계, 갈등단계, 응집단계, 과제수행단계, 종결단계 등 단계별 집단과제와 치료자의 역할과제 제시)

5) 집단의 발달단계별 개입목표

집단발달단계	개입과정(*회기제시)	개입목표(*단계별 가능목표 및 내용제시)
사전준비단계	*사전준비가 없었다면 사유제시	*예) 기관평가, 담당자면담, 부모오리엔테이션, 사전개인면담 등의 내용을 제시함
오리엔테이션단계		
갈등단계		
응집단계		
과제수행단계		
종결단계		
사후평가 및 계획		

6) 자원(*집단의 목적달성과 구성원개인의 목표달성을 위한 주요수단 제시)

7) 개입기술(*이론과 방법론 제시)

8) 치료사의 역할(*주 치료사와 보조치료사의 역할제시)

9) 평가(*집단경험의 결과를 어떻게 평가할 것인지 방법과 도구 제시)

IV. 집단과정 요약

1. 시간과 장소
2. 프로그램구성의 배경(의뢰시기, 지역, 의뢰과정과 선별, 인원, 대상의 특성, 진행위한 자원, 목표설정 등에 대한 개괄적인 내용을 간략하게 서술함)
3. 프로그램(*도표화하여 단계, 회기, 과정별 목표, 주제, 재료 등 요약)
4. 집단진행과정 요약(*각 단계별 목표와 결과를 요약하며, 각 회기별로 목표–집단 전 분위기–내용–결과 순으로 제시, 결과에서는 역동 및 치료자의 중재 등의 내용포함 요약함)
5. 결과(치료목표에 근거, 도표와 설명제시, 검사도구를 사용한 경우 척도별 효과성 제시)
6. 사후계획 및 의뢰

V. 종결 요약지 첨부 (이 책의 부록 6에 제시된 집단미술치료 종결보고서 참조)

VI. 사후관리 계획서 첨부 (*KSATI 학교미술치료 지침서 3편, 사후관리 계획서 참조하여 사후관리가 필요한 구성원별로 제시)

※참고문헌: 이 책 이외에 집단정신치료(하나의학사), 위기의 아동청소년을 위한 학교미술치료지침서(시그마프레스), 집단미술치료 방법론 II–임상적 실제(하나의학사), 아동청소년의 부적응예방을 위한 미술치료 프로그램개발과 매뉴얼(시그마프레스) 이 외에 집단치료관련 문헌참조

※유의사항: 사례보고서에 제시하는 대상은 반드시 사례사용에 대한 기관과 참여자 및 부모동의를 구하고, 익명으로 제시해야 함.

참 고 문 헌

김진숙 역(2001). 미술심리치료 총론, Keapa Press.

노상우 외(1999). 아동청소년을 위한 집단상담.

문인숙(1988). 집단사회사업방법론, 이화여자대학교 출판부.

박민철(1996). 간추린 집단 정신치료, 하나의학사.

서울대학교 사회심리학 연구실 편역(2001). 집단 심리학, 학지사.

오재근 편역(1999). 표현기법, 미진사.

옥금자(2003). 집단미술치료 자료집, Keapa 광주.

______(2005). 청소년 임상미술치료 방법론, 하나의학사.

______(2007). 집단미술치료 방법론 I–이론과 기법, 하나의학사.

______(2007). 집단미술치료 방법론 II–임상적 실제, 하나의학사.

______(2010). 위기의 아동청소년을 위한 학교미술치료지침서, 시그마프레스.

______(2013). 미술치료의 발달적 심리학적 매체 선택과 적용, 하나의학사.

______(2014). 아동청소년의 부적응예방을 위한 미술치료 프로그램개발과 매뉴얼, 시그마프레스.

이재훈 역(2000). 성숙과정과 촉진적 환경, 한국심리치료 연구소

이형득(1992). 집단 상담의 실제, 중앙적성출판사

이후경(2000). 집단과 예술, 한국임상예술학회 자료집

이화여대 사회사업 편(1998). 집단사회사업 실천론, 동인

정진영외 역(1998). 현대 집단사회사업, 학문사

최해림, 장성숙 공역(1993). 최신 집단 정신치료의 이론과 실제, 하나의학사.

Bion, W., Rickman, J. (1943). *'Intra-group tensions in therapy: their study as the task of the group',* Lancet ii, 678-81.

Bion, W. (1952). *group dynamic.* IJP, 33:235-247.

Bion, W. (1957). Differentiation of psychotic and non-psychotic personalities In: *Melanie Klein Today:* Vol.1. Mainly Theory, ed. e. spillius, London: Routledge.

Bion, W. (1961). *Experiences in Group,* NY: Basic Books.

Bion, W. (1962). *Learning From Experience,* London: Henemann.

Bion, W., & Rickman, J. (1943). *'Intra-group tensions in therapy:* their study as the task of the group', Lancet ii, 678-81.

Cartwiright & zander. (1968). *group dynamic: Research and theory* (3rd ed.), NY: Harper & Row.

Chapman, A. J. (1973). Funniness of jokes, canned laughter, and recall performance. *Sociometry,* 36, 564-578.

Corey, G. (1995). *Theory and Practice of group counseling*(4th ed), Practice Grove, CA: Brooks/Cole.

Case, C. and Dalley, T.(eds). (1990). *Working with Children in Art Therapy,* London: Routledge.

Corey, G. & Corey, M. S. (1977). *Groups: Process and Practice,* Monterey, CA: Brooks/Cole.

Corey, G. & Corey, M. S. (1992). *Groups: Process and Practice*(4th ed), Pacific Grove, CA: Brooks/Cole.

Corey, G. (1995). *Theory and Practice of group counseling*(4th ed), Practice Grove, CA: Brooks/Cole.

David s. Williamson. (1982). Group power, Prentice-Hall, Inc., Englewood (liffs, New Fersry).

Dally, T. (1990). 'Images and integration: art therapy in a multicultural school', in Case, C. and Dalley, T. (eds) (1990) Working With Children in Art Therapy, London: Tavistock/Routledge, pp. 161-89-(1993) *'Art Psychotherapy Groups',* in Dwivedi, K.N. (ed) Group Work with Children and Adolescents. A Handbook, pp.136-58.

Damasio, A. R. (1999). The feeling of what happens: *Body and emotion in the making of consciousness,* New York: Harcourt Beace.

Davids. W. (1982). *Group power,* Prentice-Hall, Inc., Englewood(liffs, New Fersry).

Diane fausek, BA. ADC. (1997). *Apractical guide to Art therapy Group*(2th ed), The Hawo press.

Edithed by Sally Skaife and Val Huet. (1998). *Art Psychotherapy Groups,* London.

Foulkes, S. H. (1964). *Therapeutic Group Analysis,* reprinted 1984, London: Karnac Books.

Foulkes, S. H., & Anthony, E. J. (1968). *Group Psychotherapy, the Psycho-Analytic approach,* London: Penguin.

Foulkes, S. H. (1986). *Group Analytic Psychotherapy,* London: Karnac.

Freedman, J. L., & Perlick, D. (1979). Crowding, contagion, and laughter. *Journal of Experimental Social Psychology,* 15, 295-303.

Freud, S. (1922). *Group psychology and the analysis of ego,* London: Hogarth.

Greenspan, S. L., & Benderly, B. L. (1997). *The growth of the mind and the endan-gered origins of intelligence.* Reading, MA: Addison-Wesley.

Greenwood, H. and Layton, G. (1987). *An Out-patient Art Therapy Group,* Inscape Journal of Art Therapy, Summer:12-19.

Greenwood, H. and Layton, G. (1991). 'Taking The Piss', Inscape Journal of Art Therapy, Winter: 7-14.

Huet, V. (1997). *Ageing Another Tyranny: Art Therapy with Older Women* in S. Hogen (ed) Feminist Approaches to Art Therapy, London and NY: Routledge.

Klein, J. (1995). Doubts and Certainties in the Practice of Psychotherapy, London: Karnac Books.

Knowles(1973). Boundaries around group interaction: The effect of group size and member status on boundary permeability. *Journal of Personality and Social Psychology, 26,* 327-331.

Landgaten, H. C. (1981). *Clinical Art Therapy.* A Comprehensive Guide, New York: Brunner/Mazel.

Le Bon, G. (1895, 1960). *The crowd (translation of Psychologie des foules),* NY: The Viking Press.

Leader, E. (1991). Why adolescent group therapy? *Joumal of child and Adolescent Group Therapy* Ⅰ, 81-93.

Lewin, K. (1948). *Resolving social conflicts: Selected papers on group dynamics,* NY:

Harper.

Lewin, K. (1951). *Field Theory in social science,* NY: Harper.

Lewin, K. (1951). *Frontiers in Group Dynamics,* NY: Harper & Row.

Lewis, S. (1990). *A Place To Be: Art Therapy and Rehabilitation,* in Art Therapy in Practice, Liebmann, M., ed., London: Jessica Kingsley.

Lieberman, M. A., Yalom, I. D. and Miles, M. B. (1973). *Encounter Groups:* First Facts. NY: Basic Books.

Liebman, M. (1986). *Art therapy for groups,* London: Crom Helm.

Liebman, M. (1986). *Art therapy for groups: A Handbook of Themes,* Games and Exercises, London: Routledge.

Liebmann, M. F. (1982). *Art Games and Structures for Groups,* Bristol: Bristol Art Therapy Group.

Lillas, C. (1999). *A paradigm shift in infant mental health and adult treatment: A psycho-neurobiological model.* Workshop at the Early Childhood Center of Cedars-Sinai Medical Center, Audiotape. Los Angeles, California.

Malchiodi, C. A. (1997). *Art therapy in schools.* Art Therapy. (14, 2-3).

Malchiodi, C. A. (1998). *The art therapy source book.* Lincolnwood, IL: Lowell House.

Malchiodi, C. A. (1998). *Understanding children's drawings.* New York: Guildford press.

Malchiodi, C. A. (1999). *Medical art therapy with adults.* London: Jessica Kingsley.

Marian Liebmann. (1986). *Art therapy for groups,* Bookliene Books, Cambridge.

Naumberg, M. (1966). *Dynamically oriented art therapy:* Its principles and practice. NY: Prune and Statton.

Northen, H. (1969). *Social Work With Group,* NY: Columbia University Press.

Northen, H. (1976). "Psychsocial Practice in Small Groups," in *thories of Social Work With Groups,* NY: Columbia University Press.

Osman, B. (1997). *Learning disabilities and ADHD:* A family guide to living and learning together, NY: Wiley.

Pfeifer, G. (1992). 'Complementary cultures in children's psychotherapy groups: con flict,

Riley, S. (1999). *Contemporary art therapy with adolescents.* London:Jessica Kingsley.

Rubin, J. (1984). *Child art therapy* (2nd ed.), New York: VanNostrand Reingold.

Rybicki, M., & Sullivan, M. (1998) *Emotional disturbance.* Oxen Hill, MD: Leary School Professional Training.

Rogers, C. R. (1970). *Carl Rogers on encounter groups,* NY: Harper & Row.

Schwartz, M. S., & Schwartz, C. C. (1955). Problems in participant observation. *American Journal of Socialogy, 60,* 343–354.

Schore, A. (1994). Affect regulation and the origin of the self: *The neurobiology of emotional development.* Hillsdale, NJ: Arlbaum.

Schwartz, H., & Jacobs, J. (1979). Qualitative sociology: *A method to the madness,* NY: Free Press.

Siegel, D. J. (1999). *The developing mind.* New York:Guilford.

Singer, J. E., Baum, C. S., Baum, A., & Thew, B. D. (1982). Mass psychogenic illness: The case for social comparison. In M. JJ. Colligan, J. W. Pennebaker, & L. R. Murphy (Eds.), *Mass psychogenic illness: A social psychological analysis* (pp. 155–169). Hillsdale, NJ: Erlbaum.

Skaife, S., & Huet, V. (1998) *Art psychotherapy groups:* Between pictures and words, London: Routledge.

Skaife, S. (1997). 'The Pregnant Art Therapist in an Art Therapy Group' in S. Hogan (ed.) *Feminist Approaches to Art Therapy,* London and New York: Routledge.

Slavson, S. R. (1950). *Group psychotherapy.* Scientific American, 183(6), 42–45.

Slater, N. (2001). Where is art therapy in Australia? *Proceedings of the American Art Therapy Association Conference: Art Therapy Landscapes*(p.123). Mundelein, IL: American Art Therapy Association.

Smitheson–Brown, V., & Church, R. (1996). Mandala drawing: *'Facilitating growth in children with A.D.D or A.D.H.D. Art Therapy,* 13, 252–260.

Sugar, M. (1997). *Adolescents and disaster.* In L. Flarety and H. A. Horowitz (eds.), Annals of the American Society for Adolescent Psychiatry. New York, NY: Analytic Press.

Sullivan, H. (1940). *Conceptions of Modern Psychiatry,* NY: Norton.

Sullivan, H. (1953). *The Interpersonal Theory of Psychiatry,* NY: Norton.

Tuckman, B. W. (1965). Developmental sequences in small groups. *Psychological Bulletin, 63,* 384–399.

Toman, W. (1993). *Family constellation:* Its effect on personality and social behavior(4th edition). New York: Springer.

Tuckman, B. W., & Jensen, M. A. (1977). Stages of small group development revisited. *Group and Organizational Studies, 2,* 419–427.

Vanderheide, S. (2000). What the therapist feels makes a difference. The California Therapist: *Magazine of the California Association of Marriage and Family Thera-pists,* 12, 58–60.

Wadeson, H. (1987). *the dynamics of art psychotherapy,* NY: John Wiley & Sons.

Whitaker, D. S. (1982). *A Nuclear and Group Focal Conflict Model for Integratng Individual and Group Level Phenomena in psychotherapy Groups* in M. Pines and L. Rafaelsen (eds) the Individual and The Group: Boundaries and Interrelations, vol. I, Theory, London: Plenum Press: 321–38.

White, M., & Epston, D. (1990). *Narrative means to a therapeutic ends,* NY: Norton.

William R. Daniel S. (1990). *Group Power II,* Pfeiffer & company, Sandiego.

Winnicott, D. W. (1951). *'Transitional objects and transitional phenomena',* in Collected Papers: Through Paediatrics to psychoanalysis, London: Hogarth Press.

Wolf, A., & Schewartz, E. (1962). *Psychoanalysis in groups,* NY: Grune & Stratton.

Wolf, A. (1983). Psychoanalysis in groups. IIn H. I. Kaplan & B. J. Sadock (Eds.), *Comprehensive group psychotherapy* (2nd. ed., pp. 113–131). Baltimore: Williams & Wilkins.

Wolf, A. (1985). Manifest and latent influence of majorities and minorities. *Journal of Personality and Social Psychology, 48,* 899–908.

Wolf, A., & Kutash, I. L.(1986). Psychoanalysis in groups. In I. L. Kutash & Wolf(Eds), Psychotherapist casebook(pp.332–352), San Francisco: Jossey–Bass.

Wolf, A. (1987). Majority and minority influence: A social impact analysis. In M. P. Zanna, J. M. Olson, & C. P. Heman (Eds.), *Social influences: The Ontario Symposuim* (Vol. 5, pp. 207–235). Hillsdale, NJ: Erlbaum.

Wood, A., & Seymour, L. (1994). 'Psychodynamic Group Therapy for Older Adults: the Life Experiences Group', *Journal of Psychosocial Nursing,* vol. 32, No. 7, pp. 19–24.

Wood, C. (1992). 'Art therapy with chronically mentally ill patients', in D. Waller and A. Gilroy (eds) *Art Therapy in Britain,* Open University Press, Miton Keynes. Woolfe, R. (1992a). 'Experiential training. Practical guidelines. London: Routledge.

Yalom, I. D. (1975). *The theory and practice of group psychotherapy* (2nd ed.), NY: Basic Books.

Yalom, I. D. (1982). The "terrestrial" meanings of life. *International Forum for Logotherapy,* 5, 92–102.

Yalom, I. D. (1983). *In–Patient Group Psychotherapy,* NY: Basic Books.

Yalom, I. D. (1985). *The theory and practice of group psychotherapy* (3nd ed.), NY: Basic Books.

Yalom, I. D., & Greaves, C. (1977). "Group Therapy with the Terminally Ill," *American Journal of Psychiary 134,* 394–400.

찾아보기

- 한글 -

(ㄱ)

가족개입 119, 120
가족경험 31
가족관계 26, 27, 30
가족문제 28
가족집단 29
가족체계 내 문제 120
가치기준 145
갈등 관계 48
감정의 정화 80
감정처리 55
강화이론 234
개념화 102
개방성 104
개별성 17, 24, 141
개별성의 권리 62
개별화의 가치 19
개인력 진단 245
개인별 과정 기록지 251
개인심리학 29, 31
개인치료 15, 19, 73
객관적 평가 231
거세공포 47
건전한 나르시즘 64
공간설정 143
공감적 반응 144
공감적 이해 224
공유하기 126
과업집단 17
과정 기록지 249
과정기록 132
과제기법 236
과제수행 단계 53
관계능력 20
교육적 목표 18
교육집단 17, 18, 102
교정적 경험 78
구성원 선정 118
구성원의 개인력 107
구조적 중재 90
구조화 143
군중심리 30
그림물감을 사용한 기법 154
긍정적 존중 224

기관의 욕구조사 107
기관의 특성진단 239
기록방법 107, 131
기록하기 131
기본가정 단계 35
긴장곡선 49

(ㄴ)
낙서기법 149
낮은 기능 140
낮은 수준의 신체기능 집단 160
낮은 수준의 인지기능 집단 156
낮은 수준의 인지기능과 신체기능 집단 172, 181, 194
내적 갈등 94
노년기 28, 47
노인집단 87
높은 수준의 인지기능 집단 199

(ㄷ)
대리학습 79
대상관계 26, 83
대상관계 이론 33
대인 관계적 학습 82
대인관계 25, 36, 37, 83, 91, 97
대인관계 심리학 25
대인관계의 전염성 82
대인관계학습 84
도피단계 35
독립성 24
독점하는 구성원 96
동일시 24, 29, 46, 84
동일시 대상 27

(ㄹ)
리비도적 유대 34

(ㅁ)
마라톤 집단 18
명료화 147
명상기법 75
모델링사용 232
모방행동 79
모성경험 79
목격자 125
목표설정 231
목표지향적 항목 133
무 치료자 집단 89
무의식적 공격성 64
무의식적 · 전의식적 24
무조건적 존중 224
미술매체와 치료기법 144
미술재료 115, 123
민주형의 치료자 58

(ㅂ)
반영경험 147
반응양태 40

반폐쇄집단 110
발달과정 132
발달단계 47, 142
발달적 노선 222
방어 216
방어기제 24
방어심리 127
방임형의 치료자 58
변화 55
보조치료자 113, 114
보편성 73
부정적 자기상 82
부정적인 피드백 95
분리 · 개별화 55
분석집단 33
비구조화된 집단 112
비밀보장 21, 91, 100, 115, 132
비밀보장성 91

(ㅅ)

사례보고서 259
사별집단 85
사전 오리엔테이션 107, 116, 120
사전 준비과정 88
사전면담 236
사전모임 108
사전평가 107
사회적 관계유형 43
사회집단 27
사회학습 원리 230
사회화 기술의 발달 78
사회화집단 17
상담집단 17
상대적 박탈 46
상징적인 발달과정 47
상호경험 18
상호유대감 80
상호의존 16
상호의존성 48
상호작용 16, 19, 26, 36, 102, 105, 126, 142
색채기법 150
생활지도와 생활기술집단 17
선택의 자유 100
성인기 28, 47
성장 및 경험집단 17
성장집단 17, 18
소거 234
소속감 16, 19
숙련된 치료자 127
신성한 공간 104
신체를 사용한 기법 152
실존적 요인 85
심리사회적발달 221
심리성적발달 221
심리적 갈등 94
심리적 공간 125
심리적 유대관계 48

심리적 이완 140
심리치료 31
심리치료집단 17
심상적 자료 143
심적 포화상태 235

(ㅇ)

아동 초기 24
아동 · 청소년집단 120
아동기 47
안전한 공간 28, 226
애도과정 93
양극성 20
양도된 지도성 89, 90
역동적 상호작용 집단 74
역전이 33, 218, 222
역전이 문제 129
연속적 단계이론 54
예방차원 18
오리엔테이션 71, 108
오리엔테이션 단계 47
왜곡된 자기상 82
울타리역할 141
워밍업 기법 149
원초자아 217
위계 욕구 93
유대관계의 정도 42
유아적 환상 34
윤리규준 87, 88, 98, 99, 100
윤리성 132
응집 단계 52
응집력 18, 42
응집성 42, 81, 104
의뢰 55
의뢰과정 239
의사소통 양상 40
의식과정 36
의존기 28
의존단계 34, 35
의존욕구 28
이상적인 집단 51
이상화 34
이상화된 대상 29
이상화된 부모 30
이완요법 75
이완작업 122
이타주의 76
익명성 30
인간관계 24, 26, 40
인간중심 접근 223
인간중심 집단미술치료 229
인간중심 집단치료 222
인간행동 31
인본주의 심리학 36
인지적 재구성 233
일상생활의 균열 21

(ㅈ)

자극적 기능 33
자기 노출 129
자기개방 18, 83, 104, 145, 146, 227
자기노출 226
자기상 27
자기수용 227
자기영속성 82
자기점검 149
자기주장 훈련 233
자기충족적 예언 82
자기통찰 33
자기효능감 80
자문집단 17
자발적인 참여 94
자아 이상 32
자아방어기제 217
자유연상 32, 33, 219
자유집단연상 32, 219
자조집단 17, 18
작품공유 128
작품해석 225
잠재능력 142
잠재적 역동 75
저항 216, 218
저항행동 33
적극적 경청 145
전염 30
전염성 30, 31
전이 33, 218, 222
전이적 특성 91
전이행동 32, 33, 220
전이현상 84
전제형 치료자 57
전통적인 정신분석이론 216
절대적의존 54
점토를 사용한 기법 170
정보전달 74
정상적 자폐단계 112
정서장애 20
정서적 결속 16
정서적 충전 26
정신건강 17
정신분석이론 31
정신분석적 접근 215, 216
정신분석적 집단미술치료 33
정신분석학적 집단치료 31
정신심리치료집단 83
정신역동 이론 46
정신치료 31
제한된 집중 능력 141
종결단계 53, 55, 237
종결 보고서 255
종결의 적절한 시기 92
주관적인 평가 148
주저하는 구성원 139
주제 선정 123
중간수준 이상의 인지기능 집단 161, 175, 185

중기단계 237
지금-여기 23, 73
지도성 문제 88
지도적 기능 32
지적장애 74
지지기법 236
지지집단 17
직물을 사용한 기법 179
집단 15
집단 과정 32
집단 균형 93
집단 내 정서적 관계 41
집단 만다라 191, 192
집단 발달 45, 46, 112
집단 분위기 42, 109
집단 응집력 81
집단 응집성 42, 52
집단 작업과정 99
집단 정신분석학자 31
집단 종결 93
집단 중심의 형태 58
집단 초기 112
집단 평가 132
집단 프로토콜 108
집단경험 20, 24, 26, 28, 55, 112
집단과정 30, 31
집단관계 25, 27
집단구성 17, 100, 101, 106, 108
집단구성원 99
집단구성원 선정 117
집단기술 88
집단미술치료 101
집단미술치료 프로토콜 243
집단미술치료기법 143
집단미술치료사 37, 145
집단발달 144
집단발달 54, 147
집단심리학 29, 30, 31
집단역동 29, 31, 37, 101, 140
집단역동 요인 39
집단역동 학자 48
집단운영 93
집단응집력 96
집단의 개방성 109
집단의 구조성 111, 112
집단의 규범 43
집단의 시간 110
집단의 정의 16
집단의 크기 결정 106
집단의 한계 116
집단의식 30, 126
집단적 치료요인 144
집단전염성 30
집단참여도 134
집단초기 94, 146
집단치료 15, 19, 23, 26, 28, 37, 73, 88
집단치료사 84
집단치료사의 기능 221

집단치료자 32, 33, 91, 96, 97, 99, 102, 130
집단치료자의 기술 62
집단치료자의 역할 32, 60
집단치료자의 자질 64
집단현상 34
짝짓기 단계 25, 34

(ㅊ)

착각현상 34
찰흙기법 153
참 만남 228
참 만남집단 18
참여 형태 39
참여욕구 28
창작과정 36, 141, 142
창작동기 104
처벌 235
청소년기 27, 47
체계적 둔감 235
초기 가족집단의 교정적 재현 78
초기 대인관계 25
초기갈등 217
초기경험 71
초기단계 236
초인적인 부모 34
초자아 217
초점설정 148
촉진적 환경 104
최면술 30
추후단계 237
축소된 사회체계 85
치료계획 231
치료공간 104
치료기술 32, 64
치료요인 36
치료자 중심의 형태 58
치료자의 역할 35
치료적 목표 16
치료적 요소 147
치료적 원칙 126
치료집단 17, 18
치료환경 80
침묵하는 구성원 97

(ㅋ)

카타르시스 80, 118, 140
콜라주 기법 152
콜라주를 사용한 기법 193

(ㅌ)

토의집단 17
통찰 32, 36, 220, 222
퇴행적 행위 141
투쟁-도피 단계 34
특정기법 143
T-집단 112

(ㅍ)
편집 · 분열적 모성경험 78
편집적인 성향 20
편집퇴행 64
평가 100
평가 방법 132
폐쇄집단 109
피암시성 30

(ㅎ)
하위 집단화 44
하위그룹 96
하위집단 42, 82
해석 32, 147, 219, 220
해석문제 128, 130
해석적 기능 33
해석적 모델 129
행동계약 233
행동분석 216
행동시연 233
행동양태 40
행동주의적 접근 230
행동주의적 집단 112, 231, 235
행동특성 133
행동평가 230, 236
현실검증 19
혐오기법 235
홀딩경험 80
확충적 기술 221
확충적 역할 33
환경적 풍토 28
회기 순서 121
회기 시작 122
회기 시작하기 121
효과적인 의사소통 능력 61
희망의 고취 71
희생양 36

– 영어 –

(A)
Anthony 32

(B)
Baum 31
Bion 33, 34, 221
Bloch 36
Bormann 49

(C)
Cartwright 16
change Agent 62
Chapman 31
Corey 19, 21, 46, 88

Crouch 36

(D)

Diane 139

(E)

Enabler 62
Erikson 221
Ezriel 35

(F)

Fisher 49
Foulkes 31, 32
Freedman 31
Freud 29, 221
Fromm 37

(G)

Gershenfeld 58
Gladding 17
Goffman 16
Gordon 222

(H)

Hackman 133
Hansen 88
Harvey 17
here-and-now 37
Hobbs 222
Horney 37

(J)

Jacobs 17

(K)

Klein 33, 34
Knowles 57

(L)

Le Bone 30
Lewin 16, 29, 57
Lieberman 133
Lifton 133
Lippitt 57
Loeser 16

(M)

Masson 17
Mediator or Resource person 62
Miles 133
Morris 133
MxGowan 87

(N)

Napier 58
Natiello 224
Northen 48

(P)

Pavlov 233

Perlick 31

(R)

Reid 133

Rivas 17

Rogers 54, 222, 224

(S)

Salter 233

Schimidt 58, 59, 87

Schwartz 32

Shertzer 21

Singer 31

Slavson 31, 32, 221

Sttone 21

Sullivan 36, 37

(T)

Tannenbaum 58, 59

there-and-then 37

Toseland 17

Trotzer 17

Tuckman 46, 47, 54

(W)

White 57

Wolf 31, 32, 220

(Y)

Yalom 37, 71, 74, 133

(Z)

Zander 16

저자 약력

옥 금 자

임상사회사업학석사, 상담학박사, 철학박사
간호사로서 그리고 임상사회사업가로서 일반병원과 정신병원에서 수년간 일하고, 이후 15년 이상 한양대학원과 명지대학원 및 광주대학교에서 겸임교수로 있었다. 현재는 예술심리치료사와 정신건강상담사들을 훈련하고 있고 한국표현예술심리치료협회 수련감독자와 미국 Lighthouse Counseling Center 수련감독자, 사)마음등대-한국학교미술치료연구회 대표, 미국 Cumberland University 협력교수로서, 미국 Lighthouse Counseling Center(North Carolina 소재)와 연계기관으로 옥금자정신건강연구소를 운영하고 있다. 주요 임상대상은 정신건강 및 정신장애를 가진 대상이며 개별치료와 부부 및 가족치료를 집중적으로 하고 있다. 임상자격증은 정신보건전문요원, 정신건강 상담전문가, 예술심리치료전문가, 가족상담사, 대상관계정신분석치료사이다.

저서와 역서

- 청소년임상미술치료방법론(하나의학사, 2005)
- 미술치료평가방법의 이론과 실제(하나의학사, 2005)
- 집단미술치료 방법론 I – 이론과 기법(하나의학사, 2006)
- 집단미술치료 방법론 II – 임상적 실제(하나의학사, 2007)
- 모든 연령의 아동을 위한 미술치료–치료사들을 위한 요리책(하나의학사, 2010, 역서)
- 미술치료의 발달적 심리학적 매체선택과 적용(하나의학사, 2013)
- 의료미술치료의 실제(하나의학사, 2015, 공역)
- 아동청소년의 트라우마 극복을 위한 인지적 접근 미술치료(하나의학사, 2016, 공역)
- 이상심리 미술치료 지침서(하나의학사, 2016)
- 집단미술치료 방법론 I – 이론과 기법 · 개정판(하나의학사, 2016)
- 집단미술치료 방법론 II – 임상적 실제 · 개정판(하나의학사, 2016)
- 표현예술치료로 만나는 정신건강이야기(시그마프레스, 2009)
- KSATI 학교미술치료지침서 1편–학교미술치료의 실제(시그마프레스, 2008)
- KSATI 학교미술치료지침서 2편–위기의 아동청소년을 위한 학교미술치료지침서(시그마프레스, 2010)
- KSATI 학교미술치료지침서 3편–학교미술치료지침서–아동청소년치료의 평가방법과 임상준비를 위한(시그마프레스, 2013)
- KSATI 학교미술치료지침서 4편–발달적 접근과 특성별 지침서–미술치료사의 아동청소년정신건강을 위한(시그마프레스, 2014)
- KSATI 학교미술치료지침서 5편–미술치료 프로그램 매뉴얼–아동청소년의 부적응예방을 위한(시그마프레스, 2015)
- 학교표현예술치료–임상감독과 프로그램 개발가이드(시그마프레스, 2007, 역서)

이 외에 10여 편이상의 논문과 10권 이상의 미술치료 및 정신의료관련 자료집을 발간하였다.

집단 미술치료 방법론 I

이론과 기법
(개정판)

초판발행일	2006년 3월 5일
수정판발행일	2007년 2월 20일
개정판발행일	2016년 7월 25일
지 은 이	옥 금 자
펴 낸 이	오 무 근
펴 낸 곳	도서출판 하나의학사
출판신고	제25100-2013-000061호(1988. 4. 1)
주 소	서울시 서대문구 거북골로 7-7 (홍은동) 하나빌딩 1층
전화번호	02)730-2555, 2556
팩 스	02)730-2557
홈페이지	www.hanampc.co.kr
이 메 일	hanampc1@naver.com

정가 19,000원

ISBN 979-11-85696-31-7 93180